アスリートケアマニュアル

テーピング

監修
一般社団法人アスリートケア
小柳磨毅　大阪電気通信大学医療福祉工学部理学療法学科

編集
一般社団法人アスリートケア
中江徳彦　東豊中渡辺病院リハビリテーション科
上野隆司　関西医科専門学校理学療法学科
佐藤睦美　大阪保健医療大学保健医療学部リハビリテーション学科
山野仁志　行岡病院リハビリテーション部理学療法科
濱田太朗　緑かなざわ整形外科リハビリテーション科

文光堂

■執筆者一覧

上野　隆司	関西医科専門学校理学療法学科
堀口　幸二	長浜赤十字病院リハビリテーション科
元脇　周也	豊中渡辺病院リハビリテーション科
濱田　太朗	緑かなざわ整形外科リハビリテーション科
福田　明雄	行岡病院リハビリテーション部
多田　周平	協和マリナホスピタルリハビリテーション科
高桑　　誠	今村病院リハビリテーション科
山城　拓馬	今村病院リハビリテーション科
森岡　俊行	のがみ泉州リハビリテーションクリニックリハビリテーション部
梅本　公平	のがみ泉州リハビリテーションクリニックリハビリテーション部
木村　佳記	大阪大学医学部附属病院リハビリテーション部
加来　敬宏	訪問看護ステーションアイ
森藤　　武	関西医科専門学校理学療法学科
今高　康詞	藤本病院リハビリテーション科
伊佐地弘基	東豊中渡辺病院リハビリテーション科
岡田　亜美	八戸の里病院リハビリテーション科
中尾　英俊	緑かなざわ整形外科リハビリテーション科
松本　　剛	大島病院リハビリテーション科

監修の辞

　身体の各部に粘着性を有するテープを貼るテーピング（taping）は，国際的なスポーツ交流を契機として20世紀後半よりわが国に導入され，近年まで主にスポーツ選手の外傷や障害に対する予防や治療，再発予防などの目的で用いられてきた．初期のテープ素材は伸縮性をもたない綿製とこれに伸縮繊維を縫い込んだ製品が主流であり，手技の多くは外傷や後遺する機能障害に対する運動の制限を目的としていた．その後，きわめて定着性と伸縮性の優れたテープが開発され，それまでほぼ適応がなかった投球障害肩や水泳選手などを含め，その用途は飛躍的に拡大した．これを機にテーピングの主要な目的は，「運動の制動」から「合理的な運動の誘導」へ変化した．理学療法の臨床において，テーピングの即時効果は運動療法の展開や装具の処方にも有用な指針となり，実施する対象はスポーツ選手に限らず，広がっている．

　本書は1995年にスポーツ傷害の予防や治療に関心をもつ有志により設立されたアスリートケア研究会（2011年より一般社団法人アスリートケア）において，中心的に活動している理学療法士諸氏が執筆した．研究会の設立当時からの主たる活動は，1993年から高校野球甲子園大会において，主催者である日本高等学校野球連盟と朝日新聞社，毎日新聞社が大阪大学医学部整形外科学教室と協力して実施していた投手の肩肘関節機能検診への参加と，大会中のメディカルサポート（医療的支援）であった．1996年からは，主催者の要請により全試合中に待機し，球場内でテーピングをはじめとするサポートを実施している．これらの活動は甲子園大会から波及して，地方大会や地域の少年野球などの選手や指導者への啓発活動へと発展してきた．本書に示されたテーピングの多くは，こうしたスポーツ現場や医療機関で実践してきた評価と実施方法を体系的にまとめたものである．

　理学療法士が医療から保健領域での活躍を期待される今日，2007年の「アスリートケアマニュアル：ストレッチング」につづき，本書が出版されることは意義深いと思われる．本書がこれからスポーツ現場へ出る若い理学療法士や，将来ス

ポーツ傷害に対する理学療法を指向する学生諸君への入門書として利用されることを期待している．さらにスポーツ現場で活躍されているトレーナーをはじめとする多くの職種の方々，スポーツ選手と指導者，一般の方々の理解と実践にも役立つことを願っている．しかしながら実践書には執筆者の経験に基づく視点が含まれるため，ご批判やご意見を研究会までお寄せいただければ幸いである．

　本書の出版に際し，われわれにスポーツ現場でのメディカルサポートの機会を与えていただいた(財)日本高等学校野球連盟ならびに当研究会顧問の越智隆弘先生(大阪大学名誉教授)，研究会の初代会長である林 義孝先生(大阪府立大学名誉教授)と前代表の井上 悟先生(大阪大学医学部附属病院医療技術部リハビリ部門技師長)の多大なるご支援に対し，深謝する次第である．また本書の企画から出版までと根気強く支えていただいた文光堂中村晴彦氏に厚く御礼申し上げる．

2011年12月

一般社団法人アスリートケア
代表：小柳磨毅(理学療法士)
www.athlete-care.jp

序　文

　テーピングはスポーツ現場や医療機関において，応急処置からケガに対する治療および障害の予防まで幅広く用いられている．外傷や障害による損傷部の安静・保護は治療の原則であるが，有害なストレスのみを回避しながら合理的な運動を引き出していくことは身体機能の回復においてきわめて有益となる．したがってテーピングを実施する場合は，貼付方法だけでなく，損傷部位の病態評価，テーピングの実施，効果検証という一連のプロセスを踏むことが重要である．

　本書はスポーツ傷害の診療経験を有する理学療法士が，スポーツ現場や医療機関で実践してきたものを一冊の本にまとめたものである．総論はテーピングの目的と効果，用いるテープの種類，実施上の注意点，運動機能評価に基づいたテーピングの基本的な考え方を記した．各論では身体各部位ごとに代表的な障害をあげ，症状と関節運動軸や筋機能および運動連鎖などの関連を評価し，テーピングの実施に至るまでの流れをイラストに示した．さらにテーピング実施後の効果検証の方法や実施の際のワンポイントアドバイスも記述し，可能な限りわかりやすく解説することに努めた．

　テーピング実施の方法選択や貼付する技術の向上には，実際のスポーツ現場や臨床場面で数多くの経験をしていくことが重要である．本書が若い理学療法士やスポーツ現場に関わる専門職の方々，さらにスポーツ選手や指導者にも役立つことを期待している．

　最後になりましたが，出版にあたり多大なるご尽力いただきました文光堂の中村晴彦氏に深謝いたします．

2010年8月

アスリートケア研究会
中江徳彦・上野隆司

アスリートケアマニュアル
テーピング

目次

総　論 —————————— 1
　1　テーピングの目的と効果 ………… 2
　2　テーピング用品 ………………… 4
　3　テープの扱い方 ………………… 5
　4　実施上の注意点 ………………… 6
　5　運動軸と筋の走行 ……………… 10
　6　各論における内容 ……………… 15
　　　　　　　　　　　（上野隆司，堀口幸二）

第Ⅰ章　肩関節・肩甲帯 —————— 17
① 投球障害肩における投球位相別の
　評価とテーピング ………………… 18
　1　アーリーコッキング期 …………… 18
　　　肩外転の評価 ………………… 20
　　① 僧帽筋上部・中部線維のアシスト … 22
　　② 肩外転誘導 ………………… 24
　　③ 三角筋のアシスト …………… 26
　　　肩水平内外転角度を変えた内旋
　　　の評価 ……………………… 28
　　④ 肩内旋時の水平外転制動 …… 30
　2　レイトコッキング期 ……………… 32
　　　肩内外転角度を変えた外旋の評価 … 34
　　⑤ 肩外転誘導＋僧帽筋下部線維の
　　　アシスト ……………………… 36

- 肩水平内外転角度を変えた外旋の評価 …………………… 38
- 6 肩外旋時の水平外転制動 …… 40
- 3 ボールリリース期 …………… 42
  - 肩水平内外転角度を変えた伸展・内旋抵抗運動の評価 ……… 44
  - 7 肩伸展・内旋時の水平内転誘導 … 46
  - 8 肩伸展・内旋時の水平外転誘導 … 48
- 4 フォロースルー期 …………… 50
  - 肩後面および背部の評価 …… 52
  - 9 僧帽筋下部線維のアシスト …… 54
  - 10 広背筋のアシスト ………… 56
  - 11 肩甲上腕関節の牽引力抑制 …… 58

② その他のテーピング ……………… 60
- 12 肩鎖関節の安定化 ………… 60
- 13 肩甲上腕関節の安定化 …… 62
- 14 胸鎖乳突筋のアシスト …… 64
- 15 棘上筋のアシスト ………… 66
- 16 棘下筋のアシスト ………… 68

（元脇周也，濱田太朗，福田明雄，多田周平）

第Ⅱ章 肘関節・手関節 ——— 71
① 投球障害肘における投球位相別の評価とテーピング ……………… 72
- 1 レイトコッキング期 ………… 72
  - 肘屈伸角度を変えた外反の評価 … 74
  - 17 肘屈曲位での外反制動 …… 76
  - 18 肘軽度屈曲位での外反制動 … 78
  - 前腕回内外角度を変えた外反の評価 ……………………………… 80
  - 19 前腕回外時の外反制動 …… 82
  - 肩内外転角度を変えた外反の評価 ……………………………… 84
- 2 ボールリリース期 …………… 86
  - 前腕回内外角度を変えた伸展の評価 ……………………………… 88
  - 20 前腕回内時の肘伸展制動 …… 90
  - 肘内外反角度を変えた伸展の評価 … 92
  - 21 肘伸展位の外反制動 ……… 94

② その他のテーピング ……………… 96
- 1 上腕骨外側・内側上顆炎 …… 96
  - 上腕骨外側・内側上顆炎の評価 … 98
  - 22 前腕伸筋群のアシスト …… 100
  - 23 前腕伸筋群・屈筋群のコンプレッション ………………………… 102
  - 24 前腕屈筋群のアシスト …… 104
- 2 三角線維軟骨複合体（TFCC）損傷 … 106
  - 手関節背屈の評価 ………… 108

- 25 手関節サーキュラー …………110
- 手関節背屈位での橈尺屈の評価…112
- 26 手関節背屈＋尺屈制動 ………114
- 手関節背屈位での前腕回内外の評価 …………………………116
- 27 手関節背屈＋前腕回内制動 ….118
- 28 手関節背屈＋前腕回外制動 ….120
- 近位手根骨掌背側誘導を加えた背屈の評価 ……………………122
- 29 近位手根骨の掌側誘導 ………124
- 30 近位手根骨の背側誘導 ………126
- 尺骨頭掌背側誘導を加えた背屈の評価 ……………………………128
- 31 尺骨頭の掌側誘導 ……………130
- 32 遠位橈尺関節圧迫 ……………132
- 前腕回内外肢位を変えた尺屈の評価 …………………………134
- 33 手関節尺屈＋前腕回内制動….136
- 34 手関節尺屈＋前腕回外制動….138
- 35 パッドを利用した手関節尺屈制動…140

（高桑　誠，山城拓馬，森岡俊行，梅本公平）

第Ⅲ章　膝関節・腰部・骨盤帯 ── 143

1 膝関節・大腿部の外傷・障害における評価とテーピング ……………144

1 膝関節伸展機構の腱付着部障害…144
- 膝蓋骨の誘導・膝蓋腱圧迫による評価 ……………………146
- 36 膝蓋骨の下方誘導 ……………150
- 37 膝蓋骨の内側誘導 ……………152
- 38 膝蓋骨の外旋誘導 ……………154
- 39 膝蓋骨の内側傾斜誘導 ………156
- 40 膝蓋骨の下方傾斜誘導 ………158
- 41 膝蓋腱の圧迫 …………………160

2 膝蓋下脂肪体の炎症とインピンジメント ………………………162
- 膝蓋下脂肪体の圧痛確認と軟部組織の上方誘導による評価 ….164
- 42 膝蓋下脂肪体の上方誘導 ……166

3 鵞足炎 ……………………………168
- 膝関節肢位を変えた荷重下での疼痛評価 …………………170
- 43 膝関節内旋誘導 ………………172
- 44 膝関節内反誘導 ………………174
- 鵞足部痛のトリガー筋鑑別テストと筋スパズムの評価 …………176
- 45 縫工筋のアシスト ……………178
- 46 半腱様筋のアシスト …………180
- 47 薄筋のアシスト ………………182

4 腸脛靱帯炎（腸脛靱帯摩擦症候群）…184

- 📋 膝関節肢位を変えた荷重下での疼痛評価，圧痛・筋スパズムの評価 ……185
- 🔴48 膝関節外反誘導 ………………186
- 🔴49 膝関節外旋誘導 ………………188
- 🔴50 腸脛靱帯・大腿筋膜張筋のアシスト ……………………………190
- 5 肉離れ（ハムストリングス損傷）……192
- 📋 ハムストリングスにおける疼痛・筋スパズムの評価 ………193
- 🔴51 膝関節伸展制限 ………………196
- 🔴52 ハムストリングスの圧迫 ……198
- 🔴53 ハムストリングスのアシスト …200

2 関節不安定性と疼痛に対する評価とテーピング ……………………………202
- 1 内側側副靱帯（MCL）不全膝 ……202
  - 📋 関節不安定性と疼痛の評価 ……204
  - 🔴54 膝関節外反・外旋の制動 ……206
  - 🔴55 膝関節伸展・外反の制動 ……208
- 2 膝蓋骨亜脱臼，膝蓋骨不安定症 …210
  - 📋 膝蓋骨の不安定感・疼痛の評価 …211
  - 🔴56 膝蓋骨の外側不安定性制動 ……214
- 3 前十字靱帯（ACL）不全膝 ………216
  - 📋 非荷重位での関節不安定性と荷重位での評価 ………………218
- 🔴57 脛骨の前方移動制動 …………220
- 4 後十字靱帯（PCL）不全膝 ………222
  - 📋 関節不安定性と疼痛の評価 ……223
  - 🔴58 脛骨の後方移動制動 …………224

3 腰部の疼痛に対するテーピング …… 226
- 1 腰痛症 ……………………………226
  - 📋 腰背部における疼痛・筋スパズムの評価 ……………………227
  - 🔴59 腰部の編上げ …………………230
  - 🔴60 腹部の圧迫 ……………………232

（木村佳記，加来敬宏，森藤　武，今高康詞）

第Ⅳ章　足関節・足部 ——— 235
1 足関節・足部のスポーツ障害における評価とテーピング ……………………236
- 1 アキレス腱付着部障害 ……………236
  - 📋 足部回内外位を変えた背屈の評価 ……………………………238
  - 🔴61 背屈制動＋下腿三頭筋のアシスト ……………………………240
  - 📋 荷重位置を変えたヒールレイズの評価 ……………………………242
  - 🔴62 後足部回内誘導 ………………244
  - 🔴63 後足部回外誘導 ………………246

📋 足趾の荷重位置を変えたヒール
　　　　レイズの評価……………248
　　　🔴64 中足骨ユニット第1列底屈誘導…250
　　　🔴65 中足骨ユニット第1列背屈誘導…252
　2　シンスプリント……………254
　　　📋 非荷重位の疼痛評価…………256
　　　🔴66 ヒラメ筋のアシスト…………258
　　　🔴67 後脛骨筋のアシスト…………260
　　　📋 荷重位の疼痛評価……………262
　　　🔴68 内側楔状骨の挙上……………264
　3　足底腱膜炎………………266
　　　📋 後足部アーチを変えた踏み込み
　　　　動作の評価……………268
　　　🔴69 踵骨の前方傾斜制動…………270
　　　📋 足部肢位や荷重肢位を変えた
　　　　歩行の評価……………272
　4　有痛性外脛骨………………274
　　　📋 疼痛の評価……………276
　　　🔴70 足部外転制動……………278
　　　🔴71 舟状骨の挙上誘導……………280

2 足関節・足部のマルアライメントに
　対するテーピング……………282
　1　扁平足………………282
　　　🔴72 内側縦アーチ挙上誘導………284

　2　外反母趾………………286
　　　🔴73 母趾外反制動……………288

3 足関節・足部のその他のテーピング…290
　1　足関節内反捻挫（慢性期）………290
　　　📋 足底背屈肢位を変えた内反の
　　　　評価……………291
　　　🔴74 足関節内反制動……………292
　　　🔴75 足関節底屈制動……………294
　　　🔴76 足関節背屈制動……………296
　　　📋 遠位脛腓関節の圧迫による背屈
　　　　の評価……………298
　　　🔴77 遠位脛腓関節圧迫……………300
　　　🔴78 腓骨（外果）の前上方誘導……302
　　（伊佐地弘基，岡田亜美，中尾英俊，松本　剛）

文献……………305

付録
投球動作の位相……………307

総　　論

テーピング（taping）は，各種のテープを身体各部位に貼り，運動器官に起こる負荷・外力などを軽減させることを目的とする技術である．テーピングは米国のスポーツ現場で19世紀後半から用いられ，さまざまなスポーツに応用され発展してきた．我が国のスポーツ界でも，予防，治療，応急処置，スポーツ復帰におけるリハビリテーションなどに利用され普及している．

1 テーピングの目的と効果

1．外傷および再発予防

　個人の形態的要因や競技特性によって外傷および慢性障害が予想される場合，機能障害がない部位に対して予防的に用いられる．たとえばサッカー，バスケットボールなどの種目では足関節外側靱帯損傷の予防として，コンタクトスポーツやスキーなどの種目では膝関節の内側側副靱帯や前十字靱帯損傷の予防として用いられる．

　またスポーツ復帰を目的としたリハビリテーションや競技復帰の際に，過去に機能障害を呈した部位に対して再発予防を目的として用いられる．

2．応急処置

　外傷発生直後の処置の原則はRICE処置である．RICEとは，R（rest）安静，I（icing）冷却，C（compression）圧迫，E（elevation）挙上で，テーピングは損傷を受けた部位の固定によって安静を保ち，さらに圧迫によって腫脹や痛みなどを抑制する．

3．治療（関節の保護・補強・制限）

　外傷後の関節不安定性や疼痛に対して，組織の保護，補強および運動の制限を目的に用いられる．靱帯や筋組織などの損傷後に過剰な外力を回避し，安全な運動を施行することで機能低下を最小限に抑える．

また，筋・腱などに加わる張力によって生じる疼痛も，筋・腱の上にテープを貼付することで張力を分散させ，疼痛を軽減させる．

4．運動機能の補助

　疼痛や廃用によって筋力が十分に発揮できない場合に，関節運動の誘導や筋機能の補助を目的に用いる．運動軸や筋の走行に配慮し，テープの方向と強さを調整する．

5．合理的な運動の誘導

　関節の運動軸に対してらせん状などの三次元的にテープを貼付することにより，合理的な運動が誘導され，その結果，疼痛や不安感などが減少してパフォーマンスが向上することが多い．同様に筋・腱の走行に一致したテープが皮膚と皮下組織を介して筋機能を改善することもしばしば経験される．こうしたアプローチは傷害部位に直接用いられるとともに，遠位部からの操作が運動連鎖を介して効果を示すことも多い．投球障害例において足底部のテープが軸足の安定と合理的な重心移動を導き，運動連鎖により上肢のパフォーマンスや症状を改善する例などがこれに当たる．

6．その他

　精神的な不安感を軽減する目的で用いられることもある．また，テープには皮膚を保護するという効果もあり，バレーボールでは指先の皮膚障害を予防するためにテープを巻くことがある．

2 テーピング用品

1. 非伸縮性テープ（粘着）

関節の固定と可動域制限，身体部位の圧迫に用いられることが多い．コットンテープやホワイトテープとよばれ，テープを定着させるためのアンカーテープとしても用いられる．

2. 伸縮性テープ（粘着）

薄く伸縮性に優れたテープと厚手生地のタイプがある．
伸縮性：長時間にわたる関節運動の制限や筋疲労の軽減，筋サポートに有効である．
伸縮性（厚手）：関節運動の強い制動や筋への伸張ストレスの軽減，または軟部組織の圧迫などに用いられる．

3. アンダーラップ

体毛のある部分や皮膚が弱い場合など，摩擦や糊から皮膚を保護する目的で使用する被膜である．アンダーラップ自体は非粘着性であるため，テープの固定性は低下する．

4. 自着性テープ

テープの表面の凹凸によって定着する特殊なテープである．粘着性テープの上に巻くことにより，持続性を高める効果がある．

5. スプレー

接着力を強化するためのスプレーで，アンダーラップなどを皮膚に接着させるために用いられる粘着スプレー（タックスプレー）やテープをスムースに剝がす際（皮膚を保護する）に用いられる除去剤スプレー（リムーバースプレー）がある．

6. テーピングパッド

損傷部位に生じる衝撃の吸収や分散，外傷直後の局所圧迫などの目的で用いられる．

7. テーピングシザース

テープの裁断や除去に用いるため，皮膚を損傷しないように先端が丸く加工されている．

8. その他

皮膚の保護のため，ガーゼ，ワセリンなどを用いる場合がある．

3 テープの扱い方

1. 持ち方

テープはロールの中に指を入れ，引き出すテープの端を指先で把持し，テープの張力が一定になるよう(しわが寄らないように)引き出す(図1)．

2. 切り方

両手の示指と母指でテープを把持し，側方に引っ張り，テープを緊張させた状態で切る(図2)．

3. 巻き方

皮膚に沿うように巻く．テープはある程度引き出し，一定の張力で巻く．痛みの原因となるため，しわができないように注意する．部位に対して斜めに巻き始めるとテープのしわができにくい(図3)．

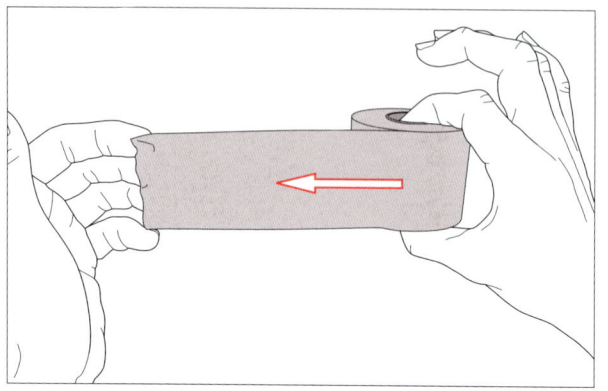

図1　テープの持ち方
ロールの中に指を入れ，張力が一定になるよう引き出す．

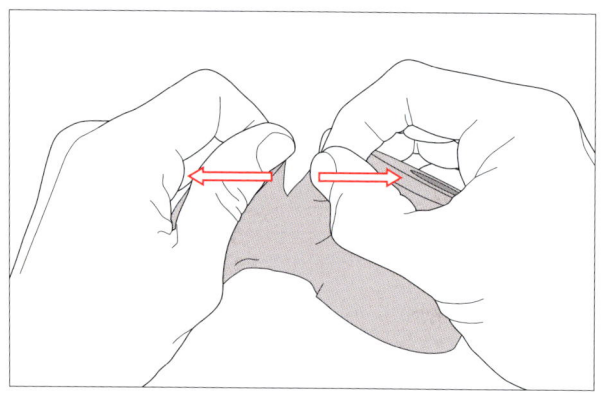

図2　テープの切り方
テープを緊張させた状態で左右に引き裂く．

4 実施上の注意点

1. テープの扱い方

　持ち方，切り方，巻き方などに注意する（「3　テープの扱い方」を参照）．
　伸縮性の高いテープは必要な長さにカットして用いる．伸縮性テープであるため

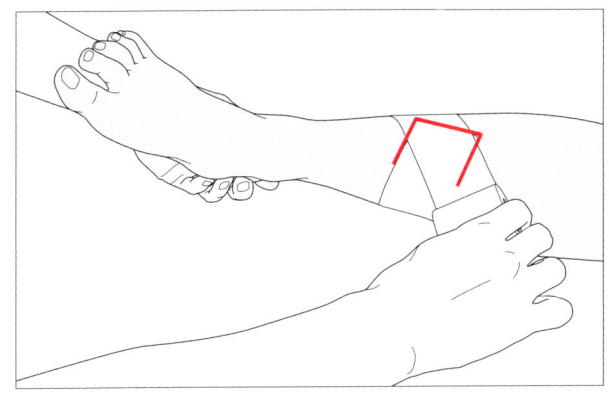

a：斜めに巻き始めるとしわができにくい

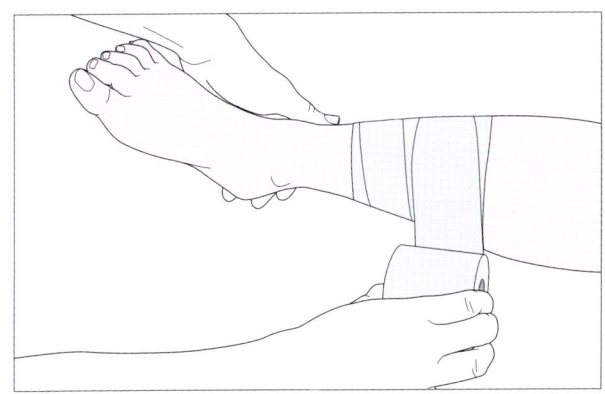

b：アンダーラップも皮膚に沿うように巻く
図3　テープの巻き方

その伸張程度も考慮してカットする．目的に応じてスプリットしたり，皮膚から剥がれにくいように角の所を丸めるとよい（図4）．

　糊が付着している面に紙がついているテープは，貼付時に紙を端から剥がすのではなく，テープの中央部など適当な位置で紙を破って用いると素早く扱える．テープを皮膚に貼付する際には，示指と中指で紙を挟み込むように持ち，紙を剥がしながら貼付するとよい（図5）．

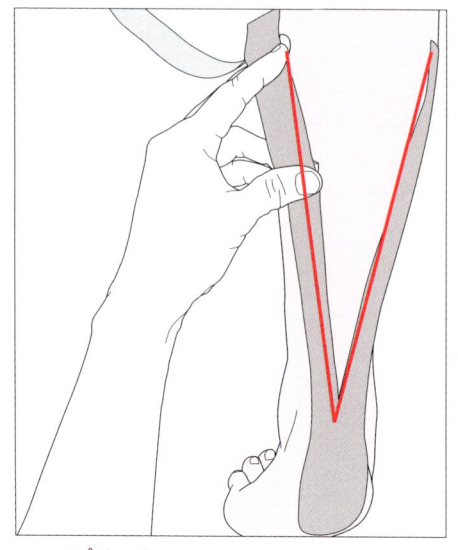
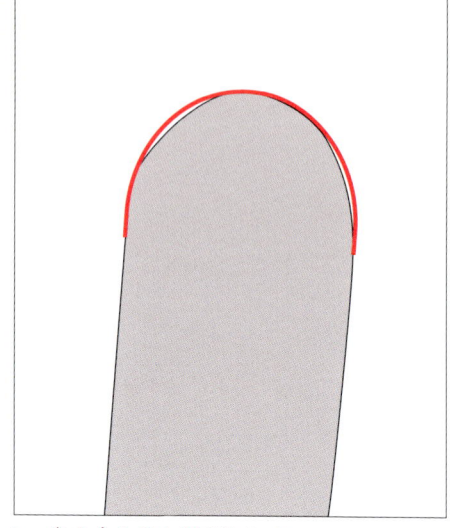

a：スプリット　　　　　　　　　　b：角を丸めると剝がれにくい
図4　テープの扱い方

2. 肢位

　テープを貼付する肢位によって運動時のテープの伸張程度が変わり，結果として関節可動域にも影響する．テープによって制動される関節可動域が大きくなったり，目的とする運動方向以外にも強い制動が生じる場合は，パフォーマンスの低下などを引き起こす．そのためテープを貼付する肢位は，制動する運動方向や制動を避けたい運動方向などを考慮しなければならない．

　また施行者の姿勢にも注意する．テープを貼付する部位が低い位置にあると前かがみの姿勢となり，腰痛などを引き起こすこともある．

3. 実施前の確認

①競技，ポジションの確認

　競技特性，ポジションによってはテーピングの目的が変わるため，事前に必ず確

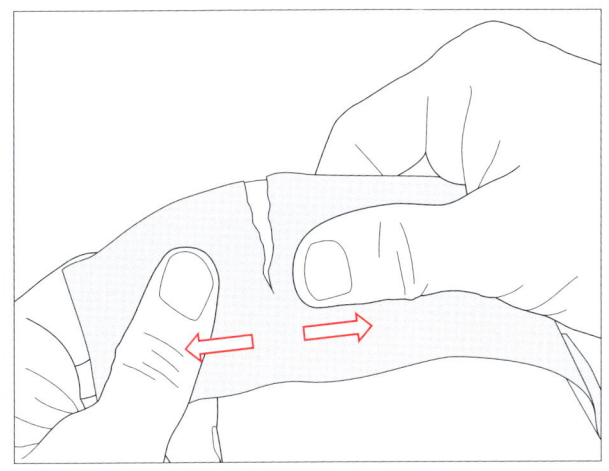

a：紙を破る

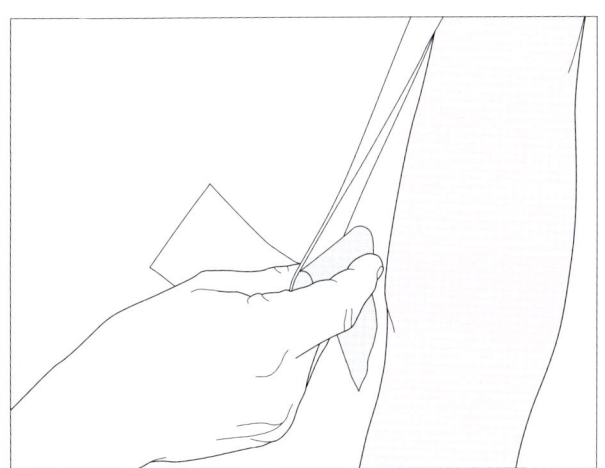

b：紙を指で挟み込むように剝がす
図5　テープの扱い方

認しておく．
②皮膚の状態
　テープを貼付する部位に傷がないかを確認し，傷がある場合はその部位を避ける

か，ガーゼなどにて保護をする．また皮膚がかぶれやすい場合などはアンダーラップを用いる．テープ貼付後の皮膚のかゆみや発赤などを認める場合はテープを除去する．

繰り返しテープを貼付する部位は剃毛し，皮膚障害の発生を防ぐ．また汗をかいている場合は十分に拭き取る．

4．実施後の確認

①テープの圧迫による障害

テープの圧迫によって，神経障害や循環障害を起こす場合がある．末梢部のしびれや痛みなどの症状を訴える場合は，テープを除去し再度施行し直す．

②効果判定

テーピング施行後に疼痛などの症状が認められた運動や動作にて確認する．テーピングによって必要以上に運動が制限されないように注意する．

5．テーピングの持続性

競技中はテープの緩みを確認し，場合によっては巻き直す必要がある．時間経過に伴い，選手の訴え，痛みの部位や程度などが変化することもあるため，再度評価を行い，患部の状態を確認する．

5 運動軸と筋の走行

関節の運動軸は，通常関節を構成する骨の凸側に存在している．運動軸は関節の形状によって数は変わり，腕尺関節に代表される蝶番関節では1面上での運動軸，脛骨大腿関節に代表される顆状関節では2面上での運動軸を有し，肩関節に代表される球関節においては矢状面，前額面，水平面と3面上での運動軸が存在する（図6）．しかし関節を構成する骨の凸側は完全な球体をしていないため，実際の運動時には運動軸は移動していることが多く，一定の部位にとどまることは少ない．そのためテープを貼付する際は，常に関節の形状や肢位を考慮し，関節運動の

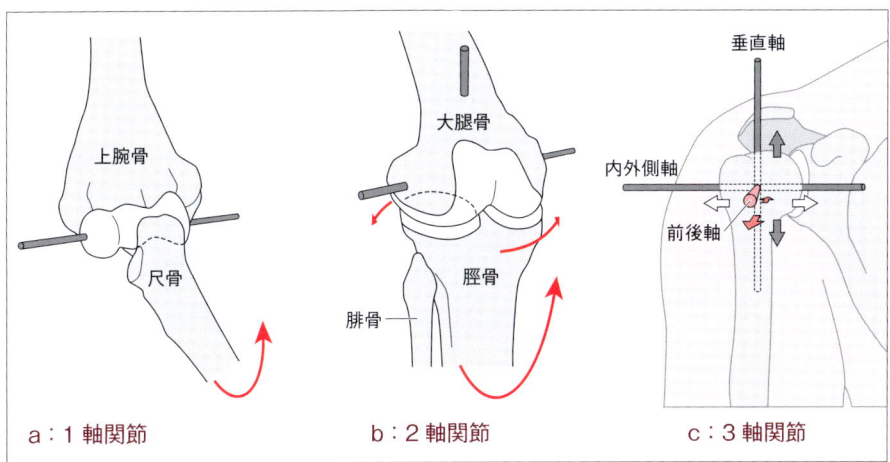

図6　関節の軸

制動や誘導が正確か否かを確認することが必要となる．
　さらに，運動軸と同様に力源となる筋の走行を把握しておくことも必要である．筋の走行を無視してテープを貼付することは，結果として関節の機能を低下させ，パフォーマンスの低下につながることがある．
　以下に各論の章に記載されている関節の運動軸を示す．なお前述したとおり関節の軸は運動に伴って移動するため，ここでは代表的な位置を提示する．

1. 肩関節（図7）

①屈伸：矢状面
②内外転：前額面
③内外旋：矢状面
④水平内外転：水平面

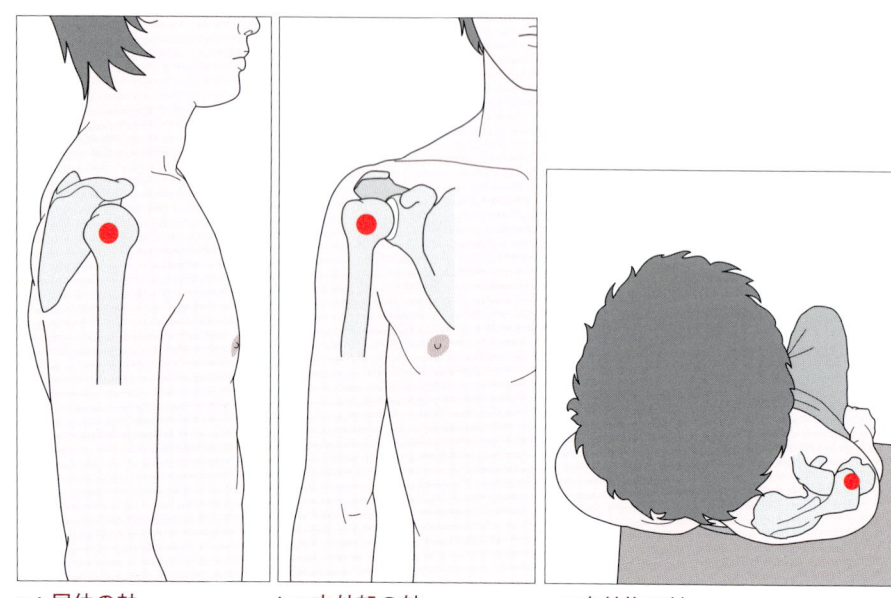

a：屈伸の軸　　b：内外転の軸　　c：内外旋の軸

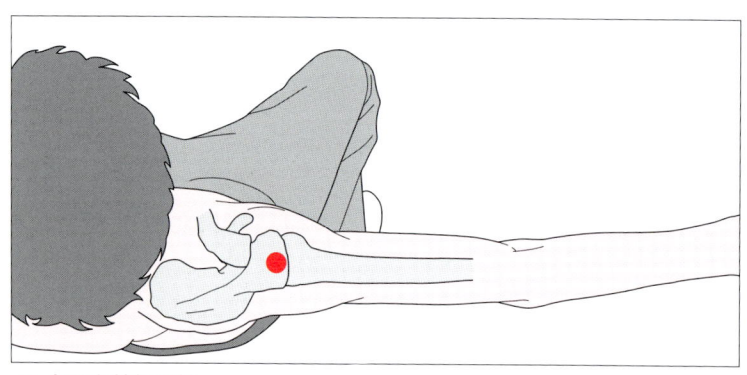

d：水平内外転の軸
図7　肩関節の運動軸

2. 肘関節（図8a, b）

①屈伸：矢状面

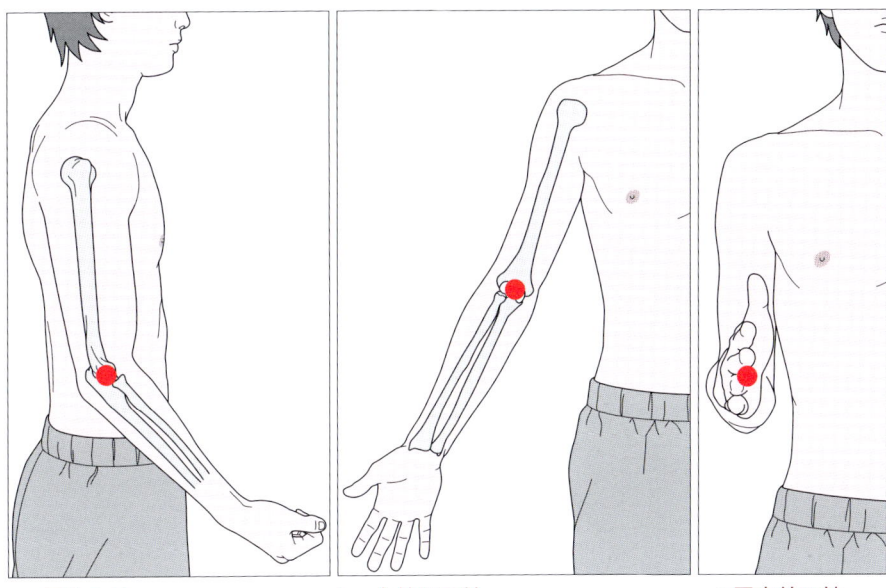

a：屈伸の軸　　b：内外反の軸　　c：回内外の軸
図8　肘関節，前腕の運動軸

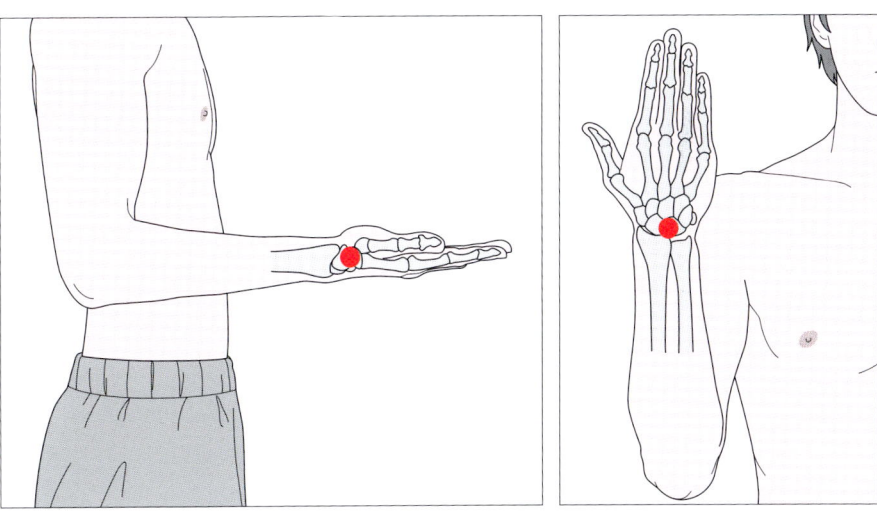

a：掌背屈の軸　　b：橈尺屈の軸
図9　手関節の運動軸

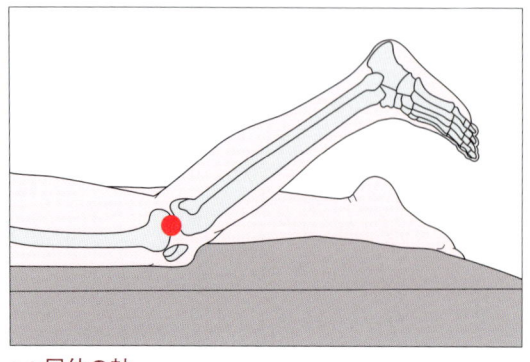
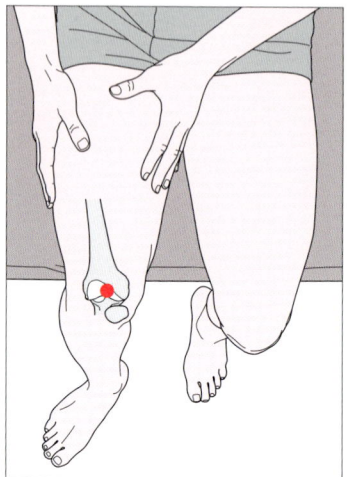

a：屈伸の軸

図10　膝関節の運動軸　　　　b：回旋の軸

②内外反：前額面

3. 前腕（図8c）

①回内外：前額面

4. 手関節（図9）

①掌背屈：矢状面
②橈尺屈：前額面

5. 膝関節（図10）

①屈伸：矢状面
②回旋：水平面

6. 足関節・足部（図11）

①底背屈：矢状面

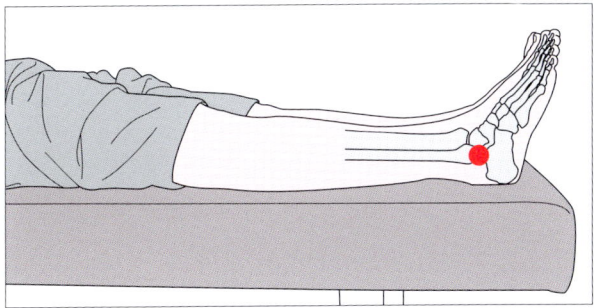

a：底背屈の軸

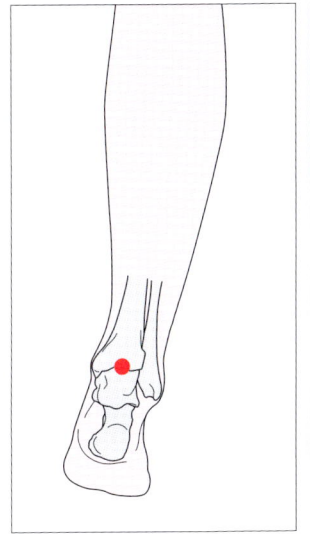

b：内外反の軸　　c：回内外の軸

図11　足関節の運動軸

②内外反：前額面
③回内外：前額面

各論における内容

　本書では運動機能の低下を可能な限り防止し，テーピング実施後に運動を行うこ

とを前提に記載している．障害や症状の病態の説明から代表的な疼痛部位，病態を把握するための評価方法やその評価結果および評価結果に応じたテーピングの選択に加え，テープを貼付する肢位，貼付方法，貼付後の効果検証の方法を記載している．

第Ⅰ章
肩関節・肩甲帯

①投球障害肩における投球位相別の評価とテーピング

1 アーリーコッキング期

代表的な疾患　肩峰下インピンジメント症候群
　　　　　　　腱板損傷　など

病　　態　　この相はテイクバック動作とよばれる肩関節内旋と外転の複合運動（図1）が行われる．肩甲骨と上腕骨の動きがアンバランスになると上方への圧縮ストレス（図2a）と，前方への伸張ストレスや後方への圧縮ストレス（図2b）が増大し，疼痛の誘因となる．

疼痛部位　　肩外側・前方・後方

図1　テイクバック動作

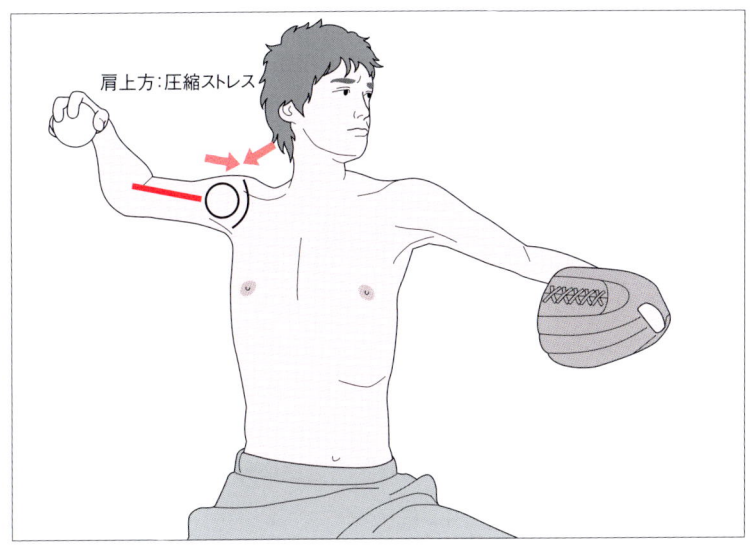

a. 前額面

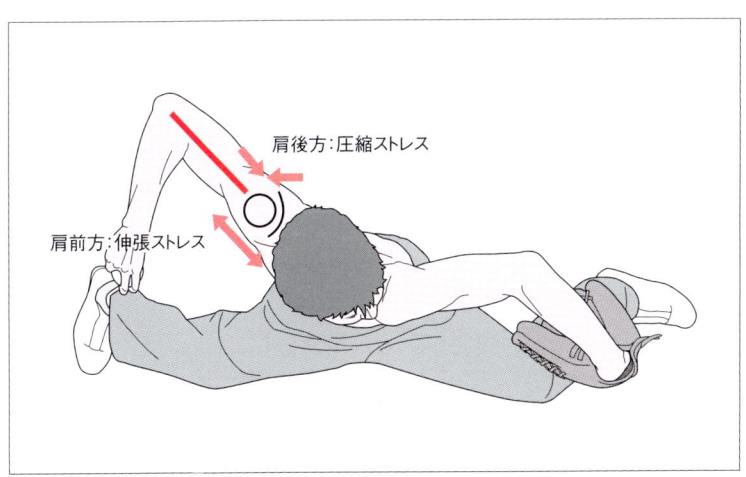

b. 水平面

図2　肩関節内施・外転によるメカニカルストレス

肩外転の評価

評価方法　肩外転の自動運動を行い，疼痛や違和感と肩甲骨の動き（図 3a）を確認する．

評価結果　①肩甲骨の運動が少なく，肩甲上腕関節の外転を過剰に認める（図 3b）．
　　　　　　→選択テープ
　　　　　②肩甲上腕関節の運動が少なく，肩甲骨挙上を過剰に認める（図 3c）．
　　　　　　→選択テープ ＋

選択テープ
　① 僧帽筋上部・中部線維のアシスト（➡ p. 22）
　　※肩甲骨上方回旋を誘導する．
　② 肩外転誘導（➡ p. 24）
　③ 三角筋のアシスト（➡ p. 26）

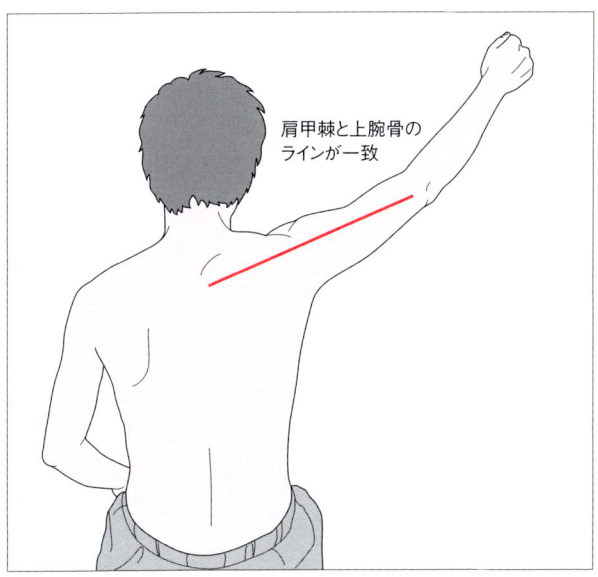
a. 正常

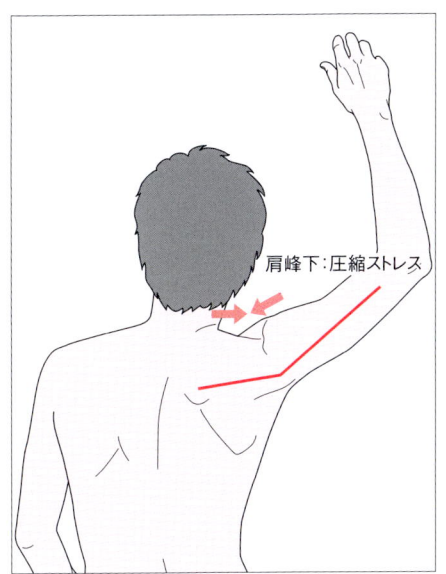
b. 肩甲骨の運動が不十分な肩外転運動

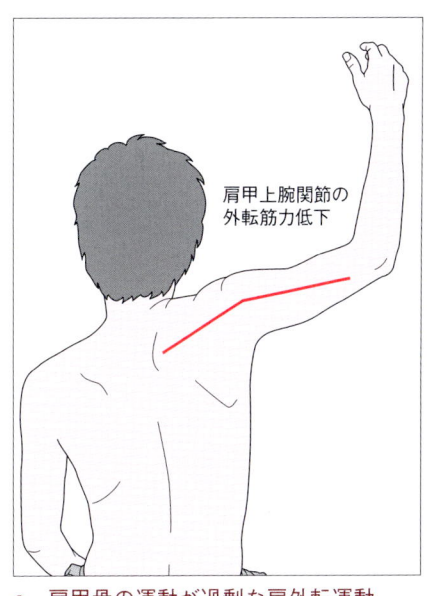
c. 肩甲骨の運動が過剰な肩外転運動

図3 肩外転の評価

 # 僧帽筋上部・中部線維のアシスト

肢 位	● 上部線維アシスト：肩関節伸展・内転・内旋位 　　　　　　　　　頚部対側への側屈位（図4a） ● 中部線維アシスト：肩関節水平内転位（図4b）
テープ	伸縮性　Y字形　幅：5cm　長さ：20～25cm
方 法	5cm程度残してスプリットしたテープを，肩峰から僧帽筋各線維の起始部へ向けて貼付する（図4a①）．上部線維は筋腹に沿って上位頚椎まで貼付する（図4a②）．中部線維は肩甲棘上縁に沿って第7胸椎棘突起まで貼付する（図4b③）．
注意点	● テープは引っ張らず置くように貼付する． ● テープ貼付後に違和感がないか確認する．
効果検証	肩外転の自動運動にて疼痛軽減や腕のあげやすさを確認する．

ワンポイントアドバイス

貼付後，伸張位から戻したときに軽くテープのしわが現れる程度の張り具合を目安とする．

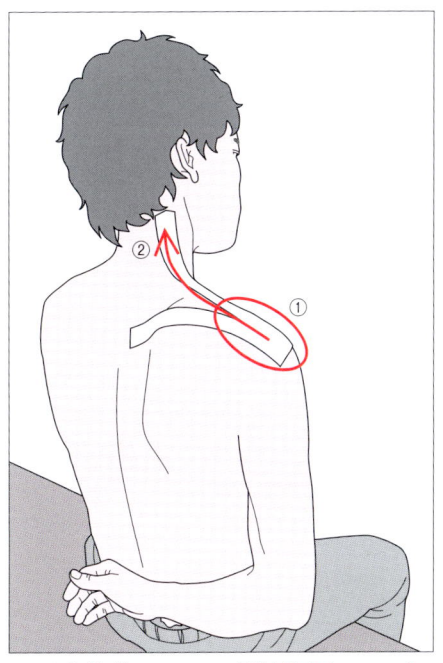 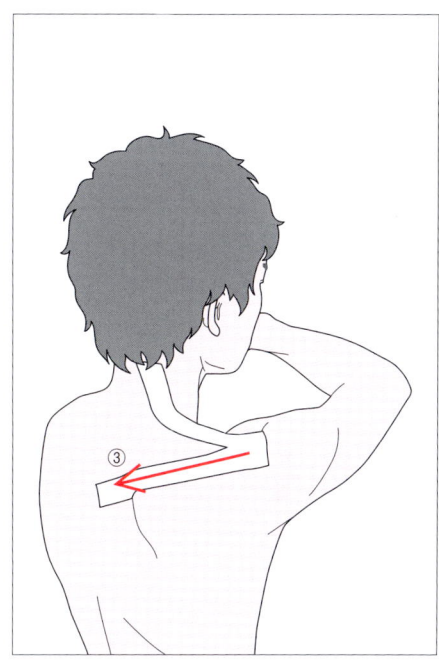

a. 上部線維アシストの開始肢位とテープの走行

b. 中部線維アシストの開始肢位とテープの走行

図4　僧帽筋上部・中部線維のアシスト

肩外転誘導

肢　位	肩甲骨面上外転 90°での内旋位
テープ	伸縮性　Y字型　幅：5cm　長さ：30〜35cm
方　法	5cm ほどスプリットし，三角筋粗面から上腕部を挟むように貼付する（図 5a ①）．肩関節内外転軸（図 5b ③）の上方かつ上腕骨頭直上を通り（図 5a ②），肩甲棘に沿って肩甲棘基部まで貼付する（図 5c ④）．
注意点	●テープ貼付中は肩甲骨面上外転 90°での内旋位を保持する． ●貼付後，上肢を下垂した際に水平面での肩甲上腕関節中心を通っているかを確認する．
効果検証	●上肢下垂時にテープの伸張感を確認する． ●上肢が挙上しやすくなったか確認する． ●テイクバック動作の疼痛軽減を確認する．

ワンポイントアドバイス

- 上肢を下垂した際のテープの伸張度は本人の感覚を最優先する．
- 強度を強めたい場合は貼付肢位の外転角度を増やして調節する．

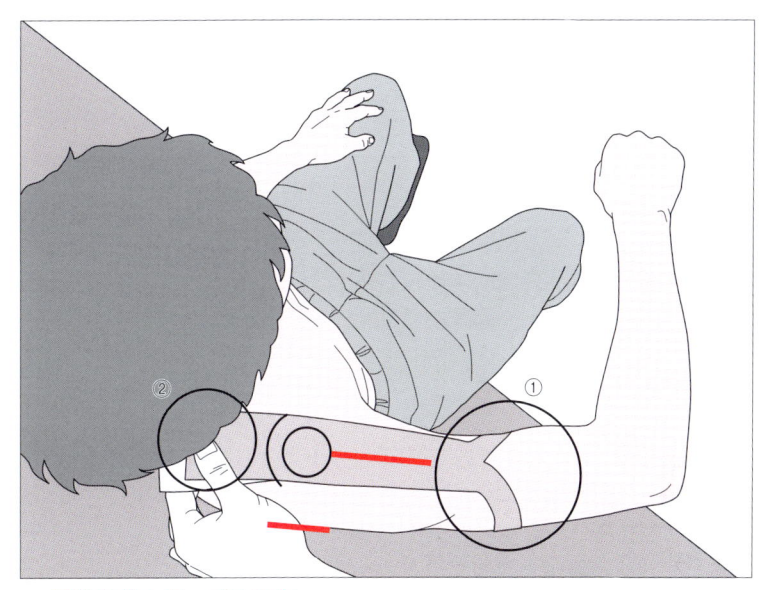

a. 開始肢位とテープの走行

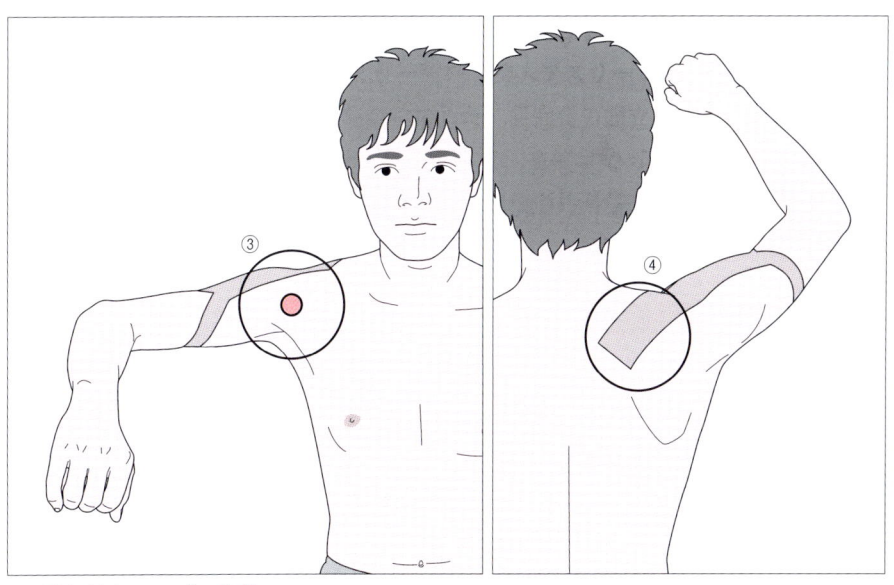

b. 外転軸とテープの走行

c. テープの走行（後方）

図5　肩外転誘導

1. アーリーコッキング期

テーピング技法 3　三角筋のアシスト

肢位	●前部線維：肩関節伸展位（図6a） ●後部線維：肩関節屈曲位（図6b）
テープ	伸縮性　Y字型　幅：5〜7.5cm　長さ：20〜25cm
方法	先端を1〜2cm残してスプリットし，三角筋粗面に貼付する（図6a）．各線維を伸張位とし，走行に沿って三角筋全体を覆うように貼付する． 　→前部線維：肩伸展位（図6a） 　　後部線維：肩屈曲位（図6b）
注意点	外転誘導に重ねて貼付する場合は，テープ同士の定着性が弱いのでテープの先端部を皮膚へ定着させる（図6c）．
効果検証	●肩外転の自動運動における疼痛や腕のあげやすさを確認する． ●テイクバック動作の疼痛軽減を確認する．

ワンポイントアドバイス

　貼付後，伸張位から戻したときに軽くテープのしわが現れる程度の張り具合を目安とする．

鎖骨外側へ

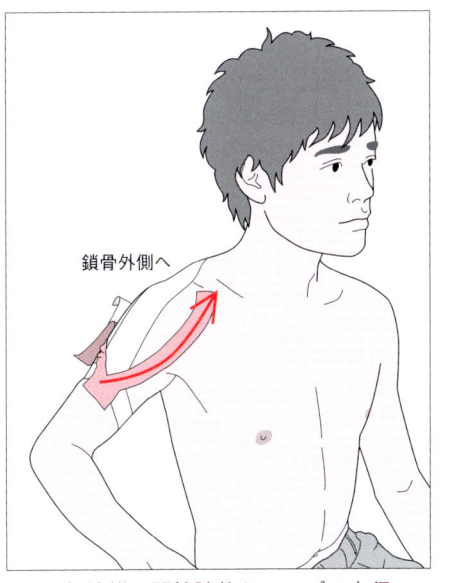

a. 前部線維の開始肢位とテープの走行

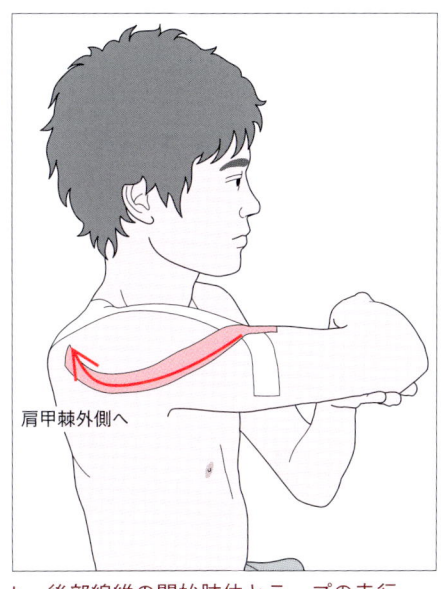

肩甲棘外側へ

b. 後部線維の開始肢位とテープの走行

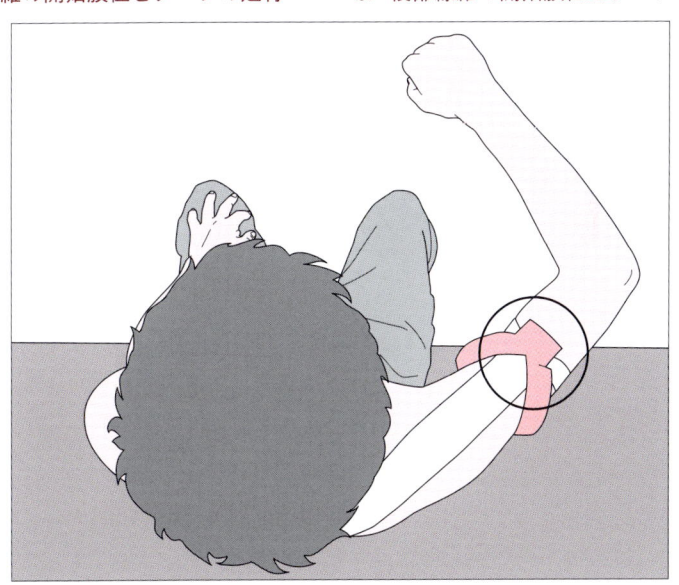

c. テープの先端が重ならないようにする．

図6　三角筋のアシスト

1. アーリーコッキング期

肩水平内外転角度を変えた内旋の評価

評価方法 水平内外転角度を変えて側方挙上位での内旋強制運動を行い，疼痛や違和感の変化を確認する（図7）．

評価結果 水平外転位で疼痛が増強し，肩甲骨面上で疼痛が軽減する．
※肩甲骨面上での回旋運動は剪断ストレスが生じにくい．

選択テープ ④ 肩内旋時の水平外転制動（→ p.30）

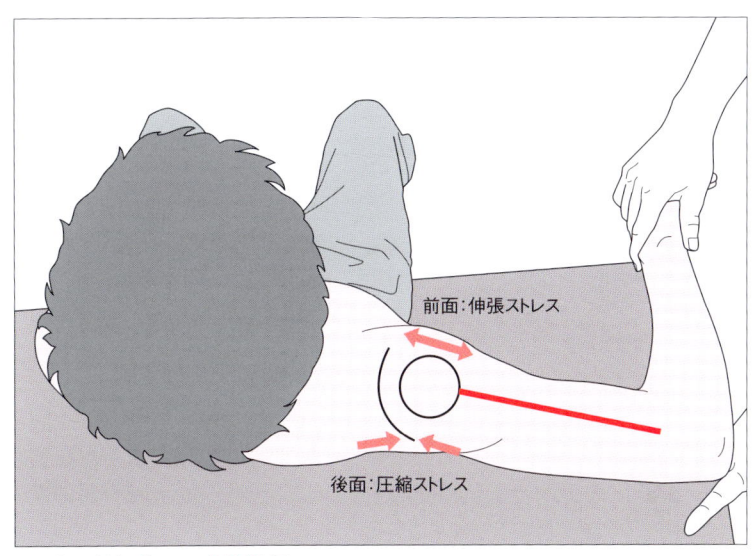

a. 水平外転位での内旋強制

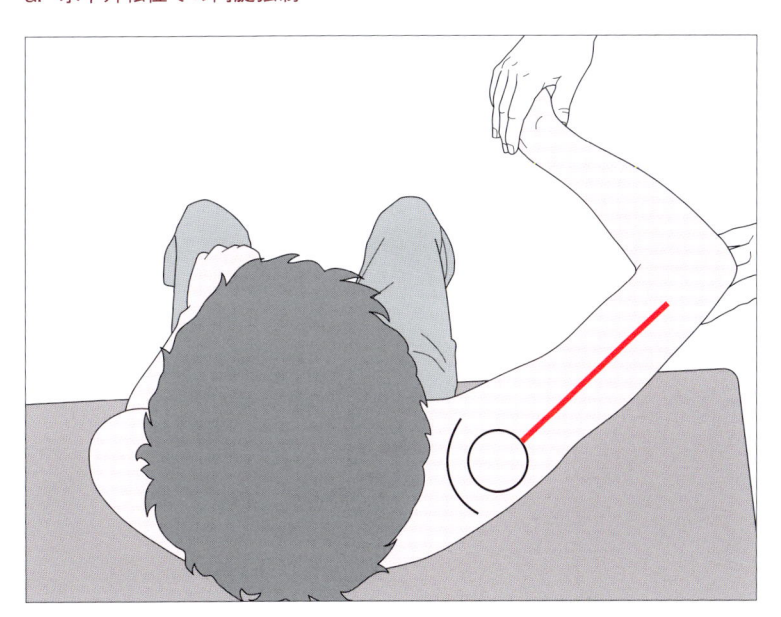

前面：伸張ストレス
後面：圧縮ストレス

b. 肩甲骨面上での内旋強制

図7　肩水平内外転角度を変えた内旋の評価

1. アーリーコッキング期

テーピング技法 ④ 肩内旋時の水平外転制動

肢位	肩甲骨面上外転 90°での外旋位
テープ	伸縮性　幅：5～7.5cm　長さ：30～35cm
方法	上腕骨頭の位置を前面より確認する（図 8a）．テープは上腕後面中央部から上腕骨頭の前面を通り（図 8b），そのまま走行を変えず一直線に肩甲棘まで貼付する（図 8c）．テープは上腕骨頭の前面のみ最大限に伸張する（図 8b 矢印）．
注意点	●貼付中は肩甲上腕関節が肩甲骨面上から水平内転位であること． ●貼付後の肢位でテープの走行が一直線になっていることを確認する．
効果検証	●水平外転位での内旋運動における肩前面のテープの伸張感を確認する． ●テイクバック動作での疼痛軽減を確認する．

ワンポイントアドバイス

水平外転制動の効率を高めたい場合は，貼付肢位の外旋角度と水平内転角度を強める．

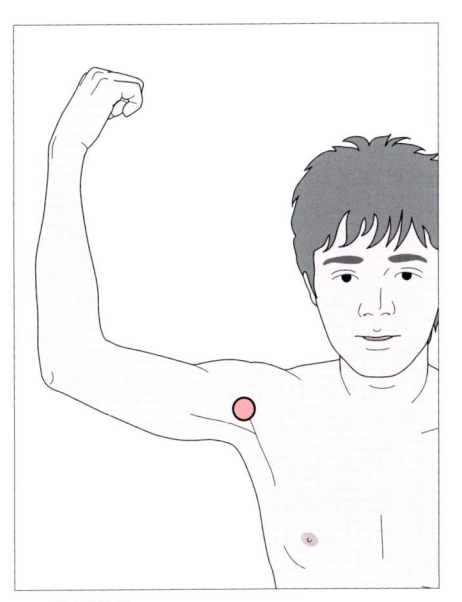

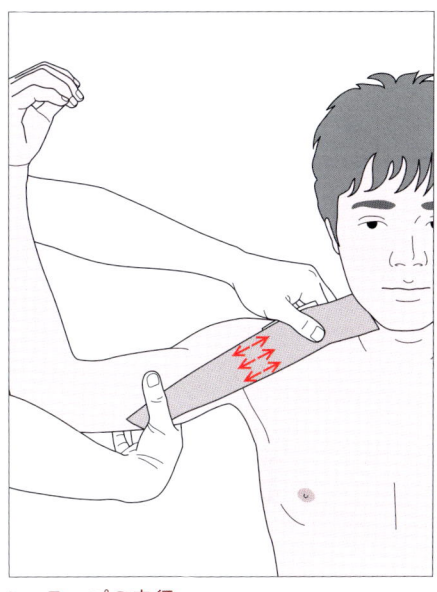

a. 開始肢位

b. テープの走行

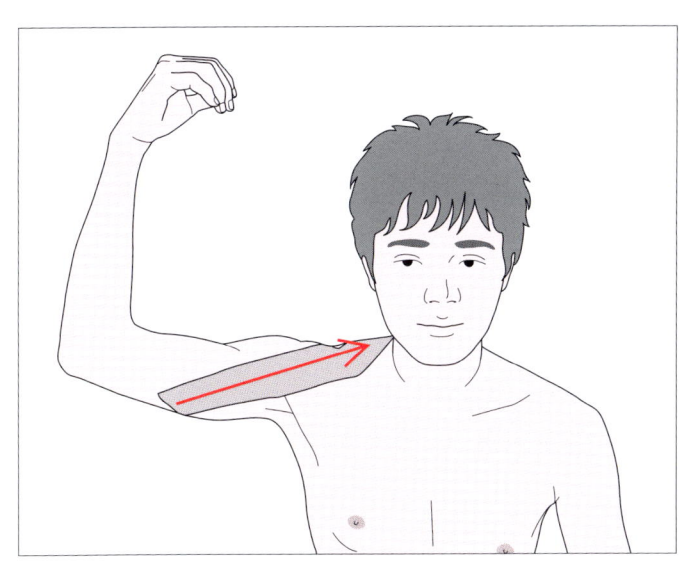

c. 完成

図8　肩内旋時の水平外転制動

1. アーリーコッキング期

①投球障害肩における投球位相別の評価とテーピング

2 レイトコッキング期

代表的な疾患
: internal impingement
  腱板損傷
  腱板疎部損傷
  little leaguer's shoulder
  肩前方不安定症　など

病　態
: 肩関節外旋・水平外転が最も強制される時期（図1）であり，肩上方から後方にかけての圧縮ストレスや，前方への伸張ストレスが疼痛の要因となる（図2）．

疼痛部位
: 肩上方・後方・前方

図1　レイトコッキング期の肩関節最大外旋運動

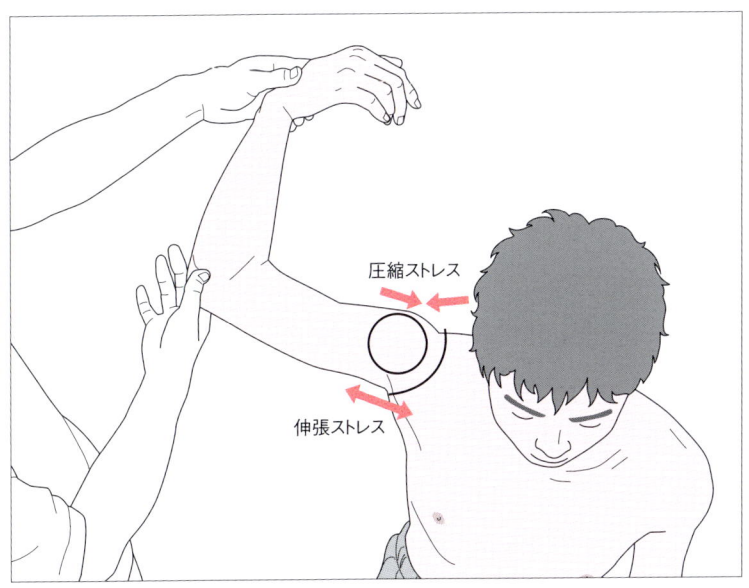

図2　肩外旋強制によるメカニカルストレス

圧縮ストレス

伸張ストレス

2. レイトコッキング期

| 評価 方法 | ## 肩内外転角度を変えた外旋の評価

| 評価方法 | zero position を基準とし，肩外転角度を変えて外旋強制したときの疼痛や違和感を確認する（図3）．
① zero position（図3a）
② zero position よりも外転位（図3b）
③ zero position よりも内転位（図3c）

| 評価結果 | ①外転位（図3b）で症状が増強し，zero position で軽減する．
　　→選択テープ [5]
②内転位（図3c）で症状が増強し，zero position で軽減する．
　　→選択テープ [2] ＋ [3]

| 選択テープ | [5] 肩外転誘導＋僧帽筋下部線維のアシスト（→ p.36）
[2] 肩外転誘導（→ p.24） ＋ [3] 三角筋のアシスト（→ p.26）

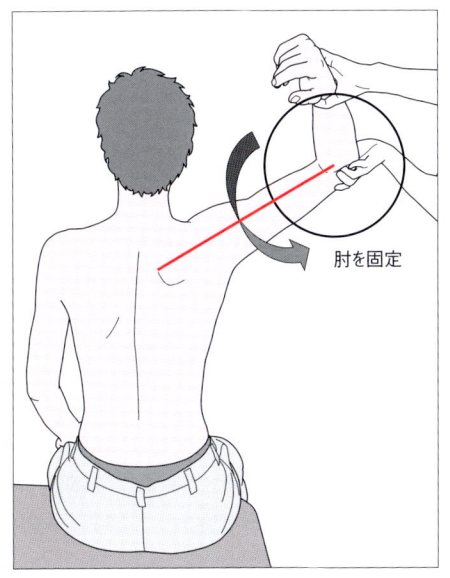

a. zero position：肩甲棘と上腕骨のラインが一致

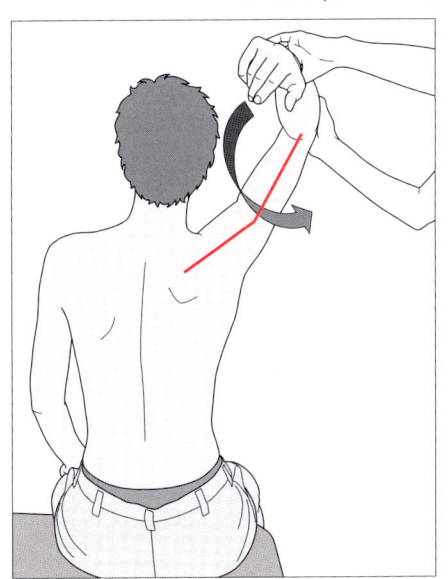

肘を固定

b. 外転位

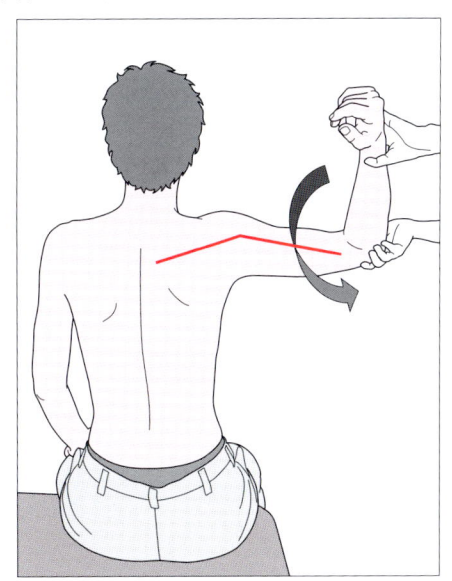

c. 内転位

図3　肩内外転角度を変えた外旋の評価

2. レイトコッキング期

テーピング技法 5 　肩外転誘導＋僧帽筋下部線維のアシスト

肢　位	zero position（図 4b）
テープ	伸縮性　幅：5〜7.5cm　長さ：50〜60cm
方　法	三角筋粗面でスプリットし，貼付する（図 4a ①）．肩甲上腕関節中心を通り（図 4a ②），肩甲棘基部へ一直線に貼付する．肩甲棘基部からスプリットし（図 4b ③），一方は僧帽筋下部線維の内縁に沿って第 7〜12 胸椎棘突起まで貼付し，もう一方は下部線維の外縁に沿って貼付する（図 4b ④）．
注意点	●テープ貼付中は zero position を保持する． ●貼付後，上肢を下垂した際に水平面での肩甲上腕関節中心を通っているかを確認する（図 4c）．
効果検証	●上肢下垂時に背面と上腕外側へテープの伸張感を確認する． ●上肢が挙上しやすくなったか確認する． ●投球時の肩最大外旋位での疼痛軽減を確認する．

👉 ワンポイントアドバイス

　下垂時のテープの張りが強すぎれば，開始肢位の肩外転角度を減らして貼付する．

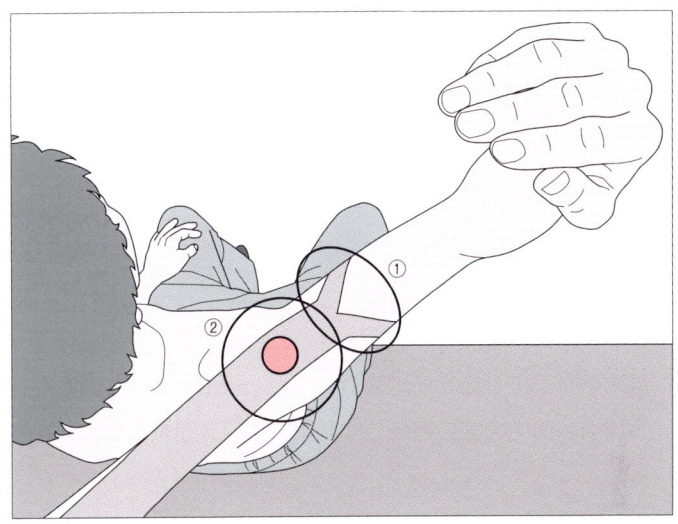

a. ①三角筋粗面でスプリットする.
　②肩甲上腕関節の中心を通る.

b. ③肩甲棘基部よりスプリットする.
　④僧帽筋下部線維の走行に沿って貼付する.

c. 下垂時にも肩甲上腕関節の中心を通る.

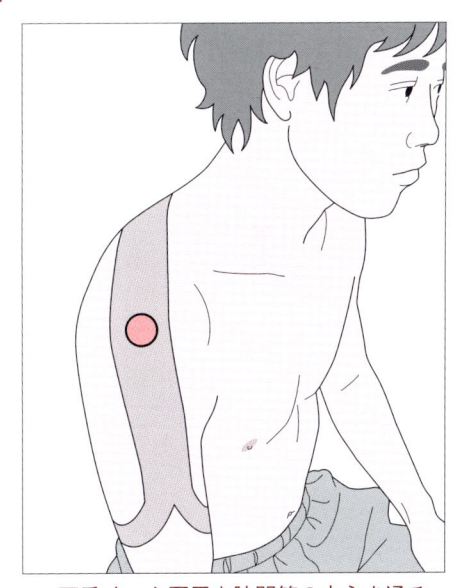

図4　肩外転誘導＋僧帽筋下部線維のアシスト

2. レイトコッキング期

肩水平内外転角度を変えた外旋の評価

評価方法 zero position（図 5a）と肩水平外転位（図 5b）での外旋強制したときの疼痛や違和感を確認する．

評価結果 肩水平外転位で症状が増強し，zero position で軽減する．
※肩甲骨面上の回旋運動では剪断ストレスが生じにくい．

選択テープ 肩外旋時の水平外転制動（→ p.40）
→上腕骨頭の前方移動を抑制し，前方の伸張ストレスや後方の圧縮ストレスを軽減する．

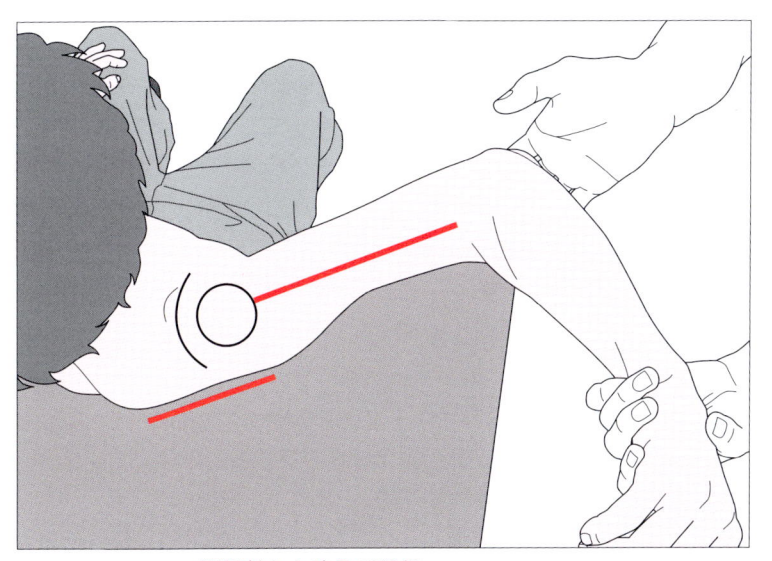

a. zero position：肩甲棘と上腕骨が平行

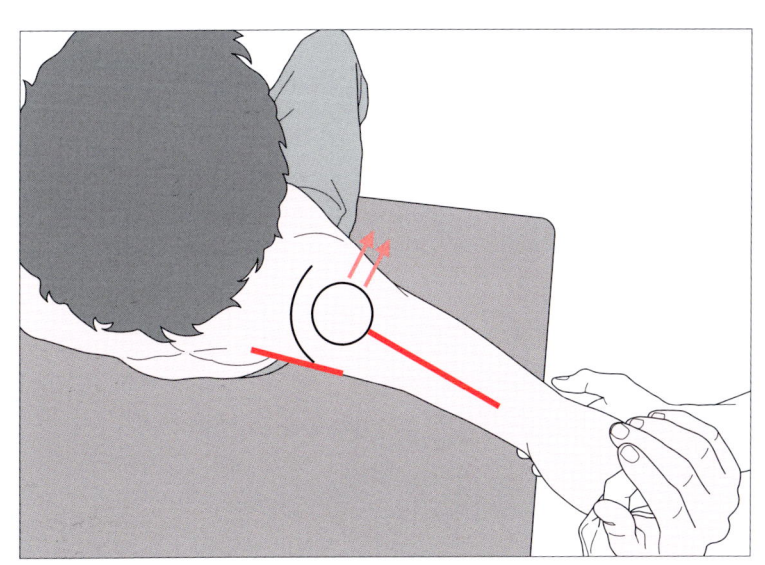

b. 水平外転位：肩甲棘と上腕骨が平行でないため，上腕骨頭が前方へ押し出される．

図5　肩水平内外転角度を変えた外旋の評価

テーピング技法 6 肩外旋時の水平外転制動

肢　位	zero position（図 6a ①）で内旋位（図 6a ②）．
テープ	伸縮性　幅：5〜7.5cm　長さ：30〜35cm
方　法	上腕後面から（図 6a ③）上腕骨頭の前方を通り（図 6b〇），胸骨に向かって貼付する．肩前面のみテープの張力を最大にし（図 6b ④），上腕骨頭を前方から圧迫する． ※外旋時に張力を増して水平外転制動がより強くおこる．
注意点	●テープ貼付中も上腕骨が肩甲骨面上であること． ●上腕骨頭前面を必ず通ること．
効果検証	●水平外転位での外旋運動における肩前面のテープの伸張感を確認する． ●投球時の肩最大外旋位での疼痛軽減を確認する．

ワンポイントアドバイス

- 関節の誘導を強めたい場合は，開始肢位の内旋角度と水平内転角度を大きくする．
- テーピング技法 4 肩内旋時の水平外転制動（→ p.30）のテーピングを併用することで，テイクバック動作での肩水平外転を抑制することもでき，効果的である．

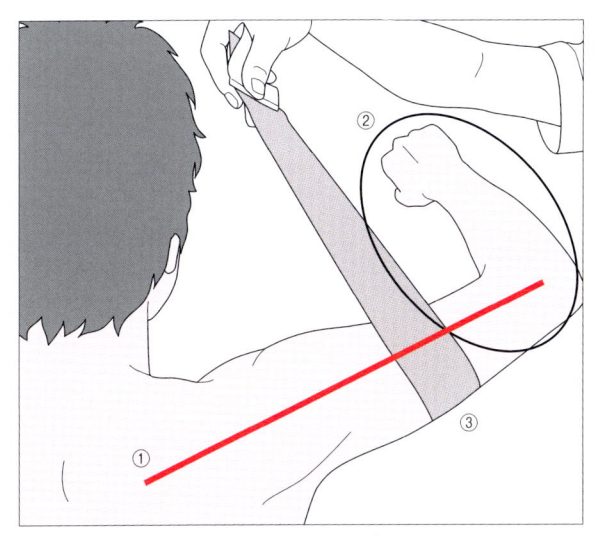

a. ①肩甲棘と上腕骨のラインを一致させる．
②肩関節内旋位
③上腕後面から内旋誘導方向に貼付する．

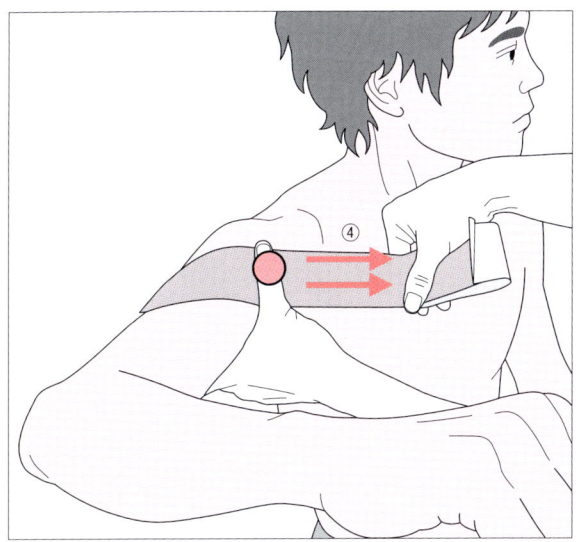

b. ④上腕骨頭の前方を通り，胸骨へ向かう．
図6　肩外旋時の水平外転制動

① 投球障害肩における投球位相別の評価とテーピング

3 ボールリリース期

| 代表的な疾患 | SLAP 損傷
腱板損傷　など

| 病　態 | ボールリリース（図1）が zero position（図2a）から逸脱すると肩前方および後方に伸張または圧縮ストレスがかかり（図2b，c），疼痛の誘因となる．

| 疼痛部位 | 肩前方・後方

図1　ボールリリース動作

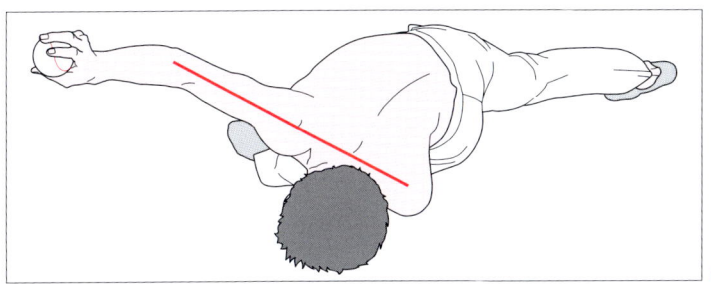

a. zero position

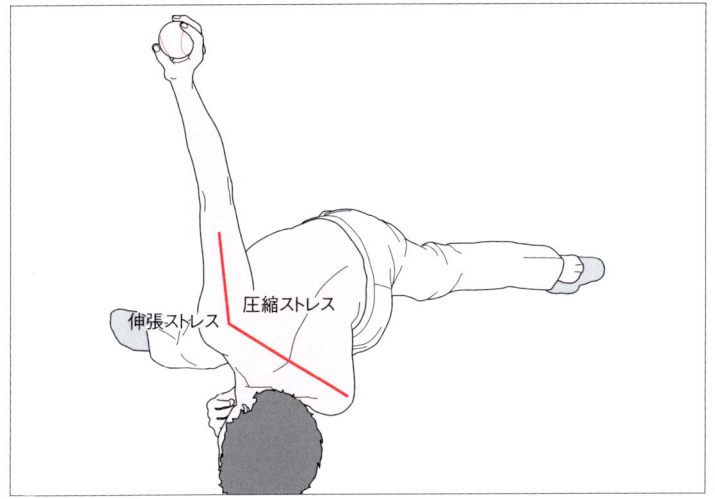

b. 水平外転位

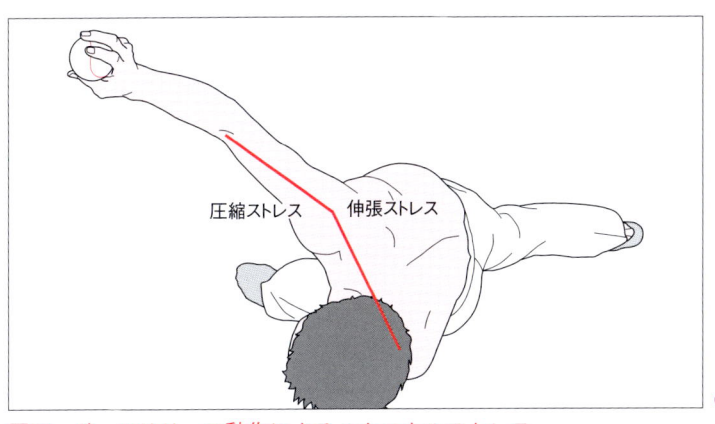

c. 水平内転位

図2　ボールリリース動作によるメカニカルストレス

肩水平内外転角度を変えた伸展・内旋抵抗運動の評価

評価方法 ボールリリース時の負荷を徒手抵抗（等尺性収縮）にて再現する．
　→ zero position を基準とし，肩水平内外転角度を変えて疼痛や違和感の変化を確認する．
① zero position（図 3a）
② zero position よりも水平外転位（図 3b）
③ zero position よりも水平内転位（図 3c）

評価結果 ①水平外転位で症状が増強し，zero position で軽減
　　　→選択テープ **7**
②水平内転位で症状が増強し，zero position で軽減
　　　→選択テープ **8**

選択テープ **7** 肩伸展・内旋時の水平内転誘導（→ p.46）

8 肩伸展・内旋時の水平外転誘導（→ p.48）

徒手抵抗を加える

a. zero position

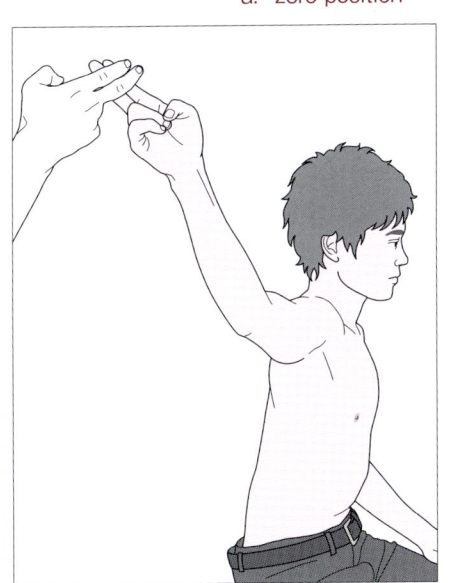

b. 水平外転位

c. 水平内転位

図3　肩水平内外転角度を変えた伸展・内旋抵抗運動の評価

テーピング技法 7　肩伸展・内旋時の水平内転誘導

肢　位	zero position での外旋位（図 4a）
テープ	伸縮性　幅：5〜7.5cm　長さ：30〜35cm
方　法	テープは上腕後下面から（図 4a ①）上腕骨頭の前方を通り（図 4a ○），肩甲骨内側縁に向けて貼付する（図 4a ②，b ③）．肩前面のみテープの張力を最大にし，上腕骨頭を前方から圧迫する．
注意点	●テープ貼付中は zero position を保持する． ●上腕骨頭の前方を必ず通ること．
効果検証	●肩外転位での内旋運動における肩前面のテープの伸張感を確認する． ●ボールリリース動作の疼痛軽減を確認する．

ワンポイントアドバイス

- 関節の制動を強めたい場合はテープの緊張を増すのではなく，開始肢位の外旋角度と水平内転角度を増やして調整する．
- zero position を保持するために，ベッドなどの台に肘をのせて保持させる．

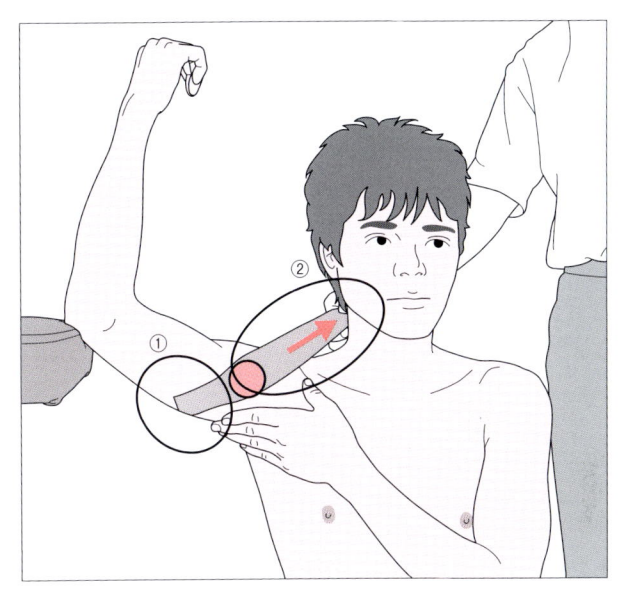

a. 開始肢位とテープの走行

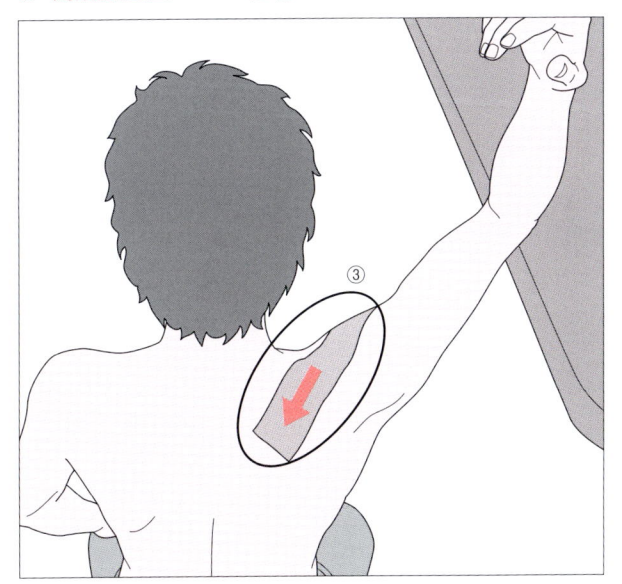

b. テープの走行

図4　肩伸展・内旋時の水平内転誘導

3. ボールリリース期

テーピング技法 8 　肩伸展・内旋時の水平外転誘導

肢 位	zero position での外旋位（図 5a）
テープ	伸縮性　幅：5〜7.5cm　長さ：30〜35cm
方 法	テープは上腕後下面から（図 5a ①）上腕骨頭の後方を通り，肩甲骨内側縁に向けて貼付する（図 5b ②）．
注意点	● テープ貼付中は zero position を保持する． ● 上腕骨頭の後方を必ず通ること．
効果検証	肩外転位での内旋運動における肩後面のテープの伸張感を確認する．

ワンポイントアドバイス

- 関節の制動を強めたい場合はテープの緊張を増すのではなく，開始肢位の外旋角度と水平内転角度を増やして調整する．
- zero position を保持するために，ベッドなどの台に肘をのせて保持させる．

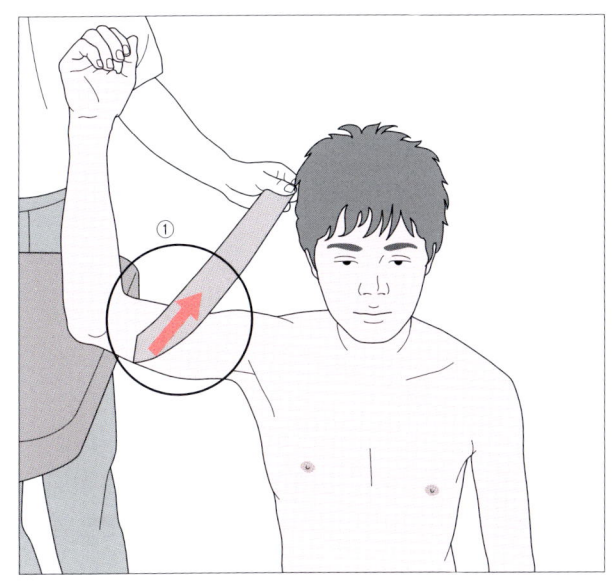

a. 開始肢位とテープの走行

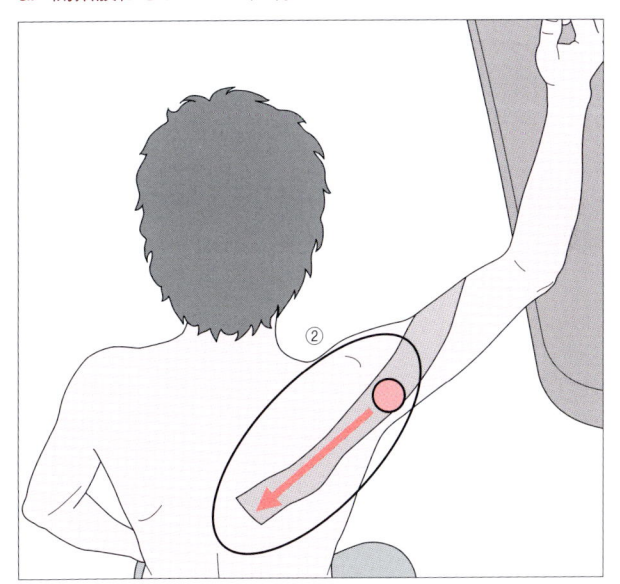

b. テープの走行

図5 肩伸展・内旋時の水平外転誘導

1 投球障害肩における投球位相別の評価とテーピング

4 フォロースルー期

代表的な疾患　Bennett病変
　　　　　　　肩後面および背部筋損傷（腱板，三角筋，僧帽筋，広背筋など）
　　　　　　　SLAP損傷
　　　　　　　肩関節不安定症　など

病　態　　　フォロースルー期（図1）の減速動作において，牽引ストレスが加わり，肩後面筋痛や肩甲上腕関節の不安感・脱臼感を伴う（図2）．

疼痛部位　　肩後方・下方

図1　投球時のフォロースルー動作

牽引ストレス

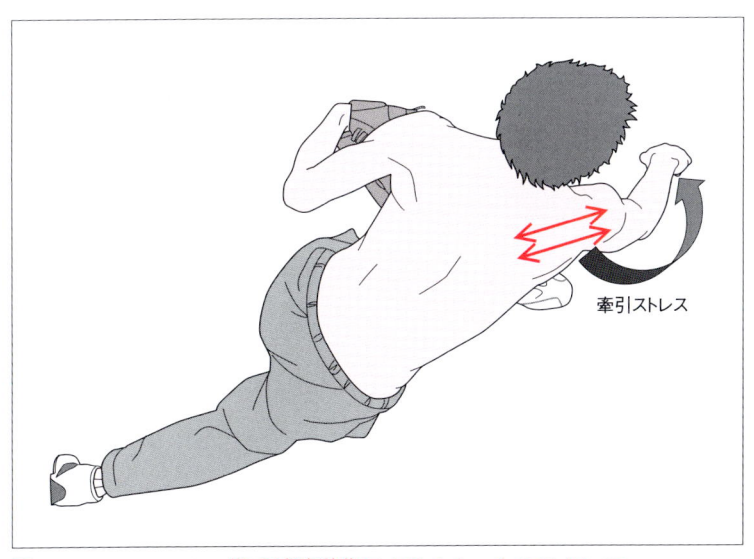

図2　フォロースルー期の減速動作によるメカニカルストレス

肩後面および背部の評価

評価方法 問診と触診で部位を特定する．

評価結果
- 「肩後面が痛い」
  圧痛部位が
    三角筋後部線維（図3①）→選択テープ **3**

    棘上筋（図3②）→選択テープ **15**

    棘下筋（図3③）→選択テープ **16**
- 「背部が痛い」
  圧痛部位が
    僧帽筋上中部線維（図3④）→選択テープ **1**

    僧帽筋下部線維（図3⑤）→選択テープ **9**

    広背筋（図3⑥）→選択テープ **10**
- 「肩がぬけそう」
    選択テープ **11**

選択テープ
- **3** 三角筋のアシスト（→ p.26）
- **15** 棘上筋のアシスト（→ p.66）
- **16** 棘下筋のアシスト（→ p.68）
- **1** 僧帽筋上部・中部線維のアシスト（→ p.22）

- **9** 僧帽筋下部線維のアシスト（→ p.54）
- **10** 広背筋のアシスト（→ p.56）
- **11** 肩甲上腕関節の牽引力抑制（→ p.58）

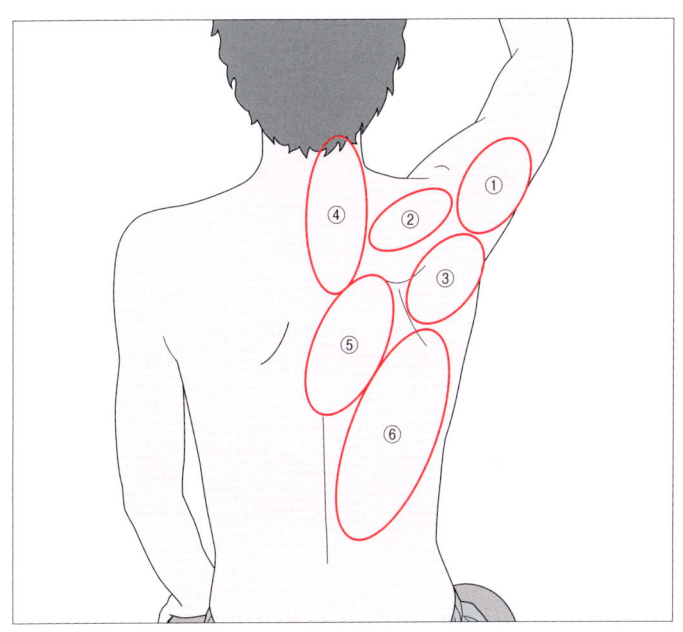

図3 圧痛部位の確認

テーピング技法 9　僧帽筋下部線維のアシスト

肢　位	ベッド上での腹臥位，上肢下垂位
テープ	伸縮性　Y字型　幅：5cm　長さ：35〜40cm
方　法	肩峰端から肩甲棘に沿って貼付する（図4a）．スプリットしたテープ（図4b ①）の上縁は第7胸椎へ（図4b），下縁は第12胸椎へ貼付する（図4c）．
注意点	●貼付するときはテープを強く引っ張らないようにする． ●棘突起を越えないようにする．
効果検証	フォロースルー期で症状軽減やテープの伸張感を確認する．

ワンポイントアドバイス

筋を伸張位とし，筋腹全体の形状をイメージしておくとよい．

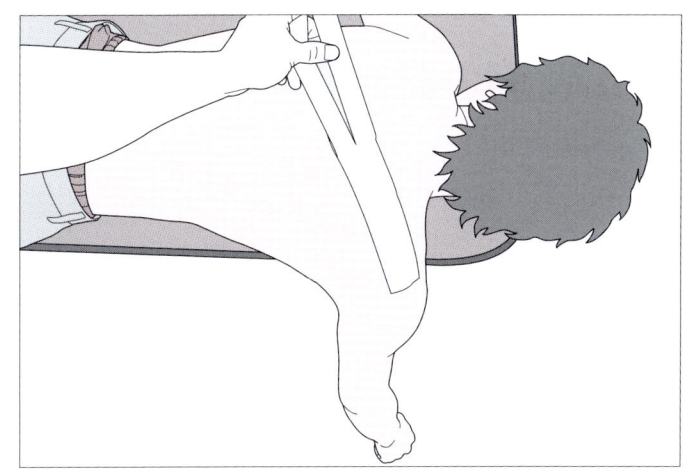

a. 開始肢位

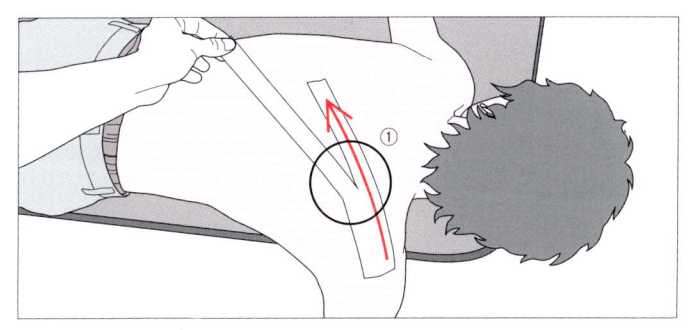

b. 上縁のテープ

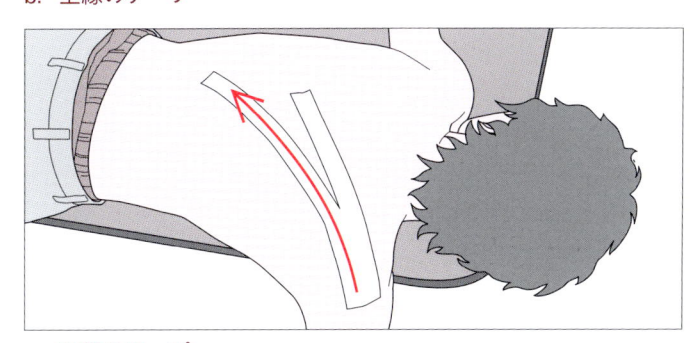

c. 下縁のテープ

図4 僧帽筋下部線維のアシスト

テーピング技法 10 広背筋のアシスト

肢　位	上肢挙上位（図 5a）
テープ	伸縮性　Y 字型　幅：5cm　長さ：45〜50cm
方　法	上腕骨近位部下面から貼付し（図 5a ①），上部線維は肩甲骨下角を通り（図 5b ②）第 7 胸椎棘突起に（図 5b ③），下部線維は筋の膨隆に沿って，腸骨稜の中央に向けて貼付する（図 5c ④）．
注意点	上部線維のアシストテープは棘突起を越えないようにする．
効果検証	フォロースルー期で症状軽減やテープの伸張感を確認する．

ワンポイントアドバイス

筋を伸張位とし，筋腹全体の形状をイメージしておくとよい．

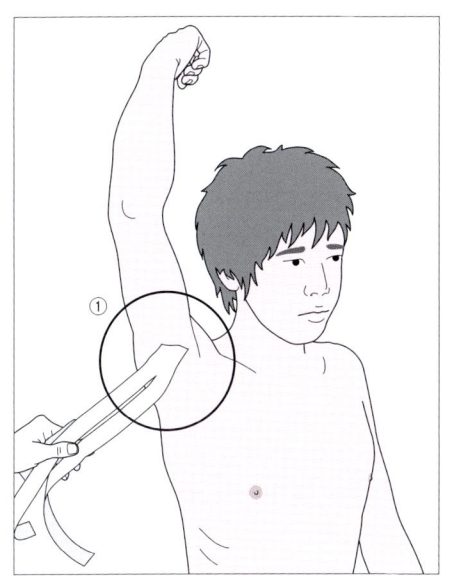

a. 開始肢位

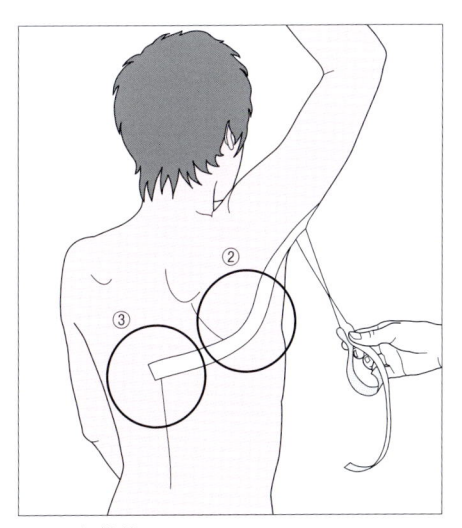

b. 上部線維のアシスト

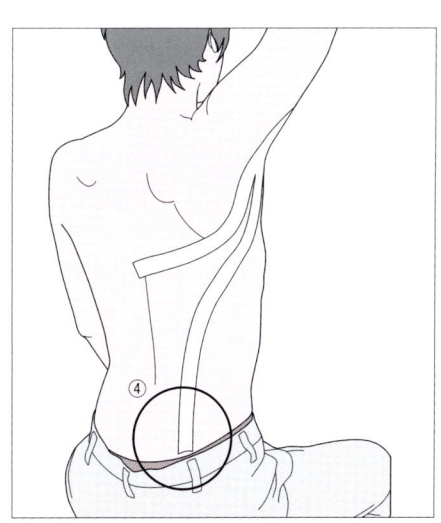

c. 下部線維のアシスト

図5 広背筋のアシスト

4. フォロースルー期

テーピング技法 11 肩甲上腕関節の牽引力抑制

肢 位	zero position でのボールリリース肢位
テープ	伸縮性 幅：5cm 長さ：35～45cm
方 法	●上腕中央前面から開始し，上方から後方の肩甲上腕関節中心を通って肩甲骨下角へ貼付する（図6a①）． ●上腕中央前面から開始し，下方から後方の肩甲上腕関節中心を通って肩甲骨上角へ貼付する（図6a②）． →①②貼付後，後方の肩甲上腕関節中心で交差していることを確認する（図6a〇）． ●上腕中央後面から開始し，上方から前方の肩甲上腕関節中心を通って胸骨へ貼付する（図6b③）． ●上腕中央後面から開始し，下方から前方の肩甲上腕関節中心を通って肩甲骨上角へ貼付する（図6b④）． →③④貼付後，前方の肩甲上腕関節中心で交差していることを確認する（図6b〇）． ●すべて貼付後，上方の肩甲上腕関節中心の少し遠位部で交差していることを確認する（図6c〇）．
注意点	ベッドなどに肘を置き，リラックスした状態で行う．
効果検証	フォロースルー期における脱臼感・不安感の軽減を確認する．

🖐 ワンポイントアドバイス

テープを前方・後方・上方の3点で交差させ，上腕骨頭を肩甲骨関節面にひきつけるイメージで貼付する．

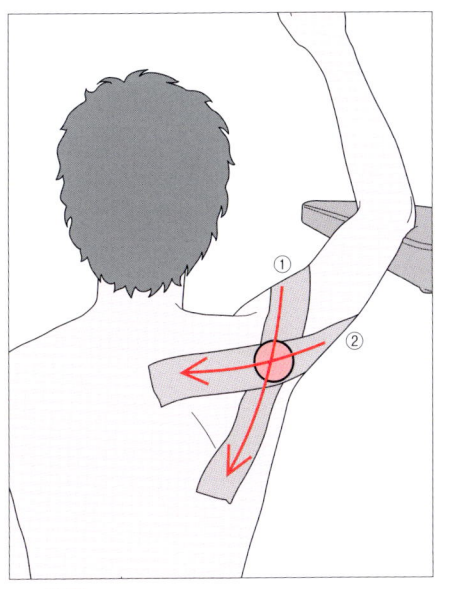

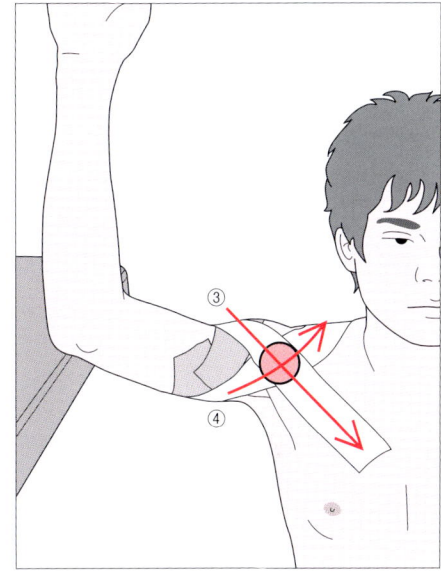

a. 後面

b. 前面

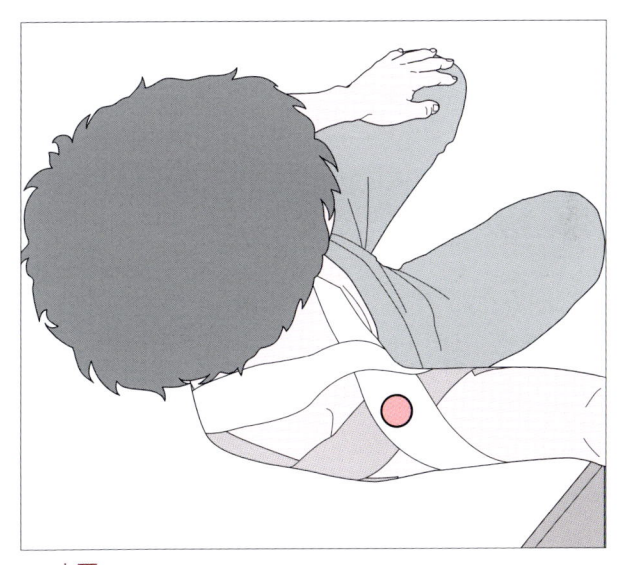

c. 上面

図6 肩甲上腕関節の牽引力抑制

4. フォロースルー期 ● 59

②その他のテーピング

テーピング技法 12 肩鎖関節の安定化

肢 位	肩関節の肩甲骨面上挙上45°位,内旋45°位
テープ	伸縮性　幅：5cm　長さ：（図1a）20〜25cm,（図1b）25〜30cm
方 法	肩鎖関節の位置を確認する（図1a⦾）．テープの中央部にテンションをかけた状態で鎖骨の遠位端を上から圧迫して貼付する（図1a）．次に肩鎖関節より近位部から開始し，鎖骨遠位端を中心にして下方へ牽引するように上腕外側（三角筋粗面）へ向かって3本のテープを貼付（図1b）する．最後にロックテープでテープの先端を固定する（図1c）．
注意点	上腕部のロックテープは，筋収縮を入れた状態で上腕部を1周以上にわたって貼付する（図1c）．
効果検証	● 上肢挙上時における肩鎖関節の不安定感の軽減を確認する． ● 肩水平内外転時におけるテープの伸張感を確認する（図1b）．

👆 ワンポイントアドバイス

- 鎖骨遠位端の圧迫テープ（図1a）の強度を強めたいときは同じテープを少しずらして追加する．
- 図1bのテープを貼付するときは，鎖骨遠位端でクロスすることを確認する．

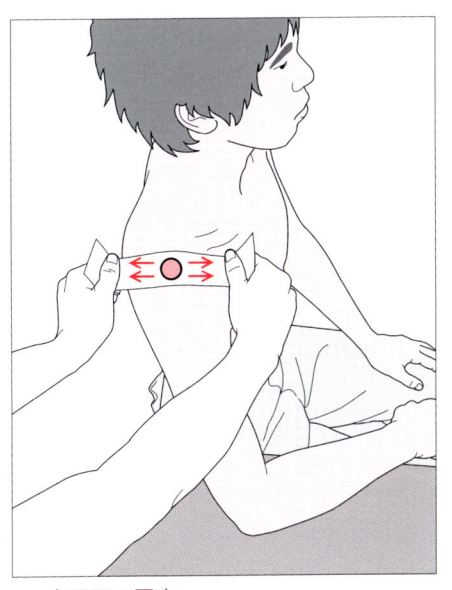

a. 水平面の固定

b. 矢状面の固定

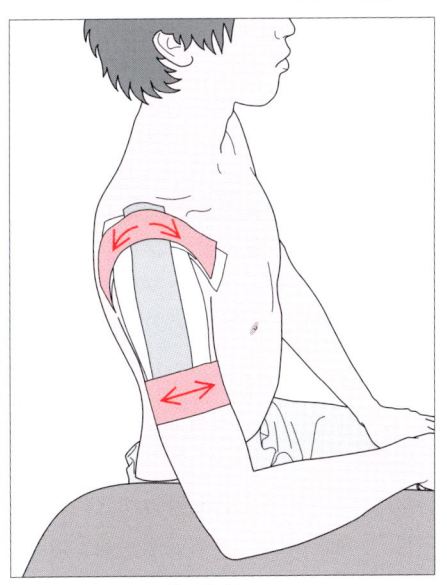

c. ロックテープを貼付

図1 肩鎖関節の安定化

テーピング技法 13 肩甲上腕関節の安定化

肢　位	肩関節の肩甲骨面上挙上 45°位，内旋 45°位
テープ	伸縮性　幅：5cm　長さ：25〜30cm
方　法	上腕骨頭の位置を確認する（図 2a ○）．前方・側方・後方から上腕骨頭を関節窩に引きつけるようにして（図 2a ①），上腕外側遠位部からテープを貼付する．3 本のテープは三角筋粗面で交差する（図 2a ②）．最後にロックテープを貼付する（図 2b）．
注意点	● 上腕部のロックテープは，循環不全を予防するために筋を収縮した（力こぶを出した）状態で貼付する．また，テープ同士が重ならないようにすることで剝がれにくくなる． ● 肩関節外転位での水平外転や内外旋運動で，上腕骨頭がテープに収まっているかを確認する．
効果検証	● 上肢下垂時にテープの伸張感を確認する． ● 肩関節水平外転位で肩前面テープ（図 2b ③）の伸張感を確認する． ● 肩関節水平内転位で肩後面テープ（図 2b ④）の伸張感を確認する． ● 投球動作における肩甲上腕関節の不安定感の軽減を確認する．

ワンポイントアドバイス

図 2a のテープを貼付する際，肩甲上腕関節の部分のみにテープを引っ張り，テンションをかけることで，上腕骨頭の引き上げを増強し皮膚の違和感を減少させることができる．

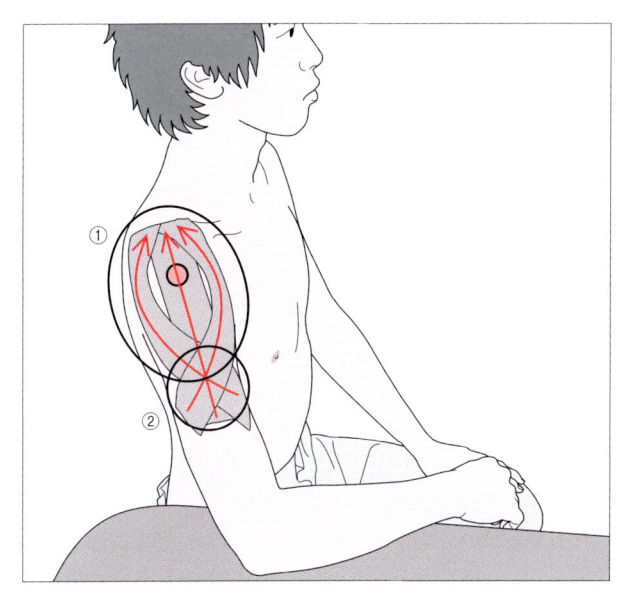

a. 上腕骨頭を包み込む

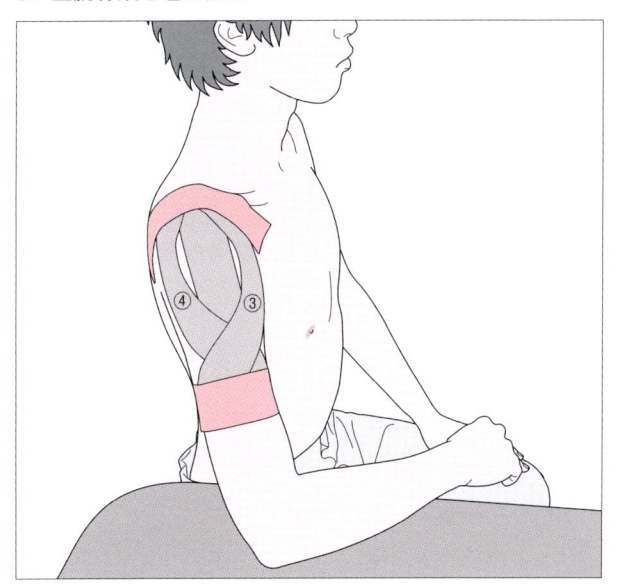

b. ロックテープ

図2 肩甲上腕関節の安定化

テーピング技法 14 胸鎖乳突筋のアシスト

肢位	●鎖骨頭：頚部左側屈位 ●胸骨頭：頚部左側屈＋右回旋位 →上記は右投げの場合，左投げの場合は逆である．
テープ	伸縮性　Y字型　幅：3.8〜5cm　長さ：15〜20cm
方法	テープは1〜2cm残してスプリットし，スプリットしていないほうを乳様突起に貼付する（図3a）．鎖骨頭は頚部左側屈位で，鎖骨内側1/3へ筋線維に沿って貼付する（図3b）．胸骨頭は頚部左側屈＋右回旋位で，胸骨柄の上前部まで筋線維に沿って貼付する（図3c）．
注意点	●頚部の皮膚は薄く違和感を感じやすいので，皮膚にしわがよらないようにして過度にテープを引っ張らない． ●テープの先端が鎖骨・胸骨を越えないようにする．
効果検証	頚部回旋の自動運動が行いやすくなるか確認する．

ワンポイントアドバイス

頚部回旋運動に抵抗をかけて胸鎖乳突筋の膨隆を確認しておくと（右回旋への抵抗は鎖骨頭，左回旋への抵抗は胸骨頭），筋線維の方向を視覚的に捉えられるため，テープの走行をイメージしやすい．

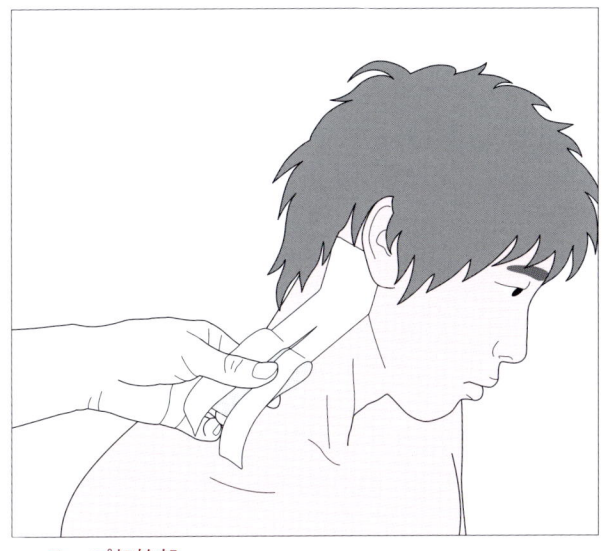

a. テープ起始部

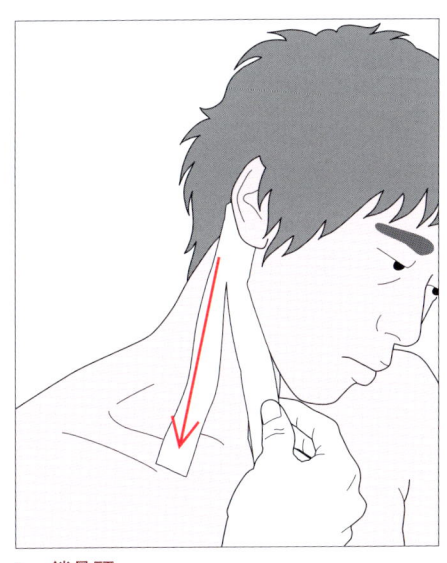

b. 鎖骨頭

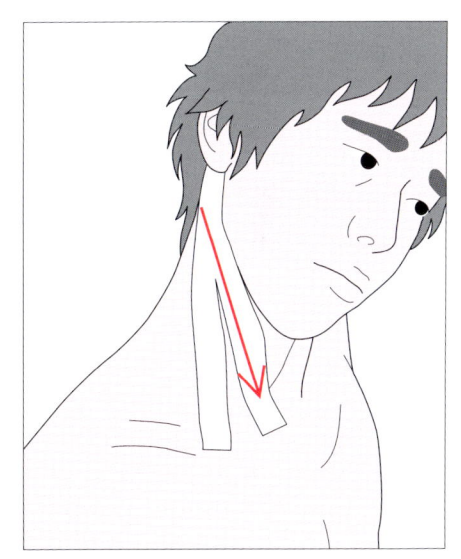

c. 胸骨頭

図3　胸鎖乳突筋のアシスト

テーピング技法 15 棘上筋のアシスト

肢　位	肩関節伸展，内転，内旋位（図4a）
テープ	伸縮性　Y字型　幅：3.8～5cm　長さ：10～15cm
方　法	テープは1～2cm残してスプリットし，大結節から開始する（図4b）．棘上筋上縁のテープは棘上窩の前縁に沿って上角を通り，肩甲骨内側縁まで貼付する（図4c）．棘上筋下縁のテープは肩甲棘上縁に沿って肩甲骨内側縁まで貼付する（図4c）．
注意点	テープ同士が重なると剥がれやすくなるため，最後は皮膚で終わるようにする．
効果検証	●肩外転の抵抗運動における筋出力の増加を確認する． ●投球後の肩上方，外側の張りの軽減を確認する．

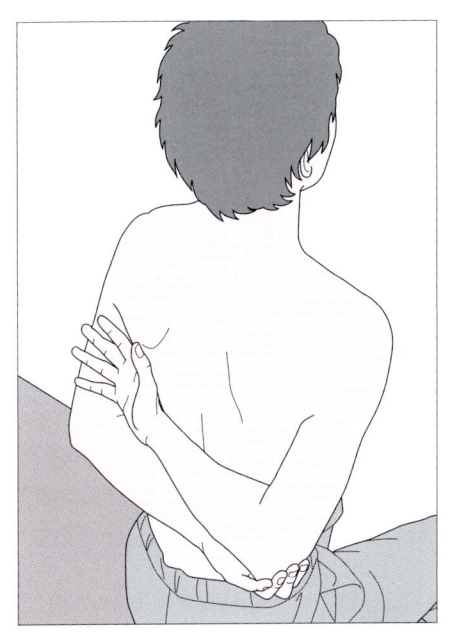

a. 開始肢位

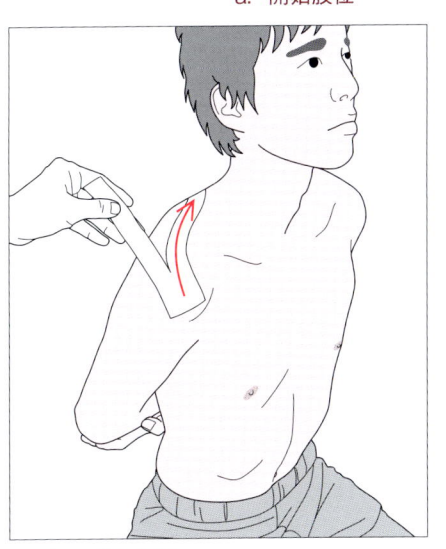

b. テープの走行

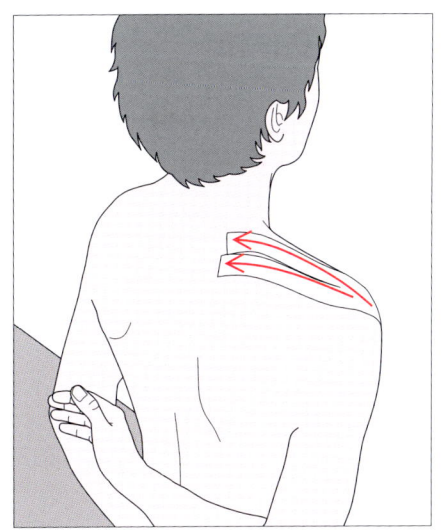

c. 完成

図4 棘上筋のアシスト

テーピング技法 16 棘下筋のアシスト

肢　位	上肢下垂内旋位
テープ	伸縮性　Y字型　幅：3.8〜5cm　長さ：10〜15cm
方　法	テープは1〜2cm残し，スプリットする．棘下筋付着部の大結節（図5a⚪）から貼付する．上部線維は肩甲棘下縁に沿って肩甲骨内側縁まで貼付（図5b）する．下部線維は肩甲骨面外転90°の肢位で，肩甲骨下角から1〜2横指頭側の部位まで貼付（図5c）する．
注意点	テープの先端が肩甲骨内側縁を越えないようにする． 　→肩甲骨外転を阻害することがあるため．
効果検証	● 肩外旋の抵抗運動における筋出力の増加を確認する． ● フォロースルー期でのテープの伸張感を確認する． ● 投球後の肩後面の張りの軽減を確認する．

👉 ワンポイントアドバイス

　肩関節外旋運動に抵抗をかけて棘下筋の膨隆を確認しておくと，筋線維の方向を視覚的に捉えられるため，テープの走行をイメージしやすい．

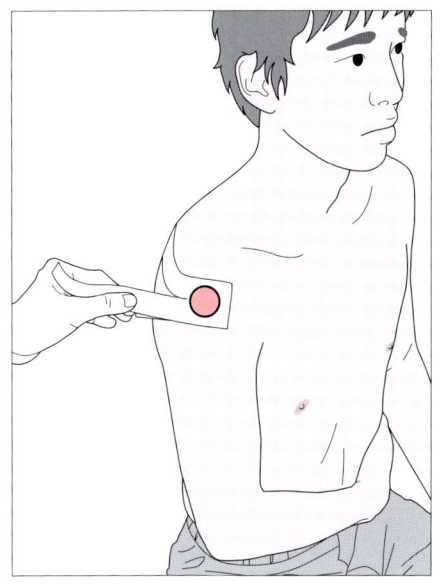

a. 上部線維貼付肢位

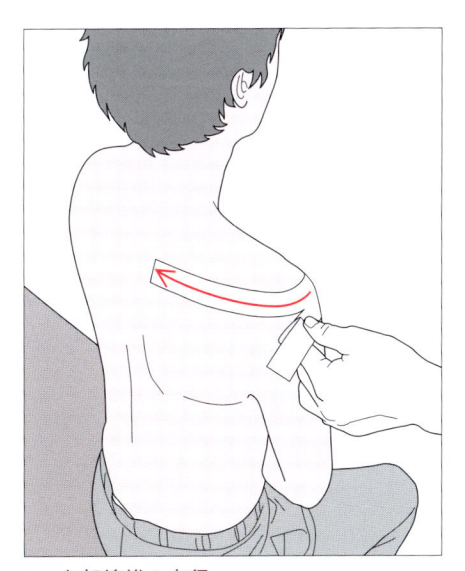

b. 上部線維の走行

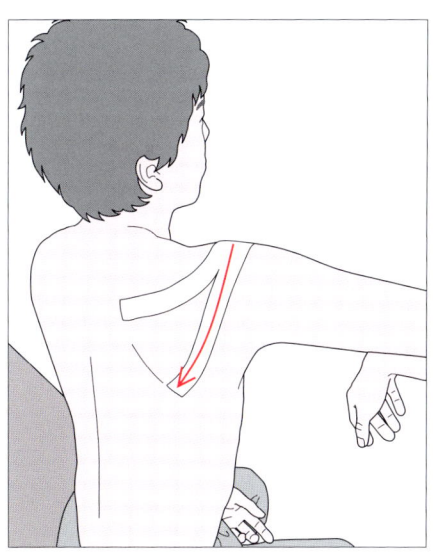

c. 下部線維の貼付肢位と走行

図5 棘下筋のアシスト

第Ⅱ章
肘関節・手関節

１ 投球障害肘における投球位相別の評価とテーピング

1 レイトコッキング期

代表的な疾患　上腕骨内側上顆炎
　　　　　　　　肘関節尺側側副靱帯（ulnar collateral ligament）損傷
　　　　　　　　尺骨神経障害
　　　　　　　　離断性骨軟骨炎　など

病　態　肘外反が最も強制される時期（図1）であり，肘内側には伸張ストレスがかかり，外側には圧縮ストレスが加わり，疼痛の誘因となる（図2）．

疼痛部位　肘内側，外側などに訴えることが多い．

図1 レイトコッキング期の肘外反

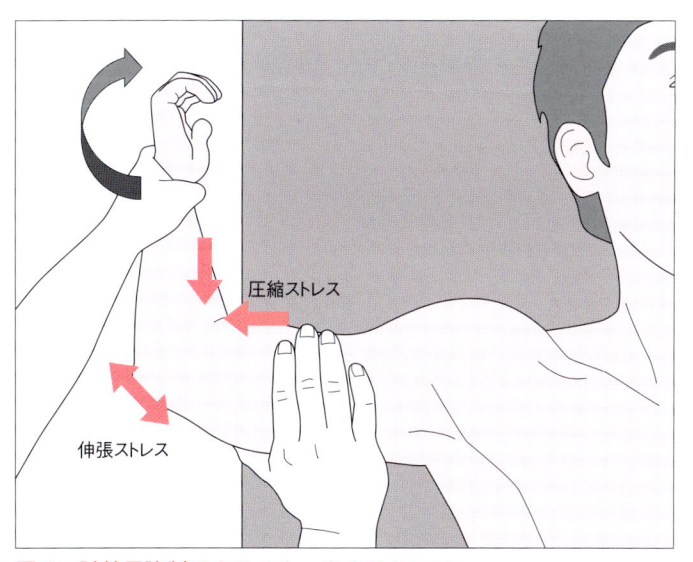

図2 肘外反強制によるメカニカルストレス

圧縮ストレス

伸張ストレス

肘屈伸角度を変えた外反の評価

評価方法　上腕中央部を固定し，前腕遠位部を把持し肘外反方向へ外力を加える．肘屈曲角度を変えて外反強制したときの疼痛や不安感の変化を確認する（図3）．

評価結果　①屈曲位で症状が増強し，軽度屈曲位で軽減→選択テープ 17

②軽度屈曲位で症状が増強し，屈曲位で軽減→選択テープ 18

選択テープ　17 肘屈曲位での外反制動（→ p.76）

18 肘軽度屈曲位での外反制動（→ p.78）

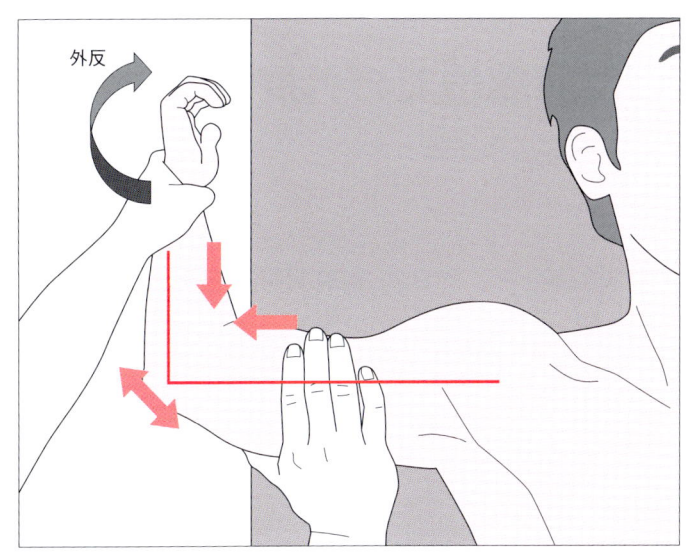

a. 屈曲位

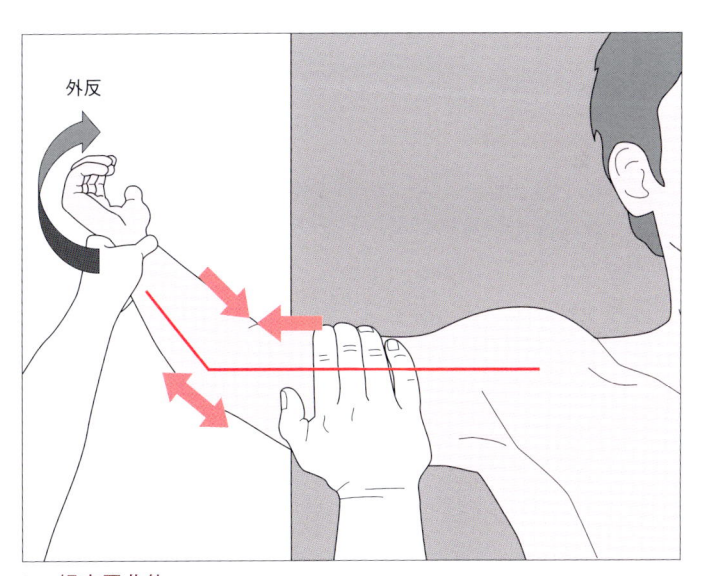

b. 軽度屈曲位

図3 肘屈伸角度を変えた外反の評価

テーピング技法 17 肘屈曲位での外反制動

肢　位	腹臥位，肩内旋，肘屈曲，前腕中間位（図4）
テープ	伸縮性　幅：5cm　長さ：35〜40cm
方　法	前腕遠位部から肘関節屈伸軸（図5○）直上を通り，肘部で折り返し上腕部へ向かい斜め上方へらせん状に貼付する（図5）．
注意点	●テープ貼付中も肘屈曲位，前腕中間位であること． ●肘関節屈伸軸直上を必ず通ること．
効果検証	肩外転90°位での外旋運動にてテープの伸張感と症状を確認する．

ワンポイントアドバイス

- 図6の肢位（座位・肩2nd外旋位・前腕中間位）で貼付してもよい．
- 伸縮性の高いテープを用いる場合は，テープを引っ張って貼付するとよい．ただし，皮膚障害を生じることがあるのでテープを剥がした後リムーバースプレーなどにてスキンケアをする必要がある．

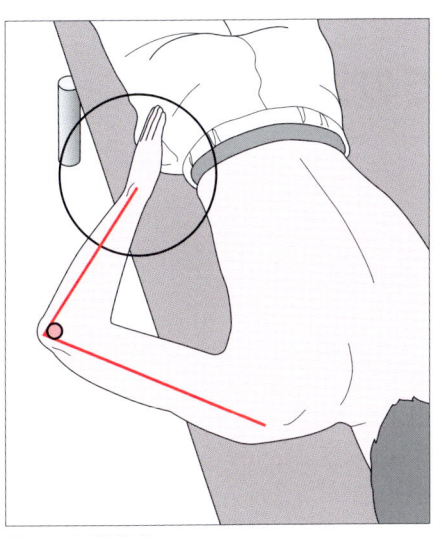

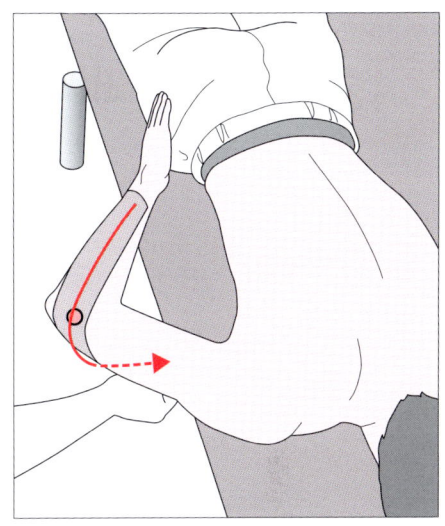

図4　開始肢位

図5　テープの走行

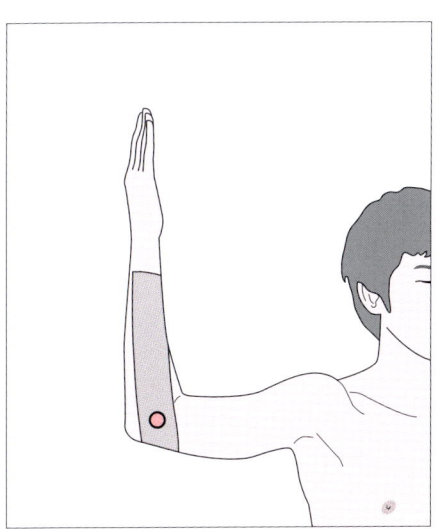

図6　完成（座位での肩外旋位）

1. レイトコッキング期

テーピング技法 18 肘軽度屈曲位での外反制動

肢　位	腹臥位，肩内旋，肘軽度屈曲，前腕中間位（図7）
テープ	伸縮性　幅：5cm　長さ：35〜40cm
方　法	前腕遠位部から肘関節屈伸軸（図7，8○）直上を通り，肘部で折り返し上腕部へ向かい斜め上方へらせん状に貼付する（図8）．
注意点	●テープ貼付中も肘軽度屈曲位で前腕中間位であること． ●肘関節屈伸軸直上を必ず通ること．
効果検証	●肩外転90°位での外旋運動にてテープの伸張感を確認する． ●肘軽度屈曲位での肩内旋，肘内反抵抗運動にて症状を確認する（図9）．

ワンポイントアドバイス

伸縮性の高いテープを用いる場合は，テープを引っ張って貼付するとよい．ただし，皮膚障害を生じることがあるのでテープを剥がした後リムーバースプレーなどにてスキンケアをする必要がある．

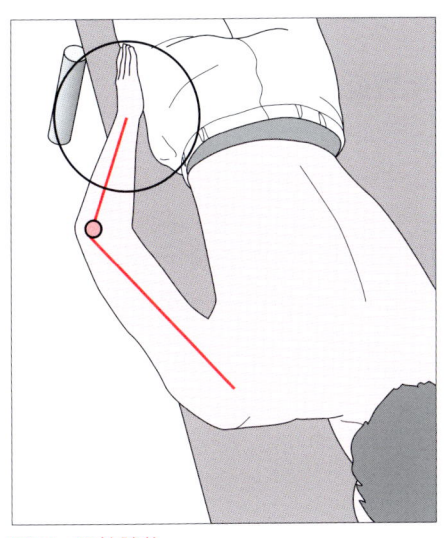

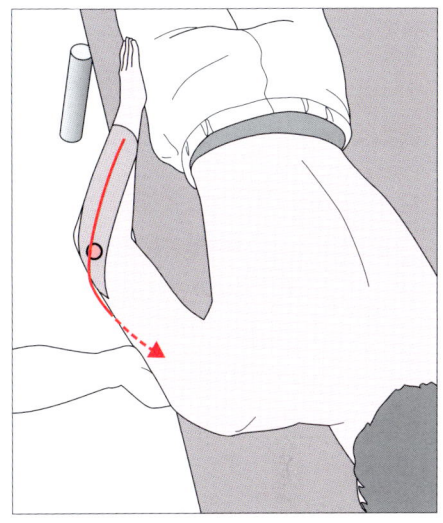

図7　開始肢位

図8　テープの走行

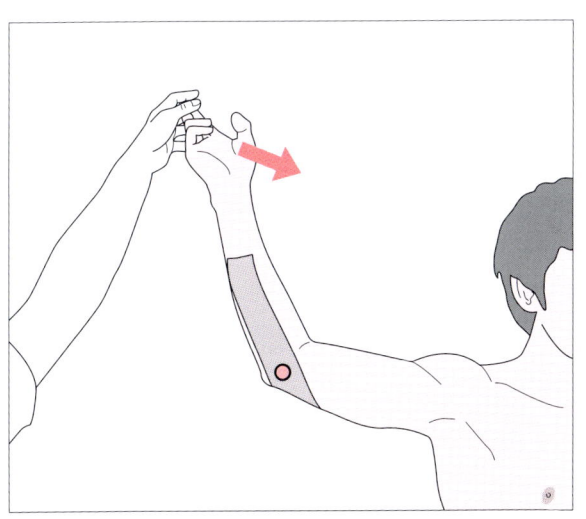

図9　完成（肘軽度屈曲位での肩内旋，肘内反抵抗運動）

1. レイトコッキング期

前腕回内外角度を変えた外反の評価

評価方法 上腕中央部を固定し，前腕遠位部を把持し肘外反方向へ外力を加える．前腕肢位を変えて外反強制したときの疼痛や不安感の変化を確認する（図 10）．

評価結果 回外位で症状が増強し，回内位で軽減する．

選択テープ 19 前腕回外時の外反制動（➡ p.82）

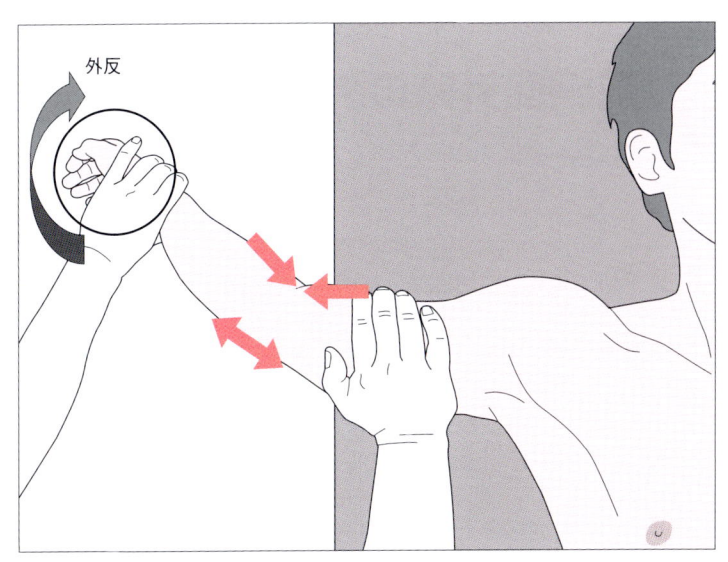

a. 回内位

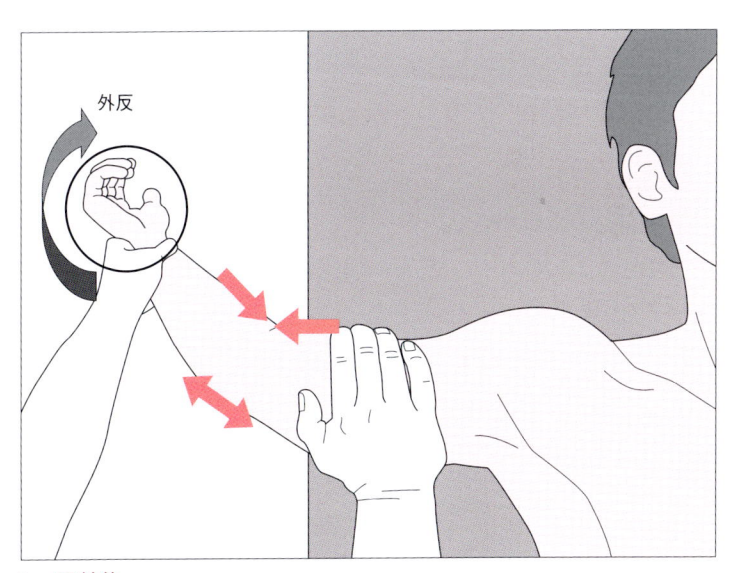

b. 回外位

図10　前腕回内外角度を変えた外反の評価

テーピング技法 19　前腕回外時の外反制動

肢　位	腹臥位，肩内旋，肘屈曲，前腕回内位（図11）
テープ	伸縮性　幅：5cm　長さ：35～40cm
方　法	橈骨遠位背側面からららせん状に肘内側へ向かう．肘関節屈伸軸（図11〇）直上を通り，上腕部へ向かい斜め上方へ直線的に貼付する（図11）．
注意点	●テープ貼付中も肘屈曲位，前腕回内位であること． ●肘関節屈伸軸直上を必ず通ること．
効果検証	肘屈曲位での肩外転90°位での外旋，前腕回外運動にてテープの伸張感と症状を確認する．

ワンポイントアドバイス

- 外反制動効果を高めたい場合は，テープを引っ張って貼付するとよい．ただし，皮膚障害を生じることがあるのでテープを剥がした後リムーバースプレーなどにてスキンケアをする必要がある．
- テーピング技法17　肘屈曲位での外反制動（→p.76）と併用してもよい．

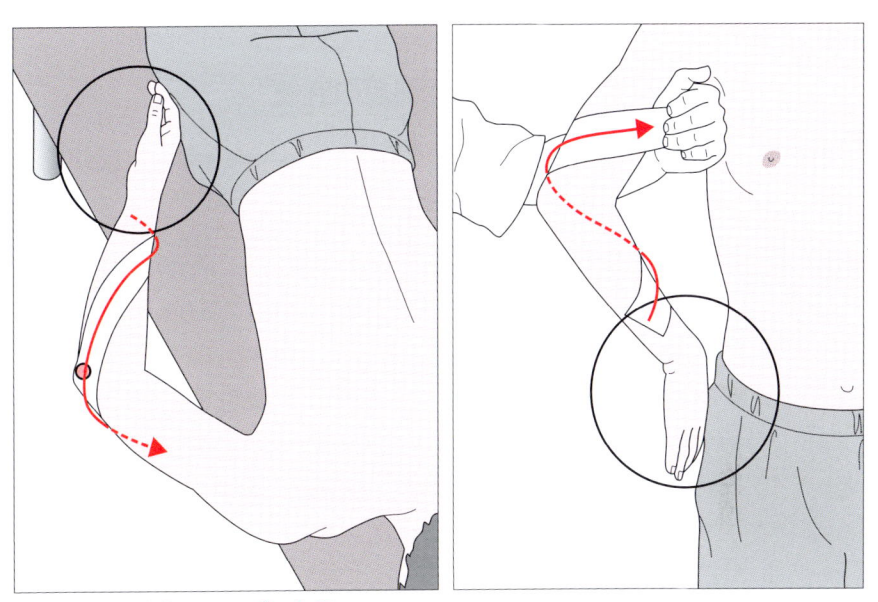

図11　開始肢位とテープの走行

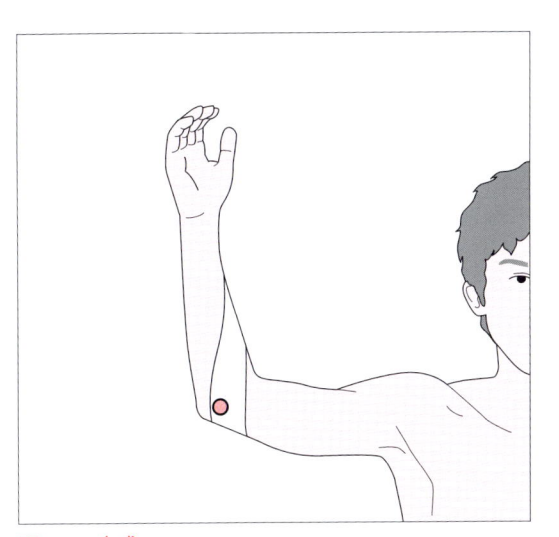

図12　完成

1. レイトコッキング期

| 評価 方法 | ## 肩内外転角度を変えた外反の評価

| 評価方法 | 前腕遠位部を把持し肘外反方向へ外力を加える．肩外転角度を変えて外反強制したときの疼痛や不安感の変化を確認する（図13）．

| 評価結果 | 肩90°外転位より内転位で症状が増強し，外転位で軽減する．
＊肩関節外転角度の減少に伴い外旋角度も減少する．投球時は外旋角度の減少により肘関節では外反力が増大する．

| 選択テープ | 🏷️② 肩外転誘導（➡ p.24）

🏷️② 肩外転誘導＋ 🏷️⑨ 僧帽筋下部線維のアシスト（➡ p.54）

＊このように肘痛に対しても肩にテーピングを実施することがある．

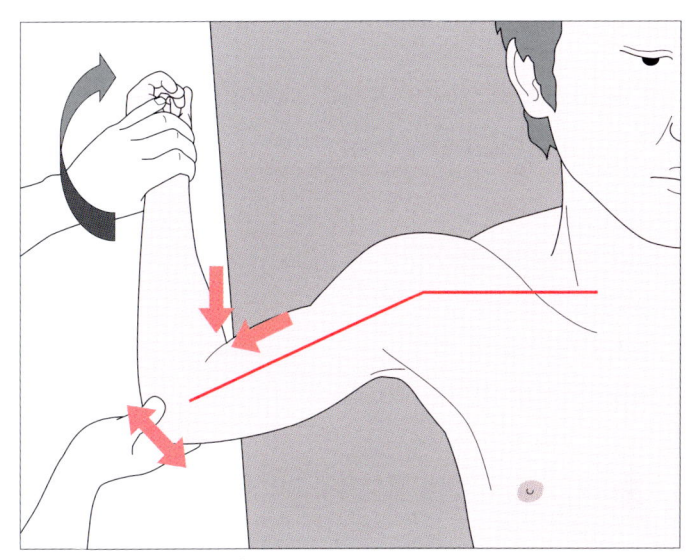

a. 肩90°外転位より内転位

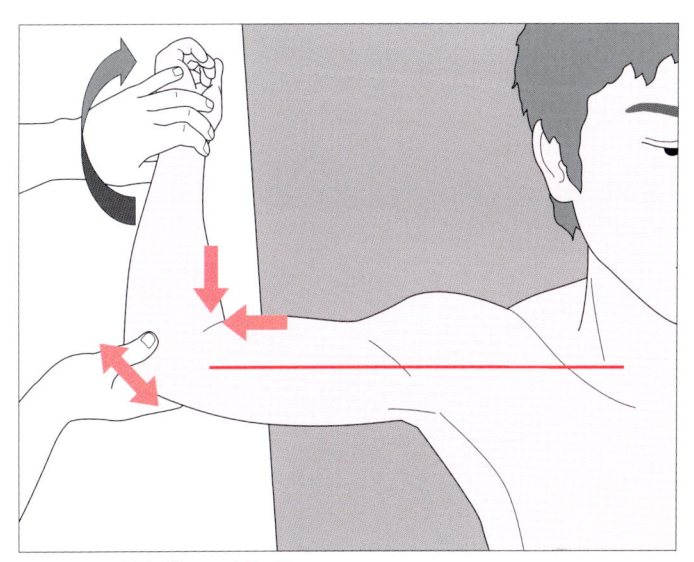

b. 肩90°外転位より外転位

図13　肩内外転角度を変えた外反の評価

1 投球障害肘における投球位相別の評価とテーピング

2 ボールリリース期

代表的な疾患　肘後方インピンジメント
上腕三頭筋長頭腱炎
肘後方関節包炎
肘関節尺側側副靱帯（ulnar collateral ligament）損傷

病　態　肘屈曲から伸展方向に運動するこの相（図1）は肘前面に伸張ストレス，後面に圧縮ストレスが加わり，疼痛の誘因となる（図2）．

疼痛部位　肘後内側から後方に訴えることが多い．

図1　ボールリリース期の肘伸展

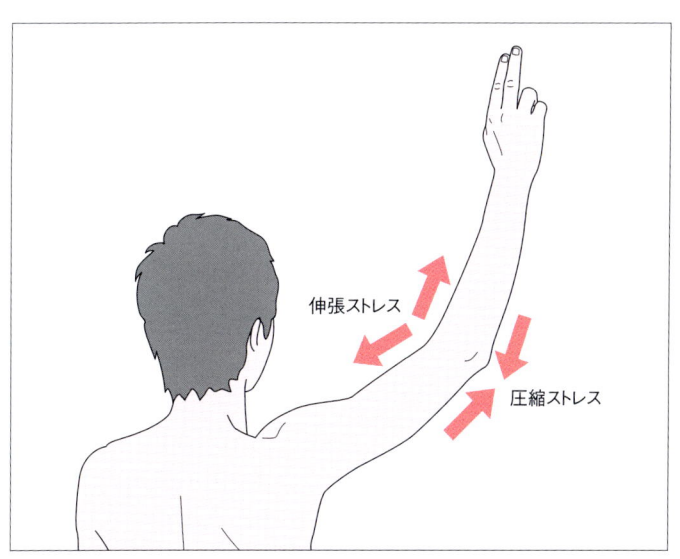

図2　肘関節伸展によるメカニカルストレス

前腕回内外角度を変えた伸展の評価

評価方法 肘後面と前腕遠位部を把持し肘伸展方向へ外力を加える．前腕肢位を変えて伸展強制したときの疼痛不安感の変化を確認する（図3〜5）．

評価結果 前腕回内位で症状が増強し，中間位・回外位で軽減する．

選択テープ 前腕回内時の肘伸展制動（→ p.90）

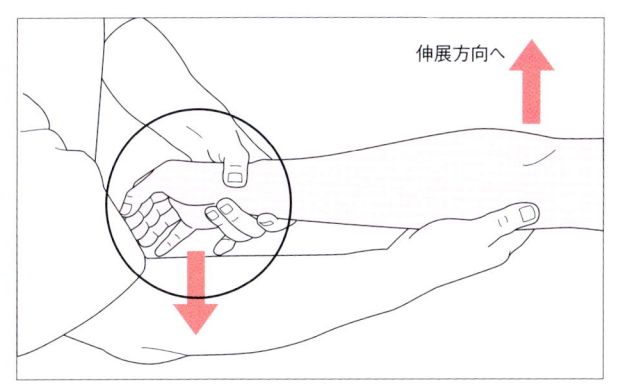

図3　前腕中間位での確認

伸展方向へ

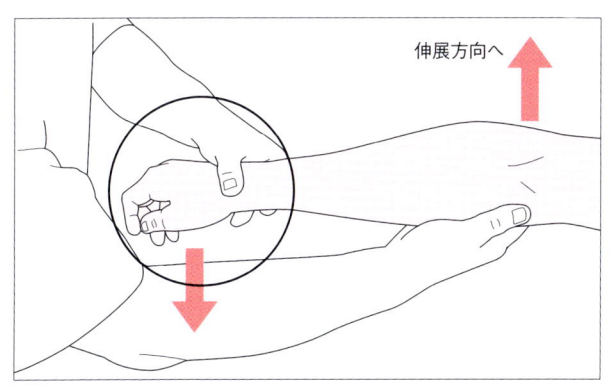

図4　前腕回内位での確認

伸展方向へ

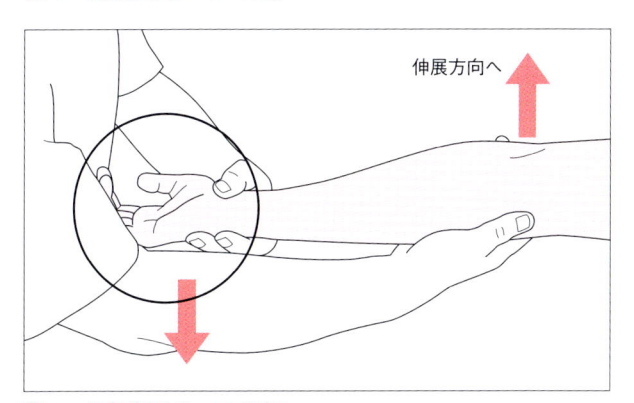

図5　前腕回外位での確認

伸展方向へ

テーピング技法 20 前腕回内時の肘伸展制動

肢位	①肘外側を通るテープ：肘関節屈曲・前腕回外位 ②肘内側を通るテープ：肘関節屈曲・前腕回外位
テープ	伸縮性　幅：5cm　長さ：25〜30cm
方法	①肘関節外側を通るテープ：前腕遠位尺側から肘関節外側（橈側）へ向かい，肘関節屈伸軸（図中〇）の前方（屈側）を通り上腕中央まで貼付する（図6）． ②肘関節内側を通るテープ：前腕遠位橈側から肘関節内側（尺側）へ向かい，肘関節屈伸軸の前方（屈側）を通り上腕中央まで貼付する（図7）．
注意点	●できる限り肘窩部にテープをかけない． ●肘関節屈伸軸の前方（屈側）をテープが通過するように貼付する．
効果検証	前腕回内＋肘伸展にてテープの伸張感と症状を確認する．

ワンポイントアドバイス

①②ともテープの走行を少し変えて2本ずつ貼付すると制動効果が増す．

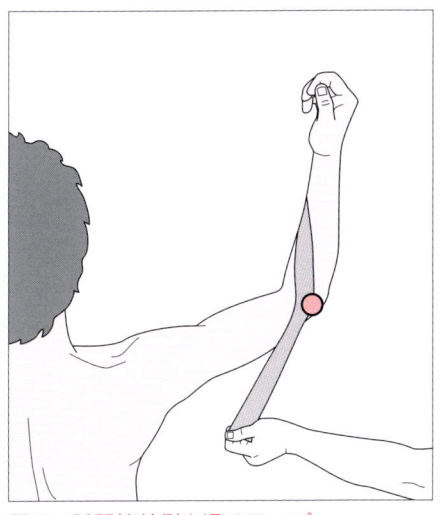

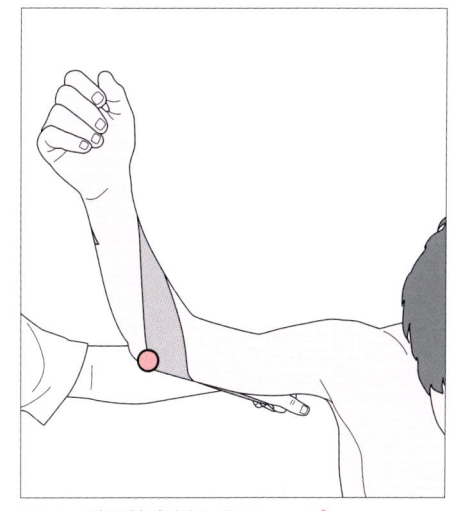

図6 肘関節外側を通るテープ

図7 肘関節内側を通るテープ

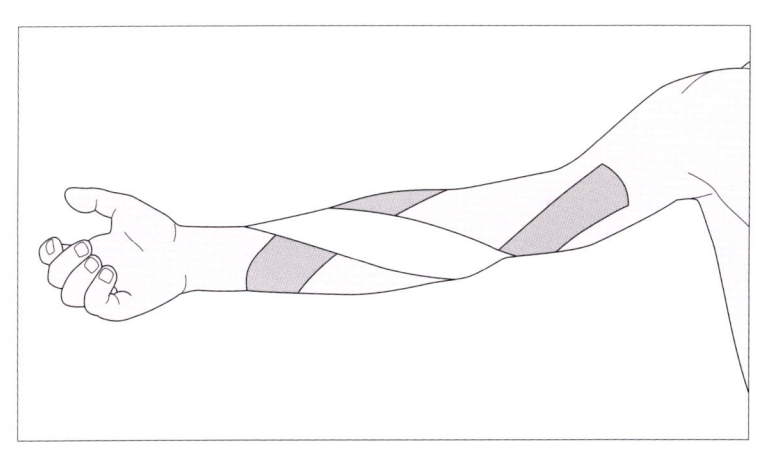

図8 完成

2. ボールリリース期

肘内外反角度を変えた伸展の評価

評価方法 肘外反位での伸展（背臥位）（図9）
　　　　　肘内反位での伸展（腹臥位）（図10）

評価結果 肘外反位での伸展にて症状が増強し，内反位での伸展にて軽減する．

選択テープ 21 肘伸展位の外反制動（→ p.94）

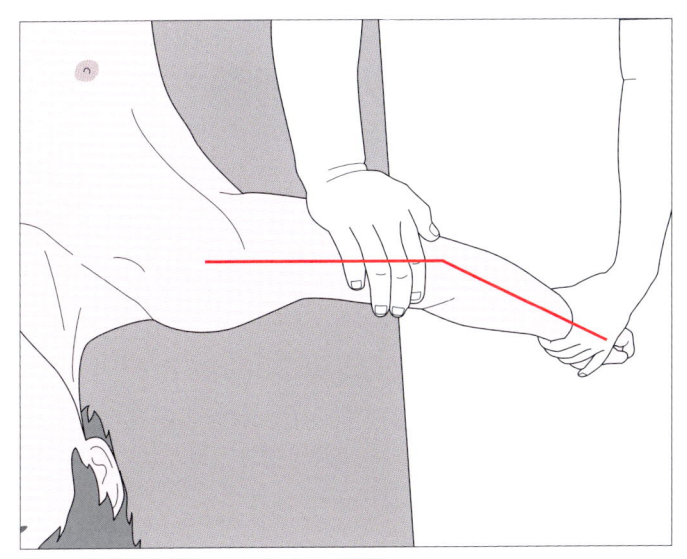

図9　肘関節外反位での伸展にて確認

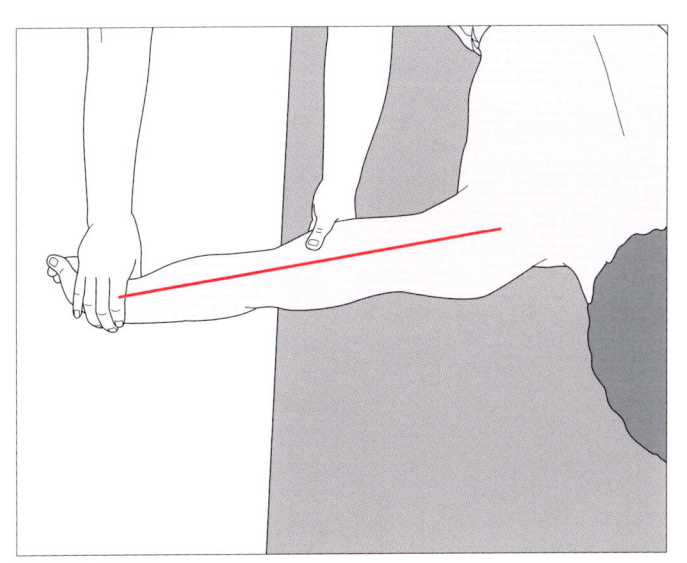

図10　肘関節内反位での伸展にて確認

テーピング技法 21 肘伸展位の外反制動

肢　位	腹臥位，肩内旋，肘関節屈曲，前腕回外位（図11）
テープ	伸縮性　幅：5cm　長さ：25〜30cm
方　法	前腕遠位尺側から直線的に肘関節部へ向かい，肘関節屈伸軸（図12●）の前方（屈側）を通り，上腕中央までらせん状に貼付する（図13）．
注意点	●肘窩部にできるしわにテープをかけると剥がれやすくなる． ●肘関節屈伸軸の前方（屈側）をテープが通過するように貼付する．
効果検証	肘伸展・外反にてテープの伸張感と症状の軽減を確認する．

ワンポイントアドバイス

テープ貼付途中の前腕中央部よりテープを引っ張って貼付すると制動効果が増す．

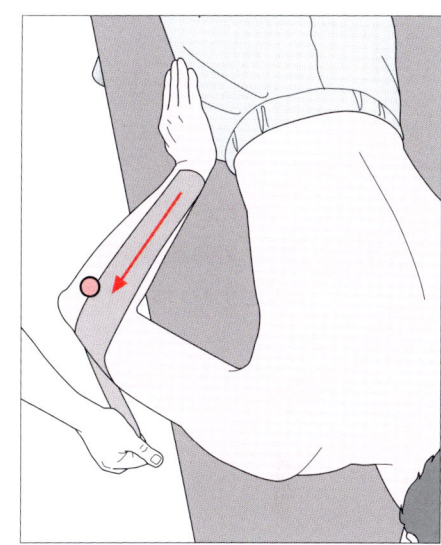

図11　開始肢位

図12　テープの走行

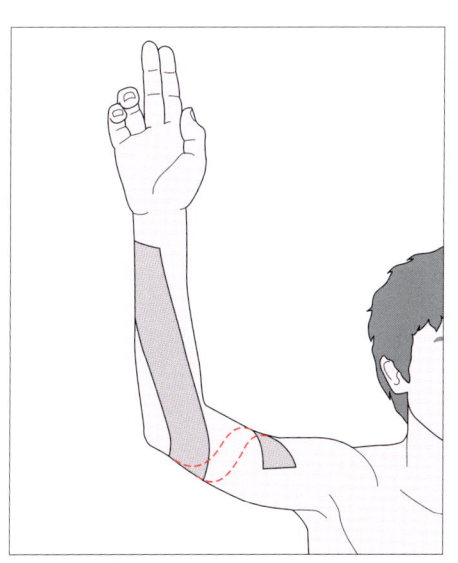

図13　完成

2. ボールリリース期

2 その他のテーピング

1 上腕骨外側・内側上顆炎

発生機序　上腕骨外側上顆炎はテニスなどのバックハンドストローク（図1）で発生することが多い（テニス肘）．これに対し上腕骨内側上顆炎はゴルフなどのフォアハンドストローク（図2）で発生することが多い（ゴルフ肘）．

病　態　上腕骨外側上顆炎：肘の外側（上腕骨外側上顆）に圧痛と運動痛を認める．

上腕骨内側上顆炎：肘の内側（上腕骨内側上顆）に圧痛と運動痛を認める．

図1　バックハンドストローク

図2　フォアハンドストローク

上腕骨外側・内側上顆炎の評価

[上腕骨外側上顆炎]

評価方法 トムゼンテスト（図3）：手関節背屈運動に対し抵抗負荷を加える．

評価結果 トムゼンテストにて肘の外側に痛みが出現する．この評価で陽性の場合は前腕伸筋腱群の微細断裂や炎症所見と判断できる．そのため，患部への伸張負荷などを回避する必要がある．したがって前腕伸筋腱群を保護するテープを処方する．

選択テープ
- **22** 前腕伸筋群のアシスト（➡ p.100）
- **23** 前腕伸筋群のコンプレッション（➡ p.102）

[上腕骨内側上顆炎]

評価方法 ゴルファーズエルボーテスト（図4）：手関節掌屈運動に対し抵抗負荷を加える．

評価結果 ゴルファーズエルボーテストにて肘の内側に痛みが出現する．この評価で陽性の場合は前腕屈筋群の微細断裂や炎症を認めると判断できる．そのため，患部への伸張負荷などを回避する必要がある．したがって前腕屈筋群を保護するテープを処方する．

選択テープ
- **24** 前腕屈筋群のアシスト（➡ p.104）
- **23** 前腕屈筋群のコンプレッション（➡ p.102）

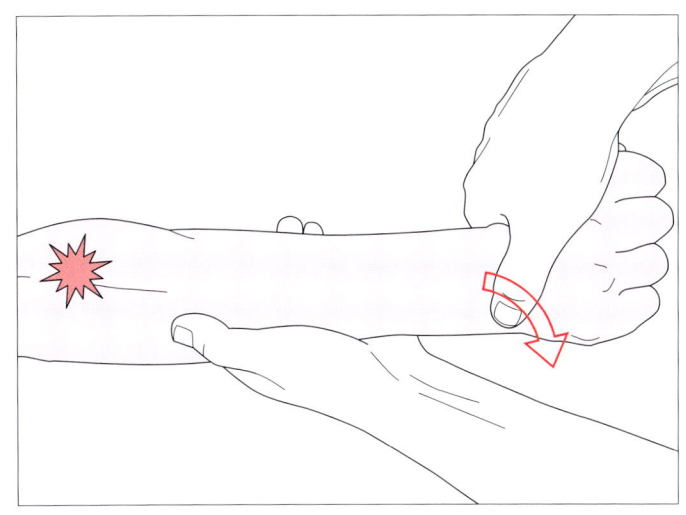

図3　トムゼンテスト

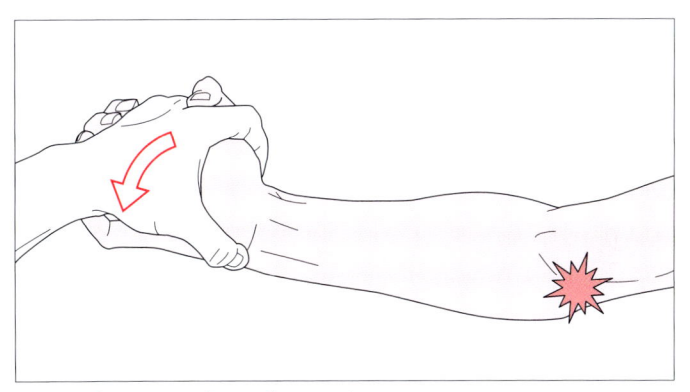

図4　ゴルファーズエルボーテスト

1. 上腕骨外側・内側上顆炎

テーピング技法 22 　前腕伸筋群のアシスト

肢　位	肘屈曲，手掌屈・尺屈，手指屈曲位
テープ	伸張性　幅：5cm　長さ：30～35cm
方　法	運動時の前腕伸筋群をアシストする目的で，手背部橈側（図5）と手背部（図6）から開始し上腕骨外側上顆を通って上腕遠位後面に貼付する（図7）．
注意点	●上腕骨外側上顆を通ること． ●テープの張力は痛みを軽減するが，運動は妨げないよう留意する．
効果検証	●手関節掌屈時にテープの伸張感を確認する． ●背屈方向の抵抗運動にて症状の軽減を確認する．

ワンポイントアドバイス

図5のテープは手関節尺屈位，図6のテープは手関節掌屈位で貼付する．

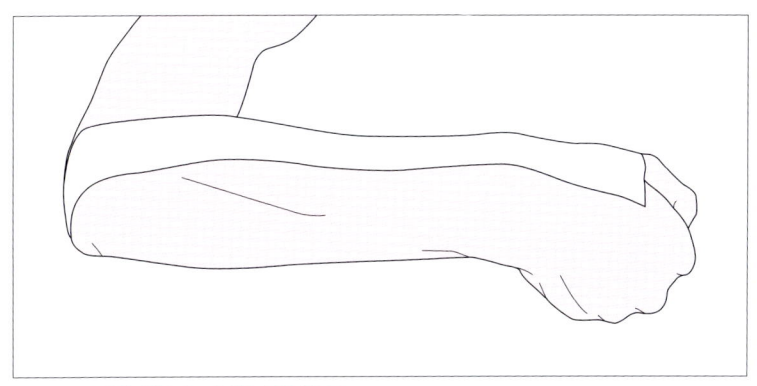

図5　手背部橈側〜上腕遠位後面へ

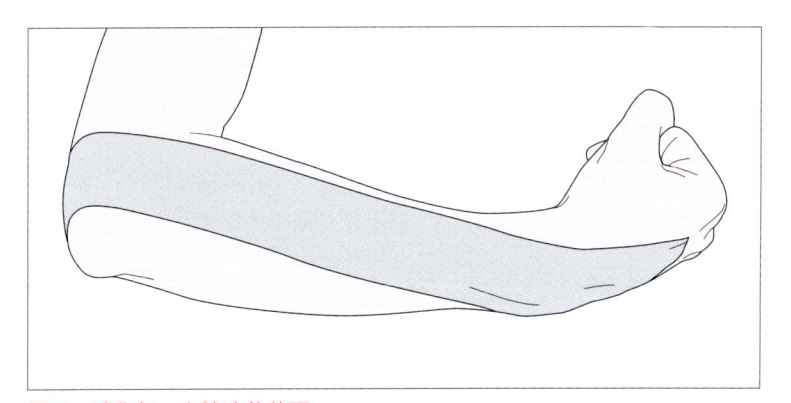

図6　手背部〜上腕遠位後面へ

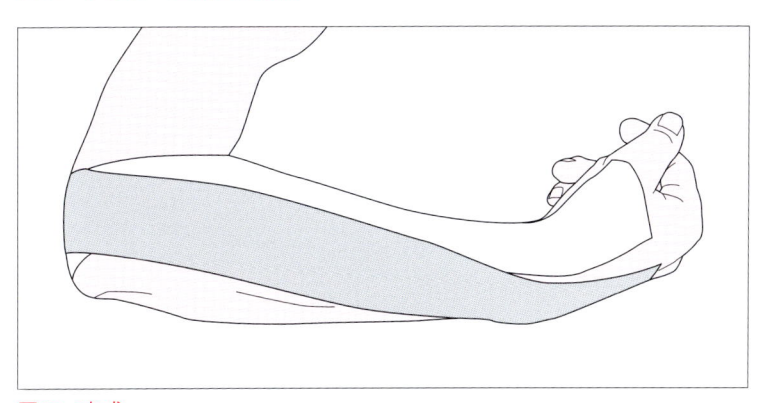

図7　完成

テーピング技法 23 前腕伸筋群・屈筋群のコンプレッション

肢　位	前腕伸筋群：肘伸展，手関節背屈，手指軽度屈曲位（図8） 前腕屈筋群：肘屈曲，手関節掌屈，手指屈曲位（図9）
テープ	非伸縮性　幅：2.5cm　長さ：25〜30cm
方　法	前腕伸筋群の上腕骨外側上顆付着部の痛みを軽減する目的で，前腕近位部に非伸縮テープでコンプレッションテープを1周以上貼付する（図10）．
注意点	必ず筋収縮を行った状態で非伸縮性テープを貼付する．筋肉が弛緩状態で貼付すると収縮時に痛みがでることがある．
効果検証	手関節背屈方向に対して抵抗運動を行い，コンプレッション部のテープの伸張感と前腕伸筋腱群の痛みの軽減を確認する．

ワンポイントアドバイス

- 痛みが軽度の場合は，非伸縮性ではなく伸縮性テープを使用してもよい．痛みが強い場合は，コンプレッションテープとアシストテープを併用する．
- 屈筋群も同様の方法で行う．

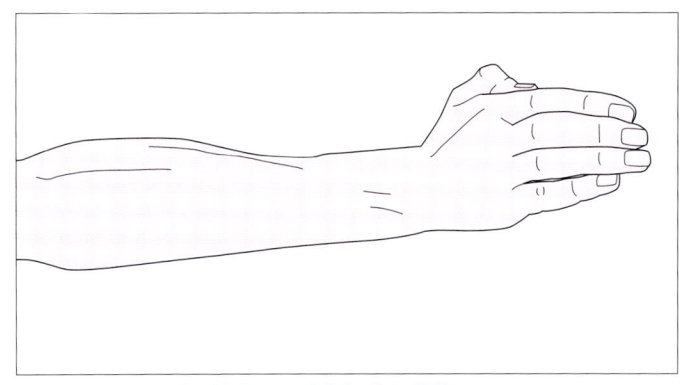

図8　肘伸展，手関節背屈，手指軽度屈曲位

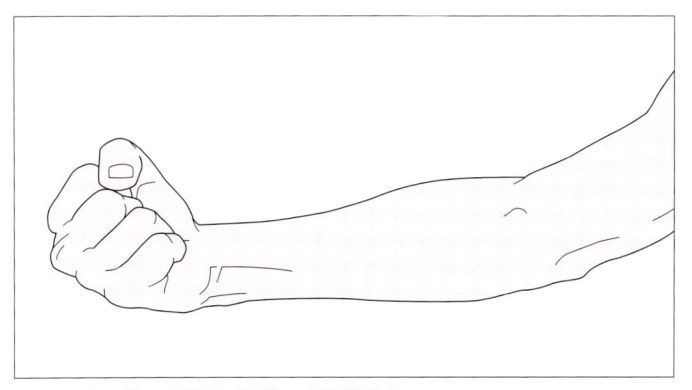

図9　肘屈曲，手関節掌屈，手指屈曲位

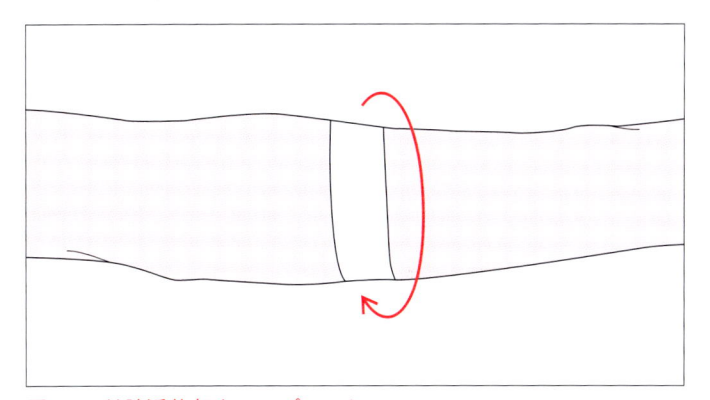

図10　前腕近位部をコンプレッション

テーピング技法 24 前腕屈筋群のアシスト

肢 位	肘屈曲，前腕回外，手関節背屈位
テープ	伸縮性　幅：5cm　長さ：30～35cm
方 法	運動時の前腕屈筋群をアシストする目的で，手掌部尺側（図11）と手掌部橈側（図12）から開始し上腕骨内側上顆を通って上腕遠位後面に貼付する（図13）．
注意点	●上腕骨内側上顆を通ること． ●テープの張力は痛みを軽減するが，運動は妨げないよう留意する．
効果検証	●手関節背屈時にテープの伸張感を確認する． ●掌屈方向の抵抗運動にて症状の軽減を確認する．

ワンポイントアドバイス

痛みが強い場合はコンプレッションテープと併用すると有効である．

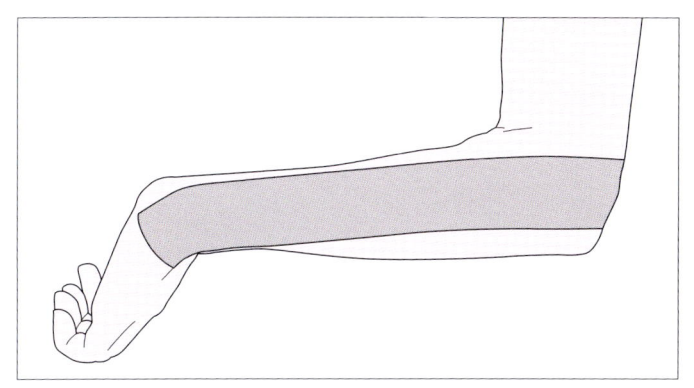

図11　手掌部尺側〜上腕遠位後面へ

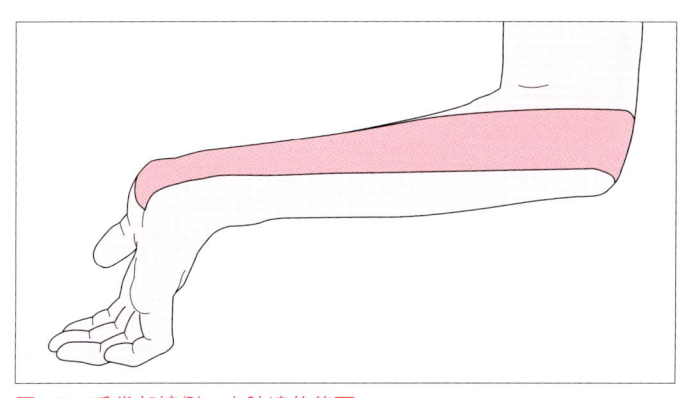

図12　手掌部橈側〜上腕遠位後面へ

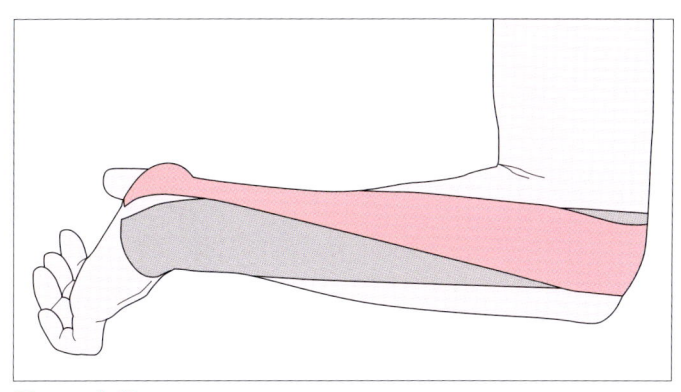

図13　完成

②その他のテーピング

2 三角線維軟骨複合体（TFCC）*損傷

|発生機序| 手をついたときなどの外傷によって生じる場合（図1）と慢性的な使いすぎによって生じる場合（図2）がある．また，手関節の部分で尺骨が橈骨より相対的に長くなり，尺骨が三角線維軟骨を突き上げて起こる場合もある．

|病　状| 手関節運動（特に背屈，尺屈）時の尺側部痛
遠位橈尺関節不安定性

|評　価| ①限局した圧痛（手関節尺側部）
②軸圧テスト（図3）：手関節尺屈した状態で尺骨長軸方向に圧を加える．
③尺屈回外テスト：手関節尺屈させた状態で，前腕回外する．

図1　受傷機転（外傷によって生じるもの）

図2　受傷機転（使いすぎによって生じるもの）

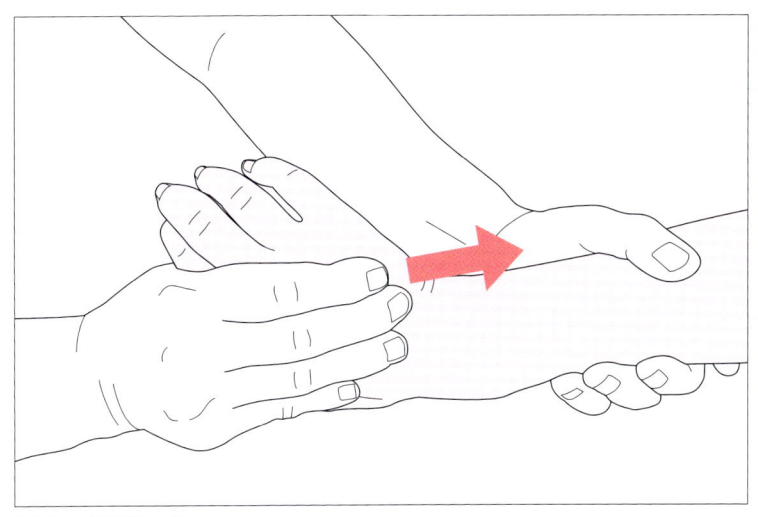

図3　軸圧テスト

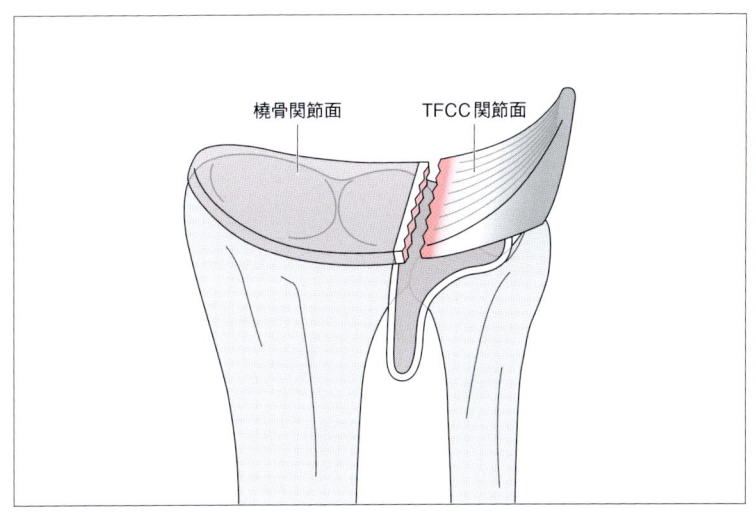

図4　三角線維軟骨複合体損傷

（橈骨関節面　TFCC関節面）

＊三角線維軟骨・手関節尺側側副靱帯および遠位橈尺靱帯などを含む手関節の尺側支持機構を総称して三角線維軟骨複合体（triangular fibrocartilage complex）とよぶ．尺骨と手根骨間のクッションとしての働きや遠位橈尺関節の安定性を与えている．三角線維軟骨は膝半月と類似した構造で，手関節の動きに従って関節面の適合性を調整している．

手関節背屈の評価

評価方法 手関節背屈方向に外力を加える（図5）．検者の手指による背屈制動の有無にて疼痛や違和感の変化を確認する．

評価結果 背屈制動なしで症状が増強し，背屈制動ありで軽減する．背屈最終域で三角線維軟骨複合体のクッション性が低下し，疼痛が生じている可能性がある．

選択テープ 25 手関節サーキュラー（➡ p.110）

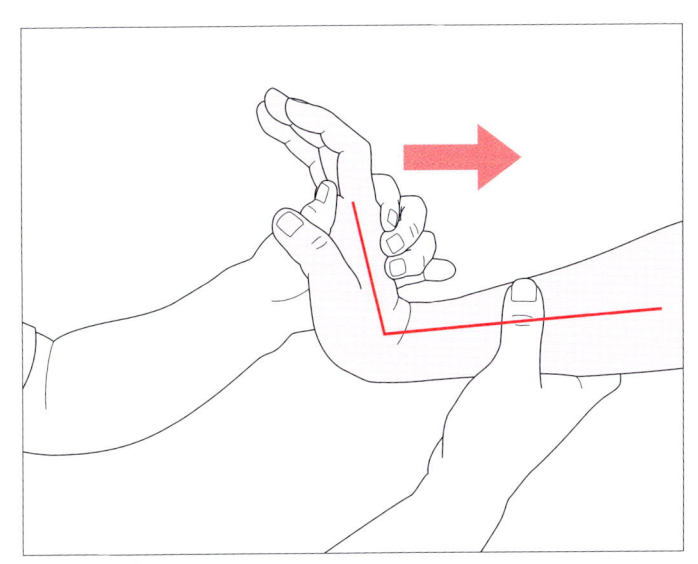

a. 背屈制動なし

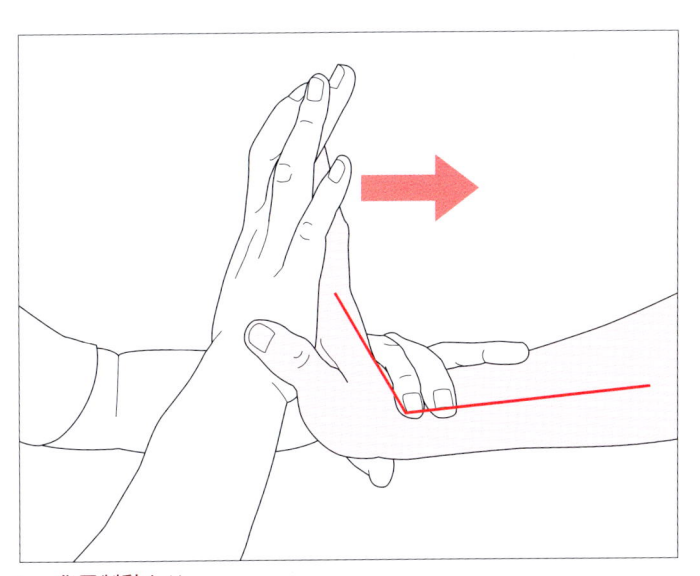

b. 背屈制動あり

図5　背屈の評価

テーピング技法 25 手関節サーキュラー

肢　位	手関節軽度掌屈，手指伸展位
テープ	非伸縮性　幅：3.8〜5cm　長さ：25〜30cm
方　法	手関節掌側から斜めに巻き始め（図6），手関節の中央とテープの中央が一致し（図7），背側部でテープがまっすぐになるように貼付する（図8）．
注意点	●手関節の中央とテープの中央が一致しないと背屈制動効果が減弱する． ●循環障害に注意する．手の握る・開くといった運動を10回程度行い，うっ血しないか確認する．
効果検証	背屈にて背屈制動効果と症状の軽減を確認をする．

ワンポイントアドバイス

- 背側部でテープがまっすぐになるためにはテープを斜めに巻き始めるとよい．
- 2〜3本巻くと制動効果が高まる．

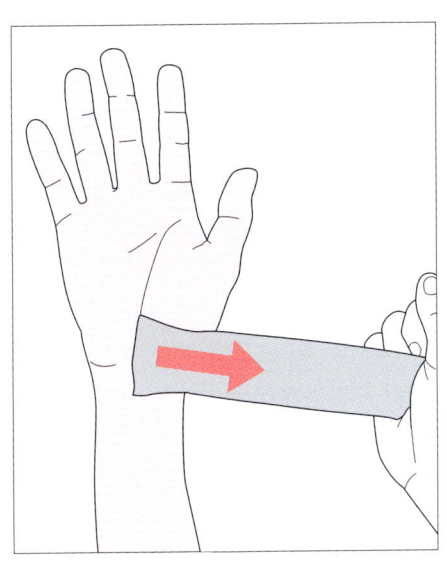

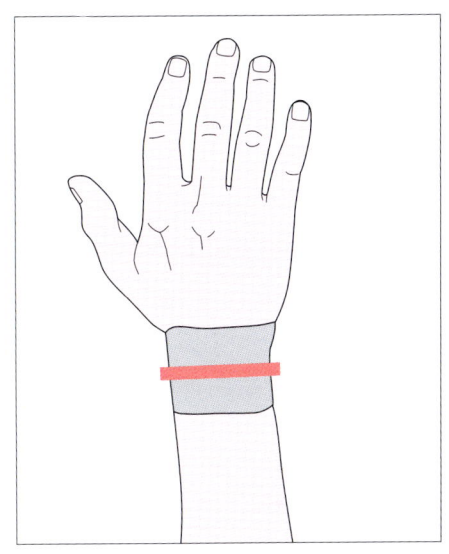

図6 巻き始め

図7 手関節の中央

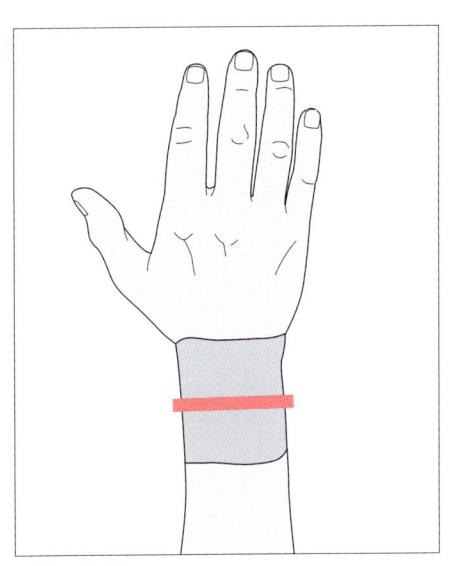

図8 完成

2. 三角線維軟骨複合体（TFCC）損傷

評価方法: 手関節背屈位での橈尺屈の評価

評価方法 手関節背屈位で橈屈・尺屈方向にそれぞれ外力を加え，疼痛や違和感を確認する（図9）．

評価結果 手関節背屈時の尺屈で手関節背側・尺側に症状が増強し，橈屈で軽減する．

選択テープ ㉖ 手関節背屈＋尺屈制動（→ p.114）

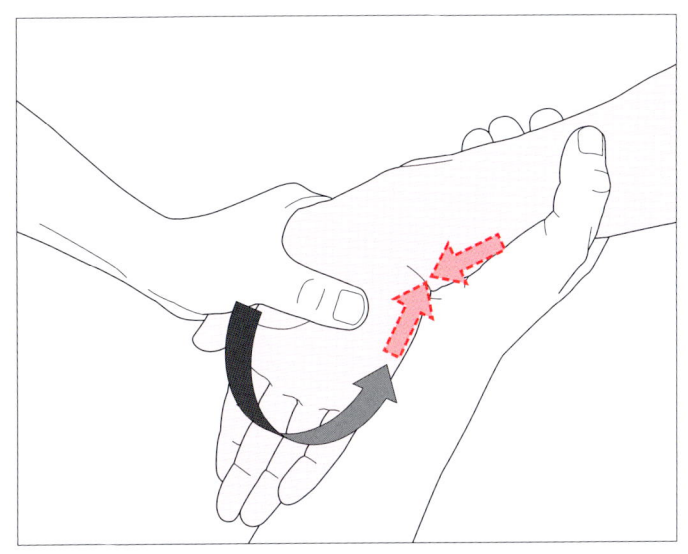

a. 手関節背屈時の尺屈

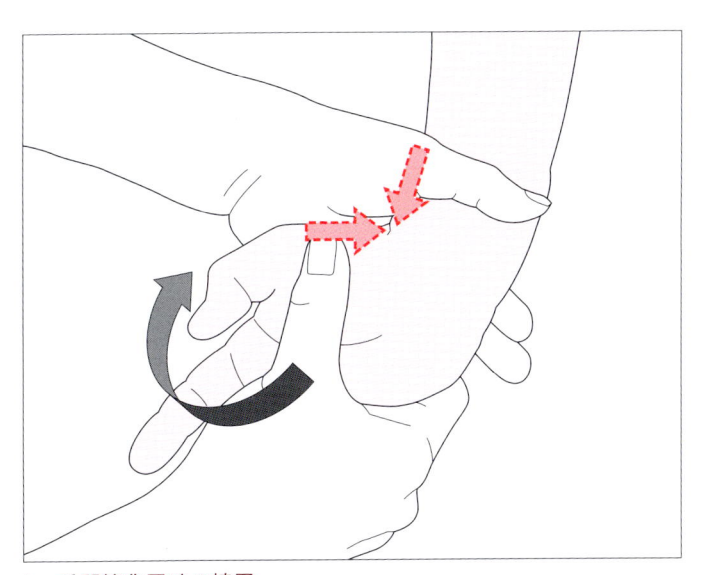

b. 手関節背屈時の橈屈

図9　背屈位での橈尺屈の評価

テーピング技法 26 手関節背屈＋尺屈制動

肢　位	肘軽度屈曲，手関節軽度掌屈・橈屈位
テープ	伸縮性　幅：3.75～5cm　長さ：20～25cm
方　法	手掌面小指側から手関節掌背屈軸（図10○）の前方（屈側）と手関節橈尺屈軸（図11○）の外側（橈側）を通り，前腕外側から後面にかけてらせん状に貼付する（図12）．
効果検証	手関節背屈・尺屈運動にてテープの伸張感と症状を確認する．

ワンポイントアドバイス

　より背屈制動効果を高めるためにはテープを引っ張りながら貼付するとよい．ただし，皮膚荒れすることがあるのでテープを剝がした後リムーバースプレーなどにてスキンケアをする必要がある．

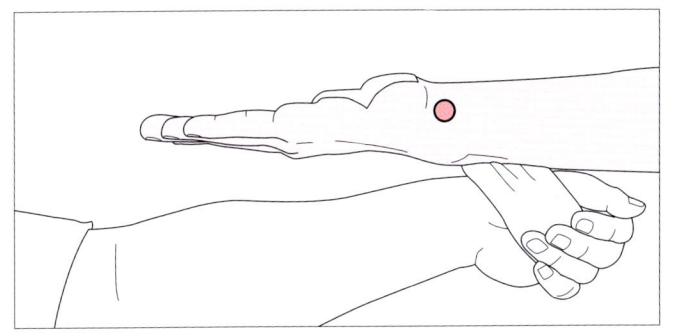

図 10 　掌背屈軸とテープの走行

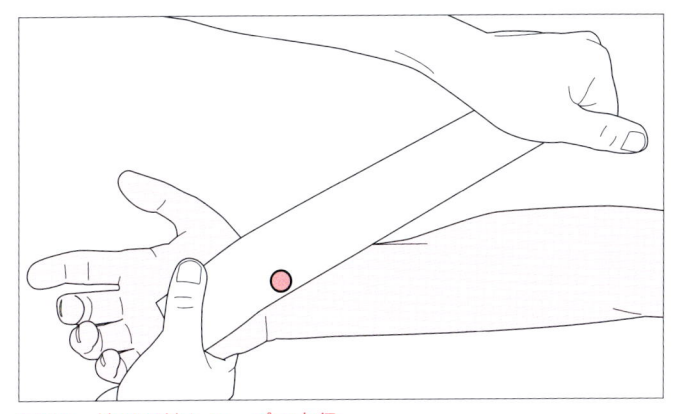

図 11 　橈尺屈軸とテープの走行

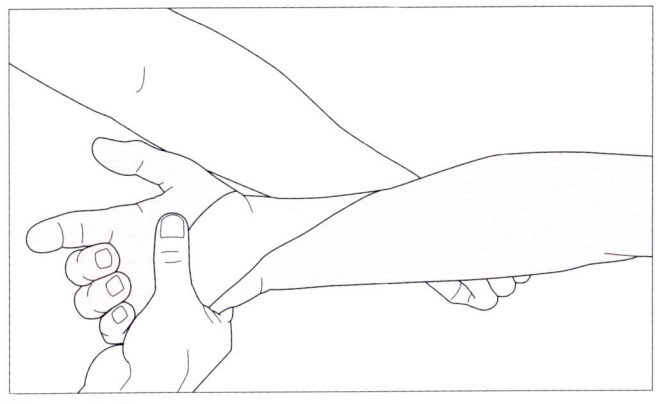

図 12 　完成

2. 三角線維軟骨複合体（TFCC）損傷

手関節背屈位での前腕回内外の評価

評価方法 肘軽度屈曲，手関節背屈位で回内（図13）および回外（図14）方向に外力を加え，症状を確認する．

評価結果
①手関節背屈・回内で症状が出現→選択テープ 27
②手関節背屈・回外で症状が出現→選択テープ 28

選択テープ
27 手関節背屈＋前腕回内制動（→ p.118）
28 手関節背屈＋前腕回外制動（→ p.120）

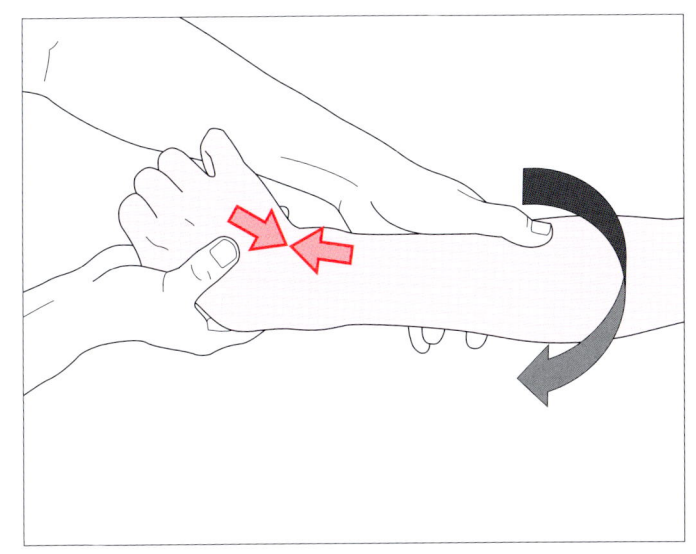

図13　背屈・回内での確認

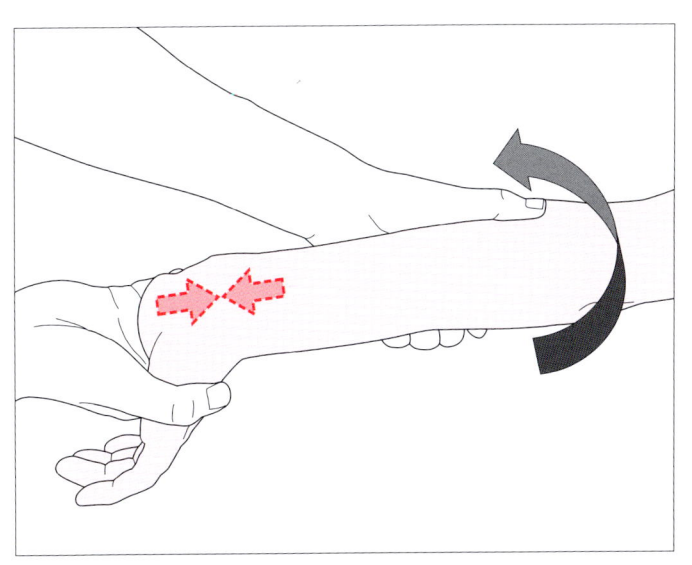

図14　背屈・回外での確認

テーピング技法 27 手関節背屈＋前腕回内制動

肢　位	肘軽度屈曲，手関節軽度掌屈，前腕回外
テープ	伸縮性　幅：3.75～5cm　長さ：20～25cm
方　法	手掌面小指側から手関節掌背屈軸（図15○）の前面（屈側）と，前腕回内外軸（図16○）の外側（橈側）を通り，前腕外側から後面にかけてらせん状に貼付する（図17）．
効果検証	手関節背屈・前腕回内にてテープの伸張感と症状の軽減を確認する．

ワンポイントアドバイス

前腕回内の制動効果を高めたいときはテープの貼る角度を長軸に対しより直角方向へ変えるとよい．

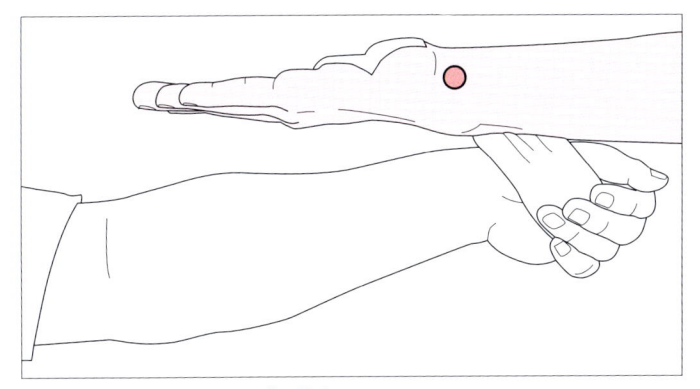

図15　掌背屈軸とテープの走行

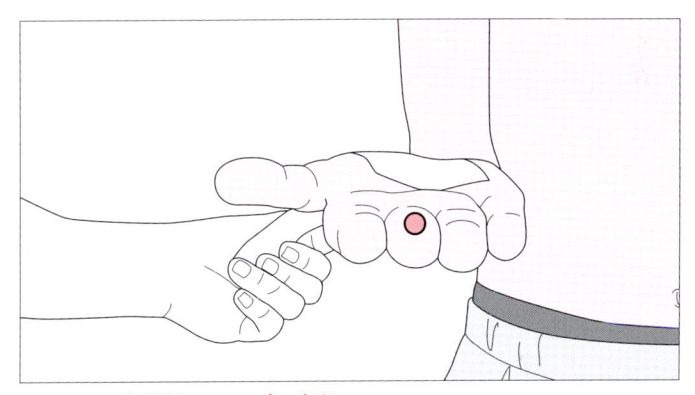

図16　回内外軸とテープの走行

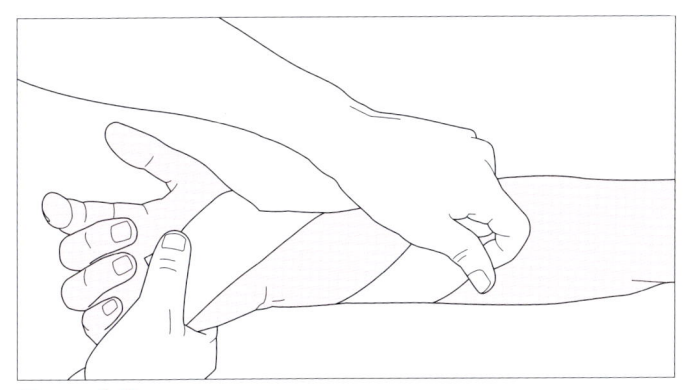

図17　完成

2. 三角線維軟骨複合体(TFCC)損傷

テーピング技法 28 手関節背屈＋前腕回外制動

肢　位	肘軽度屈曲，手関節軽度掌屈，前腕回内位
テープ	伸縮性　幅：3.75〜5cm　長さ：20〜25cm
方　法	手掌面母指側から掌背屈軸（図18○）の前方（屈側）と，前腕回内外軸（図19○）の内側（尺側）を通り，前腕内側から後面にかけてらせん状に貼付する（図20）．
効果検証	手関節背屈・前腕回外にてテープの伸張感と症状の軽減を確認する．

ワンポイントアドバイス

前腕回外の制動効果を高めたいときはテープの貼る角度を長軸に対しより直角方向へ変えるとよい．

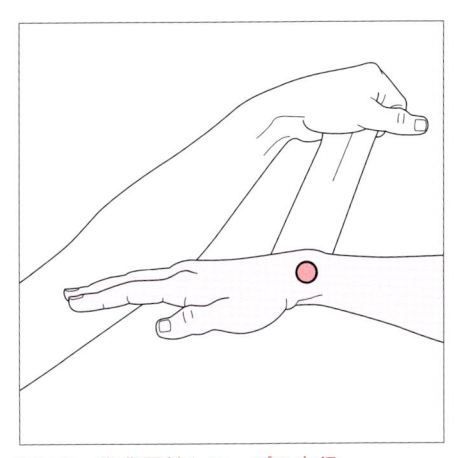

図18　掌背屈軸とテープの走行

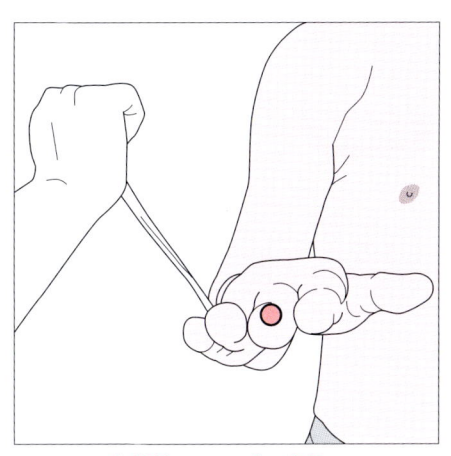

図19　回内外軸とテープの走行

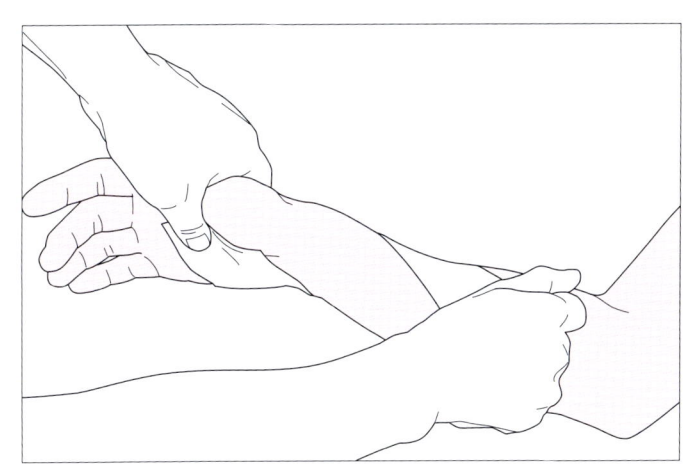

図20　完成

2. 三角線維軟骨複合体(TFCC)損傷

近位手根骨掌背側誘導を加えた背屈の評価

評価方法 近位手根骨を掌側もしくは背側に誘導しながら手関節背屈する（図21, 22）.

評価結果 ①近位手根骨背側誘導にて症状が増強し，掌側誘導にて軽減
→選択テープ **29**
②近位手根骨掌側誘導にて症状が増強し，背側誘導にて軽減
→選択テープ **30**
＊手関節背屈により三角線維軟骨複合体が手根骨と衝突することで疼痛が生じる．手根骨を誘導し，三角線維軟骨複合体との衝突を防ぐ.

選択テープ
29 近位手根骨の掌側誘導（→ p.124）
30 近位手根骨の背側誘導（→ p.126）

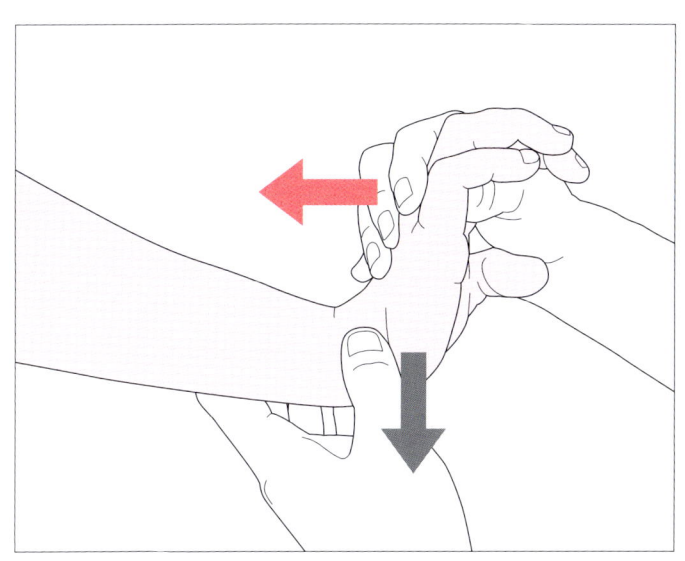

図21　近位手根骨掌側誘導での背屈

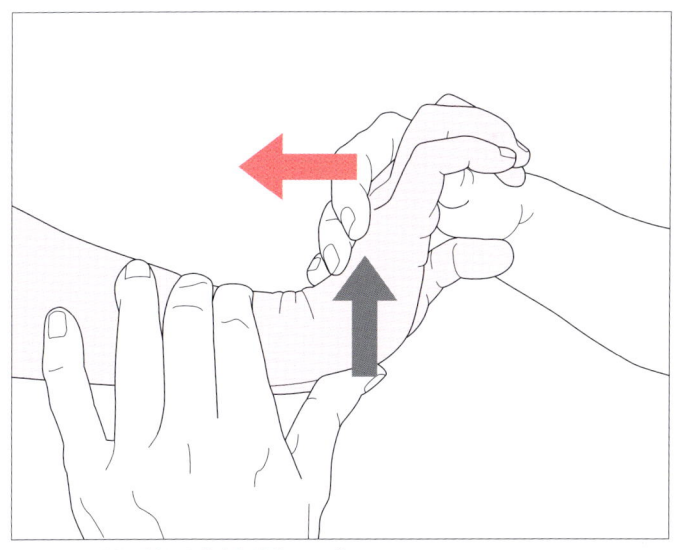

図22　近位手根骨背側誘導での背屈

テーピング技法 29 近位手根骨の掌側誘導

肢　位	手関節軽度掌屈位，手指軽度屈曲位
テープ	非伸縮性　幅：1.2〜2.5cm　長さ：25〜30cm
方　法	手関節背側中央部から尺側方向に向けて巻き始め（図23），尺側近位手根骨を掌側に引き下げて貼付する（図24）.
注意点	テープが必ず近位手根骨を通過すること.
効果検証	●テープによる手関節尺側部の締め付け感を確認する. ●手関節背屈で症状の軽減を確認する.

ワンポイントアドバイス

2〜3本繰り返すと誘導効果が増す.

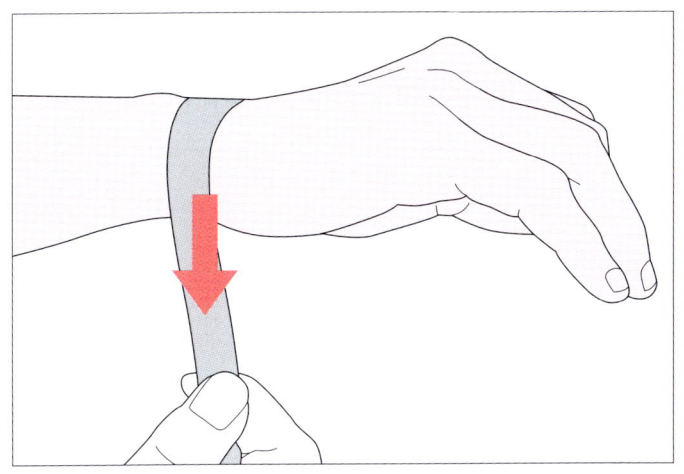

図23　開始肢位とテープの走行

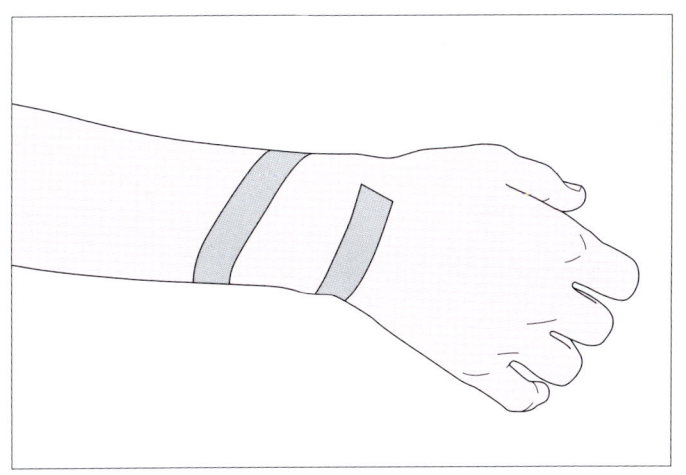

図24　完成

2. 三角線維軟骨複合体（TFCC）損傷

テーピング技法 30 近位手根骨の背側誘導

肢　位	手関節軽度掌屈位，手指軽度屈曲位
テープ	非伸縮性　幅：1.2〜2.5cm　長さ：25〜30cm
方　法	手関節背側中央部から橈側方向に向けて巻き始め（図25），尺側近位手根骨を背側に引き上げて貼付する（図26）．
注意点	テープが必ず近位手根骨を通過すること．
効果検証	●テープによる手関節尺側部の締め付け感を確認する． ●手関節背屈で症状の軽減を確認する．

ワンポイントアドバイス

2〜3本繰り返すと誘導効果が増す．

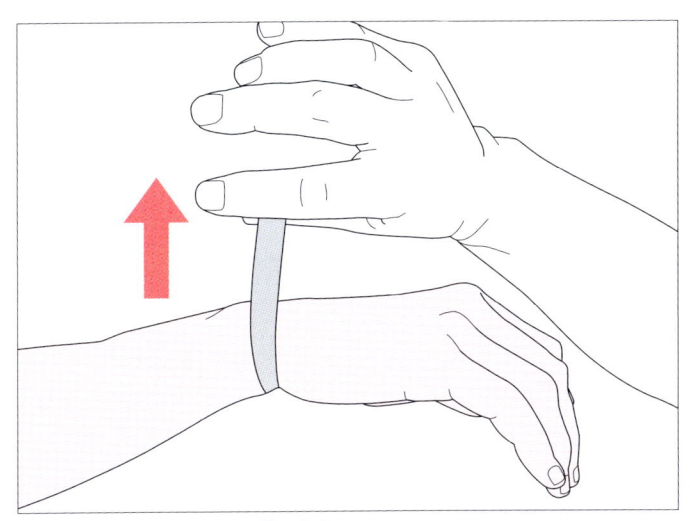

図25 開始肢位とテープの走行

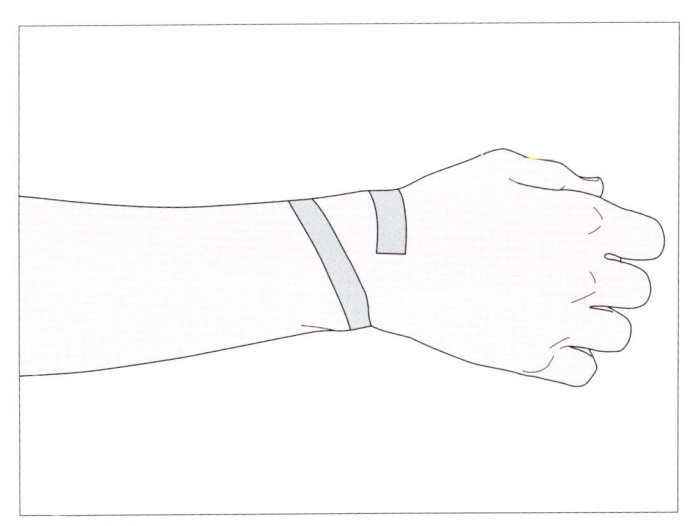

図26 完成

2. 三角線維軟骨複合体(TFCC)損傷

尺骨頭掌背側誘導を加えた背屈の評価

評価方法 橈骨遠位部を固定し，尺骨頭を掌側および背側に誘導した状態で手関節の背屈を行い，症状を確認する（図27，28）．

評価結果 ①尺骨頭背側誘導での手関節背屈にて症状が増強し，掌側誘導での手関節背屈にて軽減→選択テープ 31

②尺骨頭背側誘導での手関節背屈にて症状が増強し，掌側誘導での手関節背屈にて増強→選択テープ 32

選択テープ 31 尺骨頭の掌側誘導（→ p.130）

32 遠位橈尺関節圧迫（→ p.132）

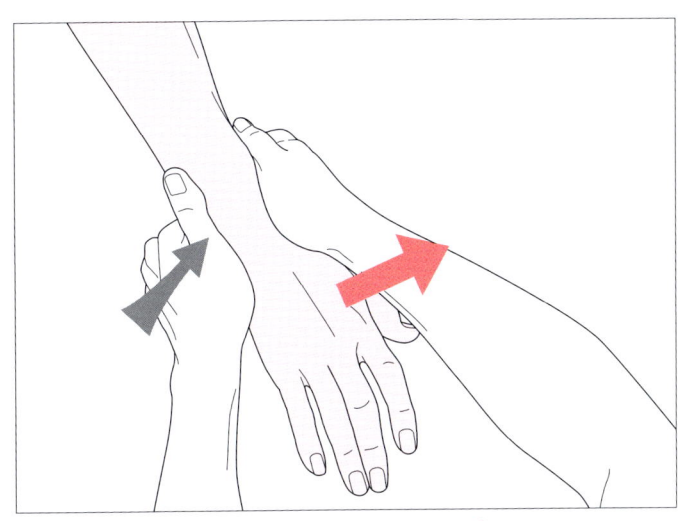

図 27　尺骨頭を掌側誘導し，手関節背屈にて確認

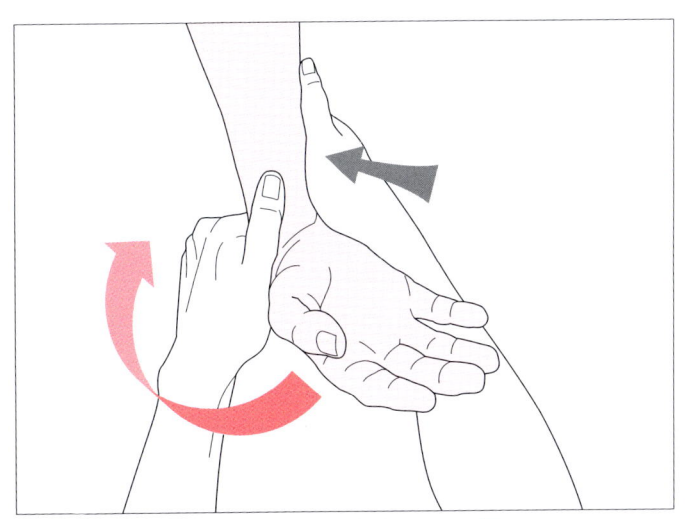

図 28　尺骨頭を背側誘導し，手関節背屈にて確認

2. 三角線維軟骨複合体（TFCC）損傷

テーピング技法 31　尺骨頭の掌側誘導

肢位	前腕回内，手関節中間位
テープ	伸縮性　幅：5cm　長さ：15～20cm
方法	前腕遠位背側中央部から貼り（図29），母指で尺骨頭を掌側に押し下げながらテープを貼った後，前腕遠位掌側から橈側を通り，背側に貼付する（図30）．
注意点	●前腕遠位を強く締めすぎない（背屈制限の原因となる）． ●尺骨頭の誘導は徒手にて誘導し，テープを引っ張って誘導しない．
効果検証	●テープによる手関節尺側部の締め付け感を確認する． ●手関節背屈にて症状の軽減を確認する．

ワンポイントアドバイス

尺骨頭の誘導量は，最も疼痛が軽減する位置を確認し決定する．

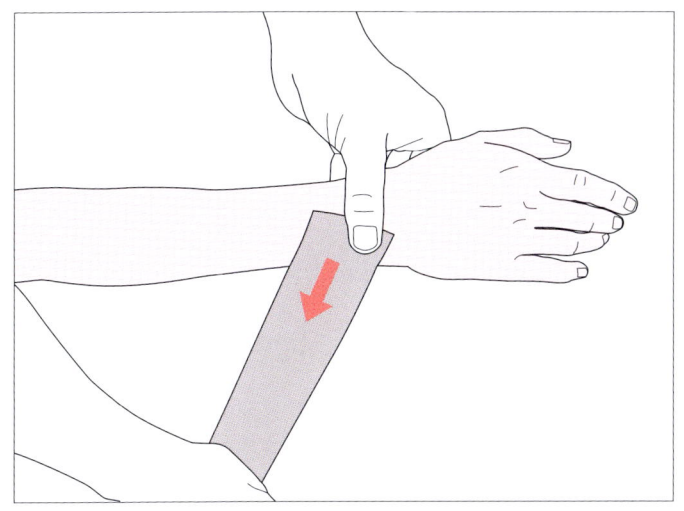

図 29　開始肢位とテープの走行

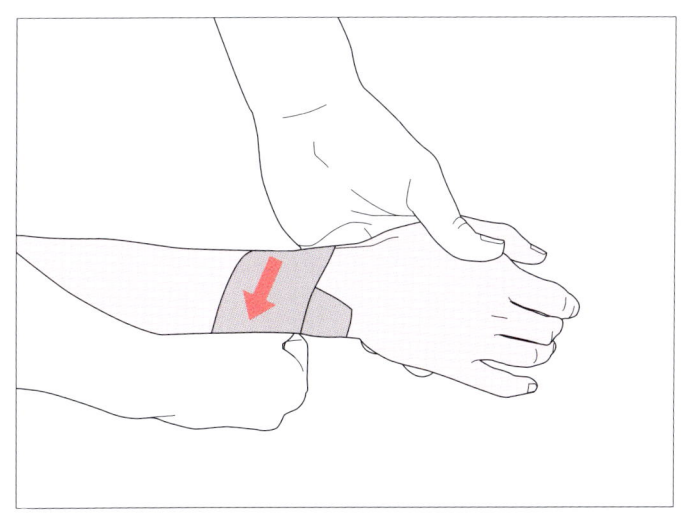

図 30　完成

テーピング技法 32 遠位橈尺関節圧迫

肢位	手関節背屈，手指伸展・外転位
テープ	非伸縮性　幅：5cm　長さ：15〜20cm
方法	遠位橈尺関節に対して手根骨近位列の外径が最大となる肢位（図31）で，前腕遠位に非伸縮性テープを強めに貼付する（図32）．
注意点	●貼付する際に手関節の十分な背屈ができていないと，貼付後に背屈制限ができる． ●貼付後，手の握る・開くといった運動を10回程度行い，うっ血しないか確認する． ●循環障害に注意し，しびれや感覚障害が認められれば，巻き直す．
効果検証	テープによる締め付け感と背屈時の症状の軽減を確認する．

ワンポイントアドバイス

- 圧迫による疼痛の有無，手関節掌屈時の固定感の有無を確認しながらテープの伸張感を決定するとよい．
- 疼痛が軽度な場合は，伸縮性テープを用いてもよい．

図31　開始肢位

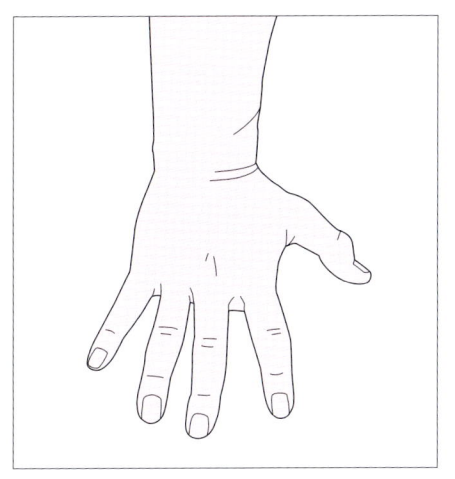

図33　完成

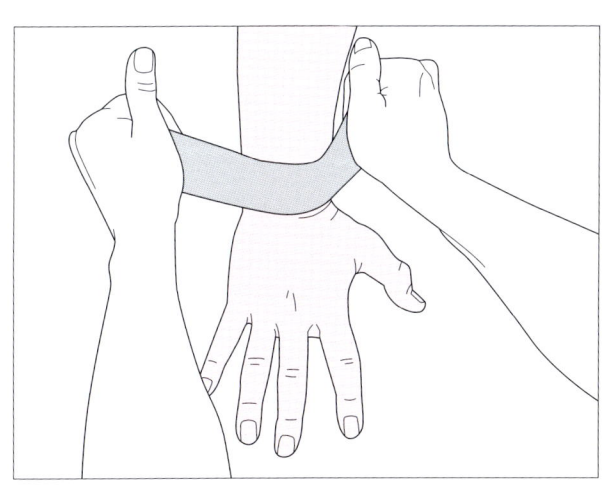

図32　テープを引っ張って貼付する

2. 三角線維軟骨複合体(TFCC)損傷

前腕回内外肢位を変えた尺屈の評価

評価方法 前腕の回内外肢位を変えて手関節尺屈したときの症状の変化を確認する（図34）．

評価結果 ①回内位で症状が増強し，回外位で軽減→選択テープ 33

②回外位で症状が増強し，回内位で軽減→選択テープ 34

③回内位，回外位ともに症状が増強→選択テープ 35

選択テープ 33 手関節尺屈＋前腕回内制動（→ p.136）

34 手関節尺屈＋前腕回外制動（→ p.138）

35 パッドを利用した手関節尺屈制動（→ p.140）

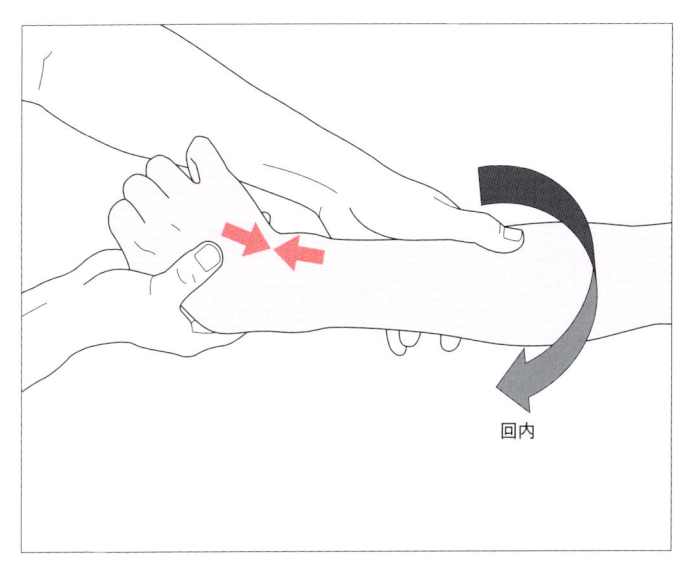

a. 回内位

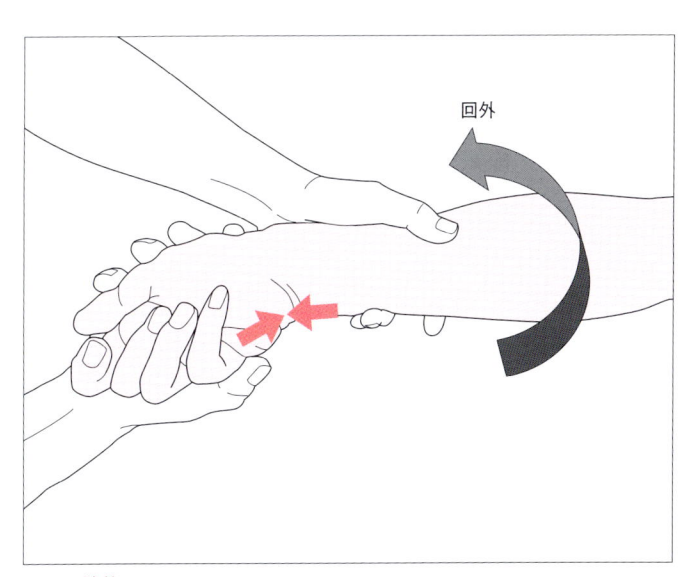

回内

b. 回外位

回外

図34 前腕回内外肢位を変えた尺屈の評価

テーピング技法 33　手関節尺屈＋前腕回内制動

肢　位	手関節橈屈，前腕回外，母指外転
テープ	伸縮性　幅：3.75～5cm　長さ：20～25cm
方　法	手掌面母指側から手関節橈尺屈軸（図35○）の外側（橈側）と，前腕回内外軸（図36○）の前方（屈側）を通り，前腕外側から後方にかけてらせん状に貼付する（図37）.
注意点	母指外転運動を妨げないよう注意する.
効果検証	手関節尺屈・前腕回内にてテープの伸張感と症状の軽減を確認する.

ワンポイントアドバイス

制動効果を高めたい場合は，テープを引っ張って貼付するとよい．ただし，皮膚荒れすることがあるのでテープを剥がした後リムーバースプレーなどにてスキンケアをする必要がある．

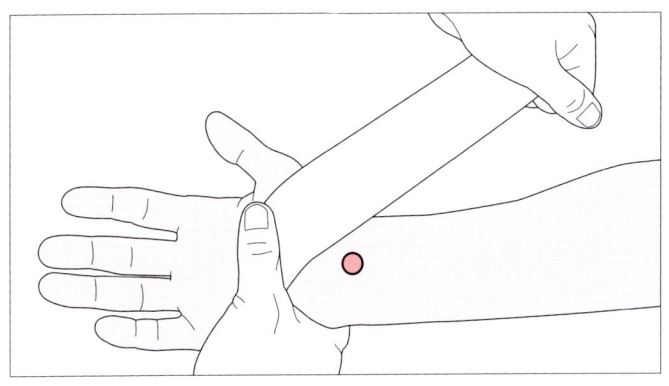

図35　橈尺屈軸とテープの走行

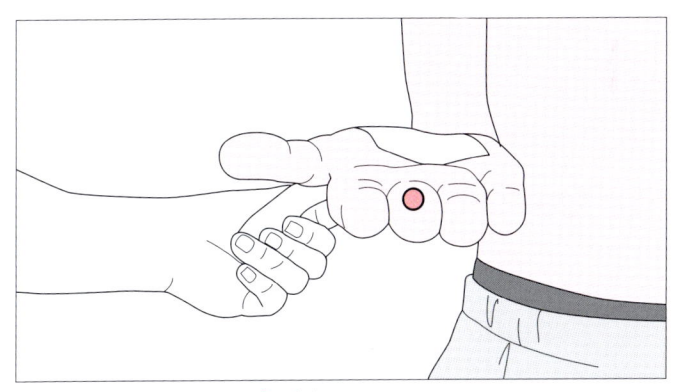

図36　回内外軸とテープの走行

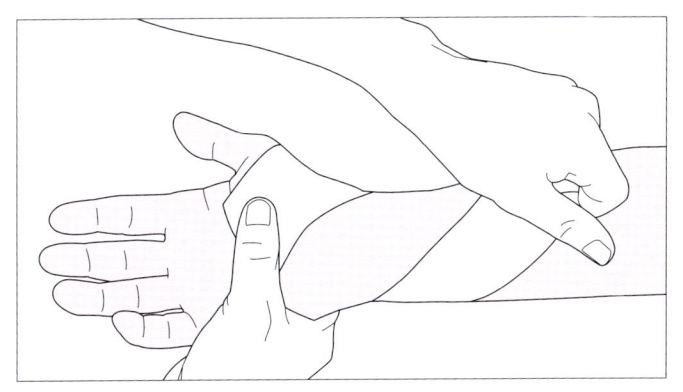

図37　完成

2. 三角線維軟骨複合体(TFCC)損傷

テーピング技法 34　手関節尺屈＋前腕回外制動

肢　位	手関節橈屈，前腕回内，母指外転，手指軽度屈曲位
テープ	伸縮性　幅：3.75～5cm　長さ：20～25cm
方　法	手背面母指側から手関節橈尺屈軸（図38●）の外側（橈側）と，前腕回内外軸（図39●）の外側（橈側）を通り，前腕外側から前方にかけてらせん状に貼付する（図40）．
注意点	母指外転運動を妨げないよう注意する．
効果検証	手関節尺屈・前腕回外にてテープの伸張感と症状の軽減を確認する．

ワンポイントアドバイス

制動効果を高めたい場合は，テープを引っ張って貼付するとよい．ただし，皮膚荒れすることがあるのでテープを剝がした後リムーバースプレーなどにてスキンケアをする必要がある．

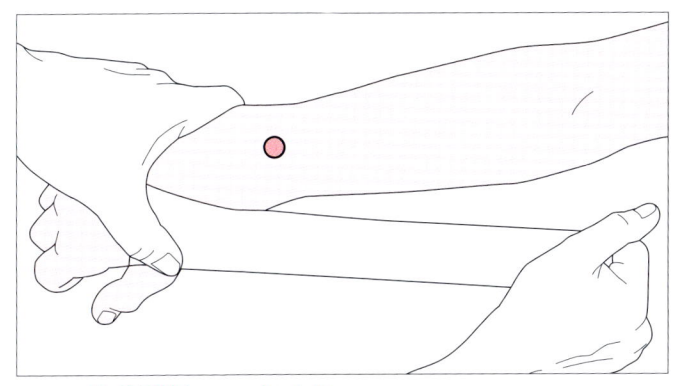

図38　橈尺屈軸とテープの走行

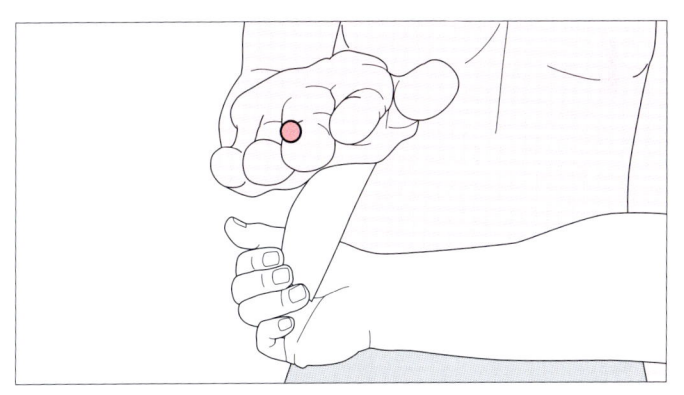

図39　回内外軸とテープの走行

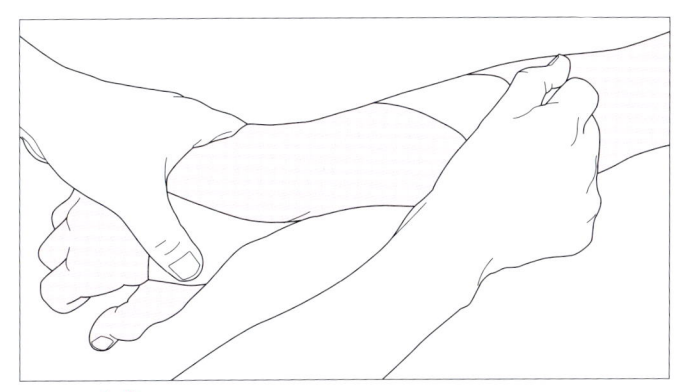

図40　完成

2. 三角線維軟骨複合体（TFCC）損傷

テーピング技法 35 パッドを利用した手関節尺屈制動

肢 位	前腕中間位，手関節掌背屈中間位・橈尺屈中間位，手指屈曲位
テープ	非伸縮性　幅：5cm　長さ：10〜12cm
方 法	手関節尺屈を制動するのに十分な幅をもたせたパッドを伸縮性テープを折って作成する（図41）．手関節尺側にパッドを当て（図42），非伸縮性テープで固定する（図43）．
注意点	●パッドをしっかり固定する． ●貼付後に手の握る・開くといった運動を10回程度行い，うっ血しないか確認する． ●循環障害に注意し，しびれや感覚障害が認められれば，巻き直す．
効果検証	●パッドが動かないか確認する． ●手関節尺屈にて症状の軽減を確認する．

ワンポイントアドバイス

パッドの大きさや固定位置を変えることで，手関節の他の運動も制動できる．
例：パッドを背側に固定→背屈制動
　　パッドを掌側に固定→掌側制動

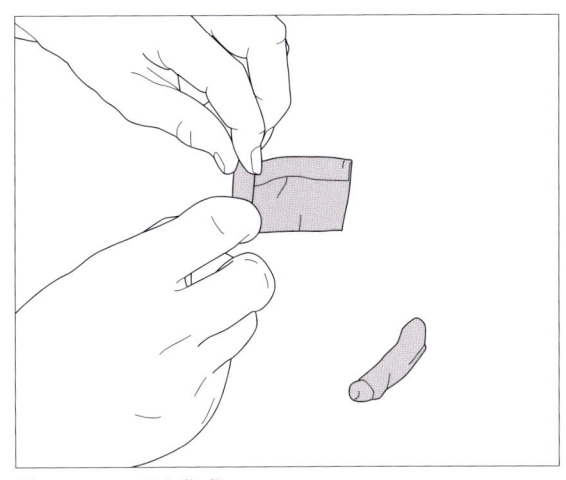

図41　パッドを作成

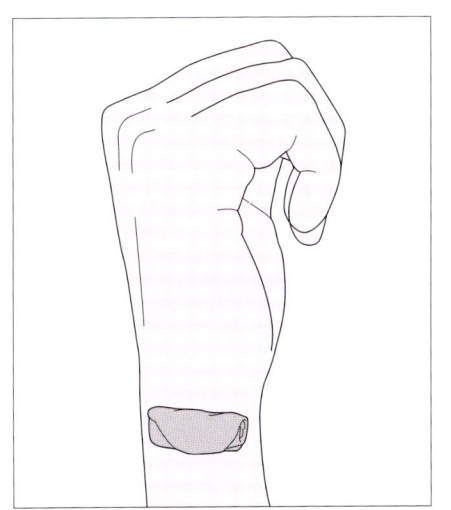

図42　手関節尺側にパッドを当てる

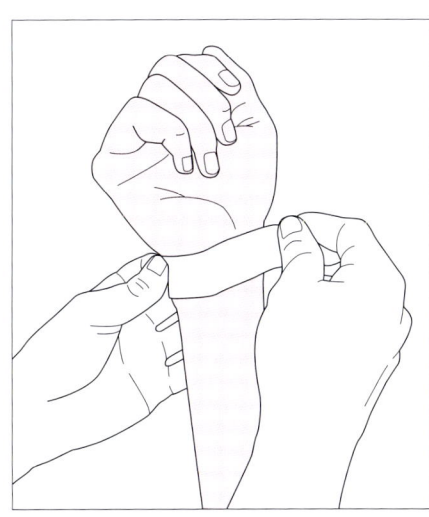

図43　完成

2. 三角線維軟骨複合体（TFCC）損傷

第Ⅲ章
膝関節・腰部・骨盤帯

① 膝関節・大腿部の外傷・障害における評価とテーピング

1 膝関節伸展機構の腱付着部障害

病　態
- 膝蓋腱障害（ジャンパー膝）：膝蓋腱への伸張負荷（図1）の繰り返しにより生じた微小断裂の結果として起こる膝蓋腱の炎症と変性である．ジャンプ系競技以外の選手にも発症する．
- オスグッド・シュラッター病：成長期にジャンプやキックなどの動作の繰り返しにより，脛骨粗面の軟突起が膝蓋腱によって過度に牽引されることが原因で生じる骨軟骨障害．

疼痛部位　ジャンプ，スクワットなど膝屈曲位での荷重時，キック動作など大腿四頭筋の収縮時に以下の部位に疼痛を生じる（図2）．
① 大腿四頭筋付着部である膝蓋腱
② 膝蓋腱の付着部である脛骨粗面

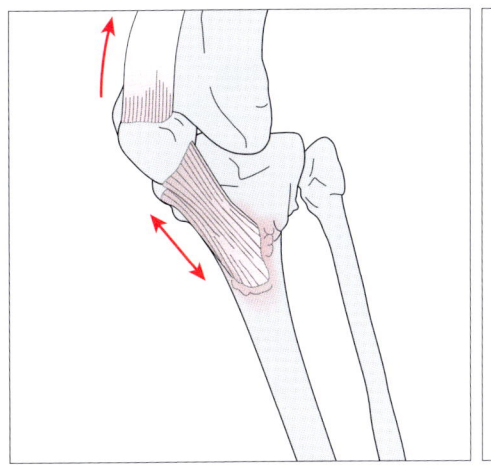

図1　ジャンプ姿勢における膝蓋腱への伸張負荷

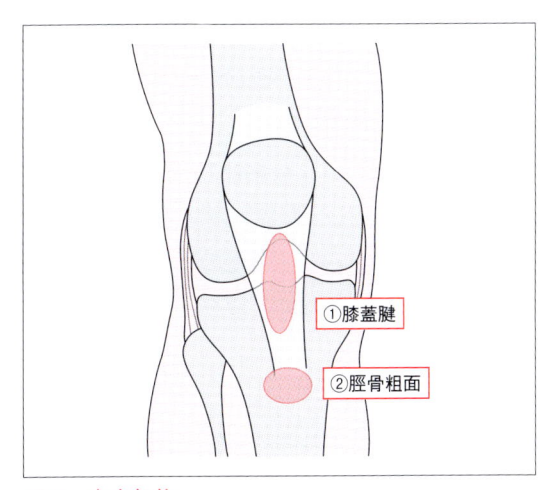

図2　疼痛部位
①膝蓋腱
②脛骨粗面

膝蓋骨の誘導・膝蓋腱圧迫による評価

評価方法　[膝蓋骨の誘導]

患側下肢を一歩前に出して荷重させ，疼痛が生じる膝屈曲角度を確認する．その後，一度力を抜かせて，屈曲角度をやや減じた状態で膝蓋骨を①〜⑤の各方向へ誘導しながら再度荷重させ，疼痛が軽減するか評価する．

①下方への誘導（図3）：大腿四頭筋の収縮による膝蓋腱の牽引力を軽減する．

②内側への誘導（図4）：膝蓋大腿関節の適合性を高める．

③外旋の誘導（図5）：膝蓋骨の前額面上の外旋運動を誘導し，膝蓋大腿関節の生理的な運動を促す．

④内側傾斜の誘導（図6）：膝蓋骨の内側を背側に押しこむことによって内側への傾斜を促し，膝蓋大腿関節の生理的な運動を誘導する．

⑤下方傾斜の誘導（図7）：膝蓋骨の下極を背側に押しこむことによって，膝蓋骨の下方への傾斜と滑りを促し，膝蓋腱への牽引力を軽減する．

[膝蓋腱の圧迫]（図8，9）

患側下肢を前脚とした前後開脚立位（以下，前後開脚立位）で，前脚に荷重させて疼痛が出現する角度を確認する．この角度よりやや浅い角度でいったん力を抜かせて膝蓋腱を圧迫し，再度荷重したときに疼痛が軽減するか評価する．

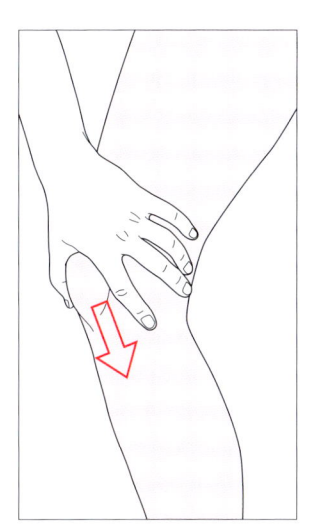

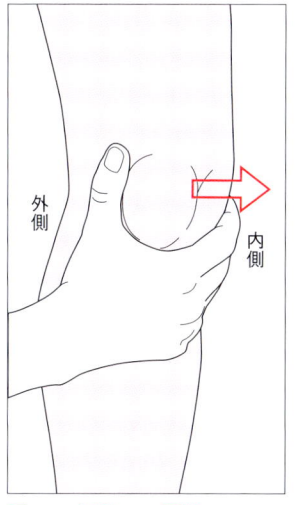

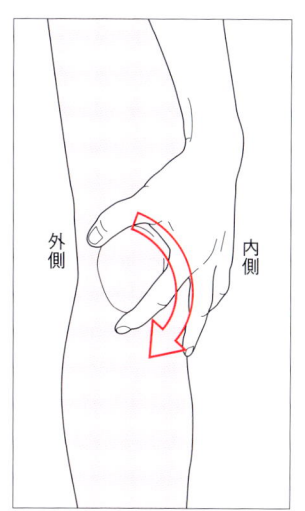

図3 下方への誘導

図4 内側への誘導

外側 / 内側

図5 外旋の誘導

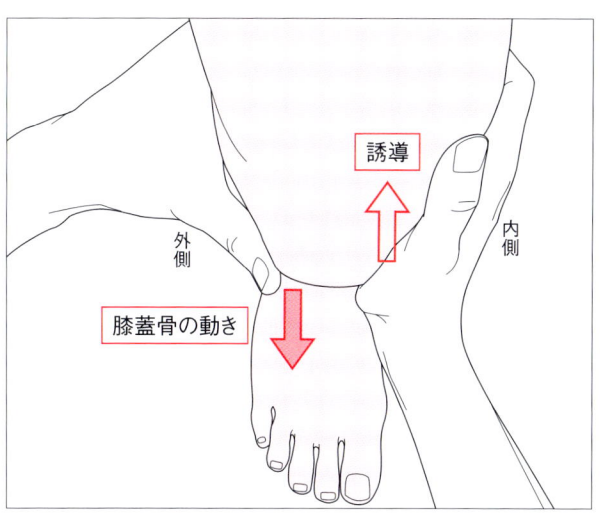

外側 / 内側

図6 内側傾斜の誘導

外側 / 内側
誘導
膝蓋骨の動き

1. 膝関節伸展機構の腱付着部障害

評価結果　［膝蓋骨の誘導］

　　　　　①下方への誘導にて疼痛軽減→選択テープ 🏷36

　　　　　②内側への誘導にて疼痛軽減→選択テープ 🏷37

　　　　　③外旋の誘導にて疼痛軽減→選択テープ 🏷38

　　　　　④内側傾斜の誘導にて疼痛軽減→選択テープ 🏷39

　　　　　⑤下方傾斜の誘導にて疼痛軽減→選択テープ 🏷40

　　　　　［膝蓋腱の圧迫］

　　　　　膝蓋腱の圧迫にて疼痛軽減→選択テープ 🏷41

選択テープ　🏷36　膝蓋骨の下方誘導（➡ p.150）

　　　　　🏷37　膝蓋骨の内側誘導（➡ p.152）

　　　　　🏷38　膝蓋骨の外旋誘導（➡ p.154）

　　　　　🏷39　膝蓋骨の内側傾斜誘導（➡ p.156）

　　　　　🏷40　膝蓋骨の下方傾斜誘導（➡ p.158）

　　　　　🏷41　膝蓋腱の圧迫（➡ p.160）

👉 ワンポイントアドバイス

- ①〜⑤の膝蓋骨の運動は非荷重位でも低下していることが多い．荷重位の評価と組み合わせることによって評価の信頼性が高まる．
- ジャンプやストップ動作でのみ疼痛が誘発され，徒手による評価が困難な場合は後述するテーピングを直接貼って疼痛が軽減するか評価する．

膝蓋骨の動き

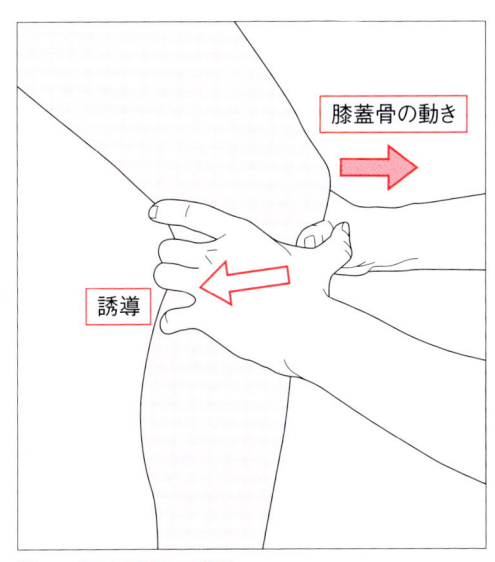

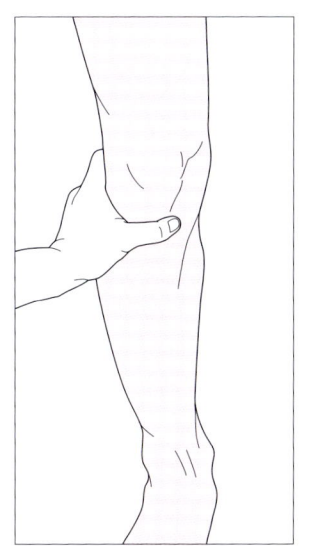

誘導

図7　下方傾斜の誘導

図8　膝蓋腱の圧迫

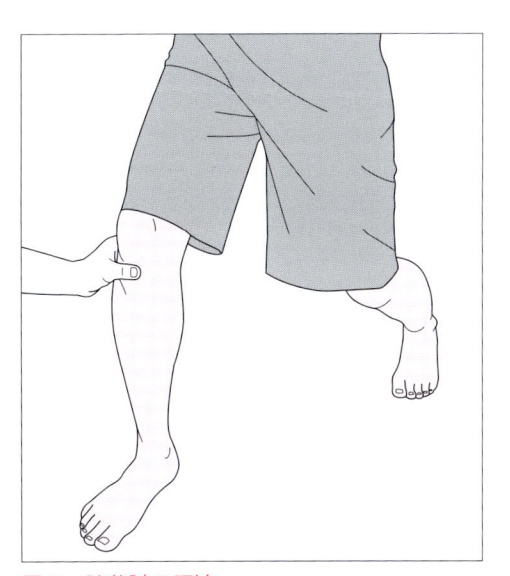

図9　膝蓋腱の圧迫

1. 膝関節伸展機構の腱付着部障害

テーピング技法 36　膝蓋骨の下方誘導

肢位	前後開脚立位 ※疼痛が出現する角度よりも屈曲角度をやや小さくする．膝蓋骨を操作する際は，後脚に荷重させ，力を抜かせる．同様の屈曲角度とした端座位で実施してもよい．
テープ	伸縮性　Y字型　幅：7.5cm　長さ：20cm（5cmはスプリットしておく）
方法	大腿部遠位中央から膝蓋骨直上までテープを貼付する（図10）．テープの上から膝蓋骨を下方へ誘導しつつスプリットした部分を引っ張りながら（図11）内側と外側に貼付する（図12）．
効果検証	●評価の際で生じた疼痛が軽減するか確認する． ●スクワット動作を行い，テープの伸張感と定着性を確認する．

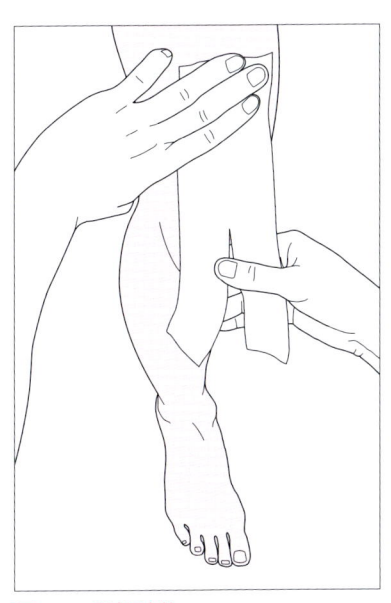

図10 開始肢位

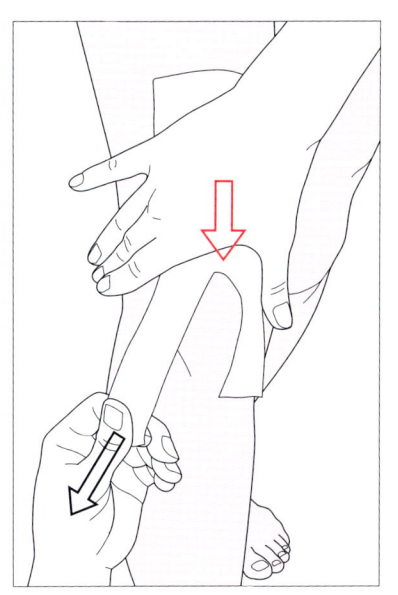

図11 膝蓋骨の下方誘導とテープの走行

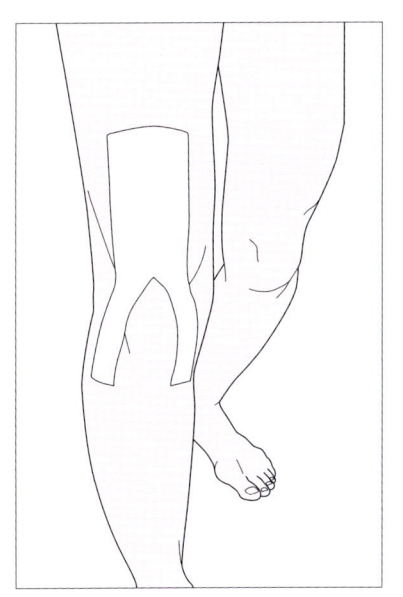

図12 完成

1. 膝関節伸展機構の腱付着部障害

テーピング技法 37 膝蓋骨の内側誘導

肢位	背臥位 ※膝関節の下に枕を入れてリラックスさせる.
テープ	伸縮性　幅：5cm　長さ：10cm
方法	膝蓋骨の外側縁から開始する（図13）．テープの上から膝蓋骨を内側に誘導した状態で，テープを強く引っ張りながら膝関節軸の直上を通過させ（図14），大腿骨内側顆に貼付する[1]（図15，16）．
効果検証	●評価の際で生じた疼痛が軽減するか確認する． ●スクワット動作を行い，テープの伸張感と定着性を確認する．

ワンポイントアドバイス

- 膝周囲の力が抜けず膝蓋骨が誘導しにくい場合は，膝関節を伸展位として行う．
- 膝蓋骨を過度に圧迫しないように，膝関節の後方ではなく内側にテープを引っ張ることが重要である（図14）．
- さらに強く内側に誘導し，膝蓋骨の外側移動を制動したい場合は後述の 56 膝蓋骨の外側不安定性制動（→p.214）を使用する．

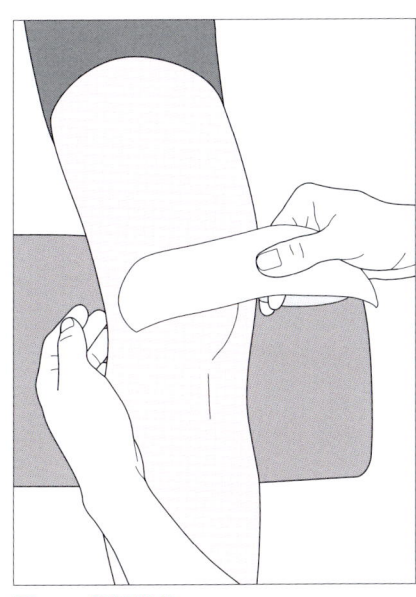

図13 開始肢位

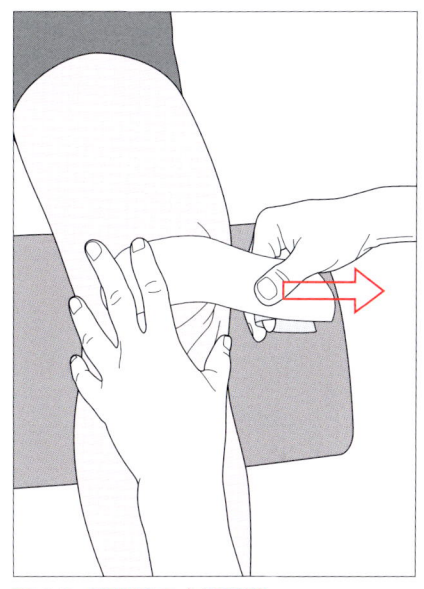

図14 膝蓋骨の内側誘導

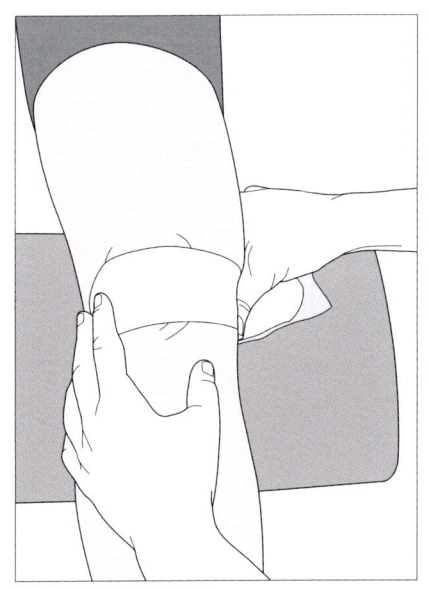

図15 テープの貼付部位

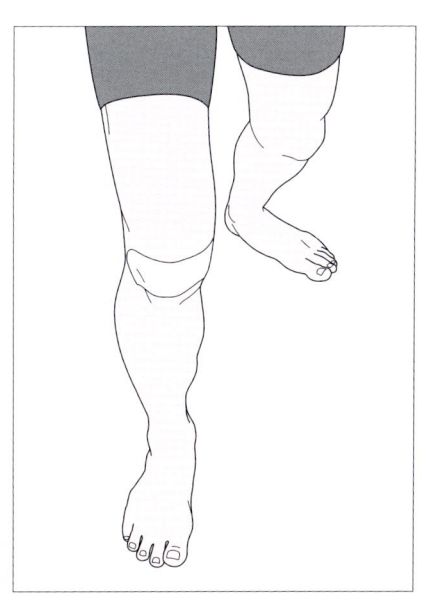

図16 完成

Ⅲ 膝関節・腰部・骨盤帯

1. 膝関節伸展機構の腱付着部障害　●　153

テーピング技法 38　膝蓋骨の外旋誘導

肢　位	端座位 ※荷重位で疼痛が出現する膝関節屈曲角度よりやや小さい屈曲角度とする．
テープ	伸縮性　幅：5cm　長さ：10cm
方　法	膝蓋骨下端を内側から包み込むようにテープを貼付する．膝蓋骨を外旋方向へ誘導しながら，テープを強く引っ張りながら膝関節軸の直上（図中○）を通過させ（図17），大腿骨外側顆に貼付する（図18，19）．
効果検証	●評価の際で生じた疼痛が軽減するか確認する． ●スクワット動作を行い，テープの伸張感と定着性を確認する．

ワンポイントアドバイス

　大腿筋膜張筋や腸脛靱帯の緊張が高い場合，膝蓋骨が内旋，外側傾斜していることが多い．このような場合，テーピング技法 39 膝蓋骨の内側傾斜誘導（→p.156）と組み合わせて使用することが多い．

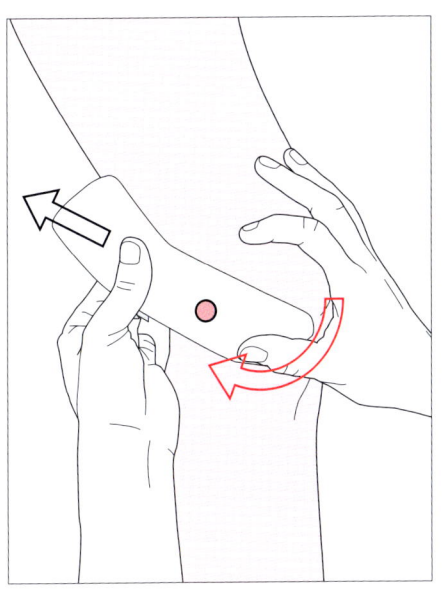

図17 膝蓋骨の外旋誘導

図19 完成

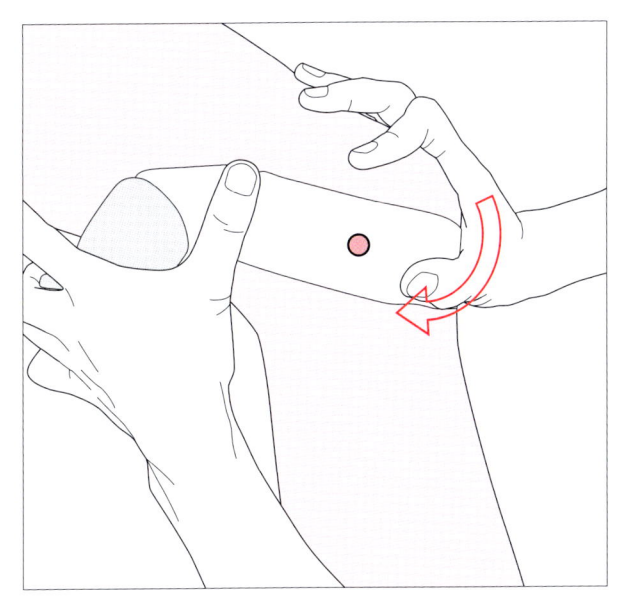

図18 テープの走行と貼付部位

1. 膝関節伸展機構の腱付着部障害

テーピング技法 39 膝蓋骨の内側傾斜誘導

肢位	背臥位 ※膝関節の下に枕を入れて屈曲位とする.
テープ	伸縮性　幅：5cm　長さ：10cm
方法	膝蓋骨内側から開始する（図20）．テープの上から膝蓋骨を内側に傾斜させ，テープを強く引っ張りながら膝関節軸の直上を通過し（図21），大腿骨内側顆後方に貼付する[1]（図22, 23）.
効果検証	●評価の際で生じた疼痛が軽減するか確認する. ●膝関節の屈曲に伴って膝蓋骨が内側に傾斜する感覚があるか確認する. ●スクワット動作を行い，テープの伸張感と定着性を確認する.

ワンポイントアドバイス

　大腿筋膜張筋や腸脛靱帯の緊張が高い場合，膝蓋骨が内旋，外側傾斜していることが多い．このような場合，テーピング技法 38 膝蓋骨の外旋誘導（→ p.154）と組み合わせて使用することが多い．

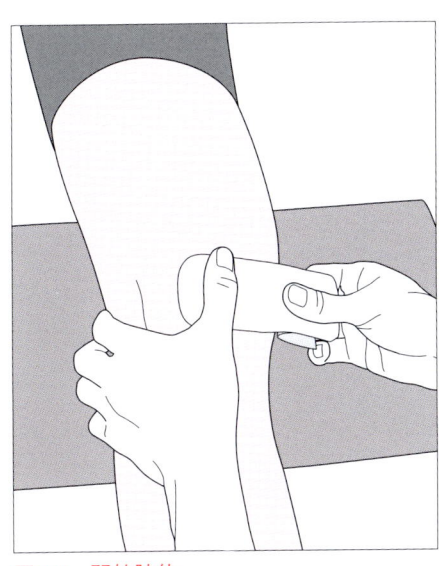

図20　開始肢位

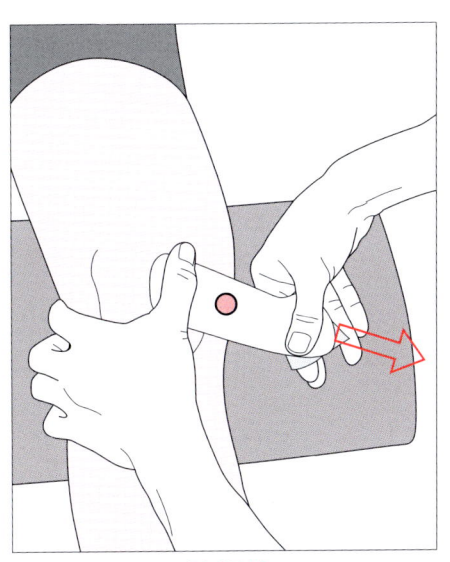

図21　膝蓋骨の内側傾斜

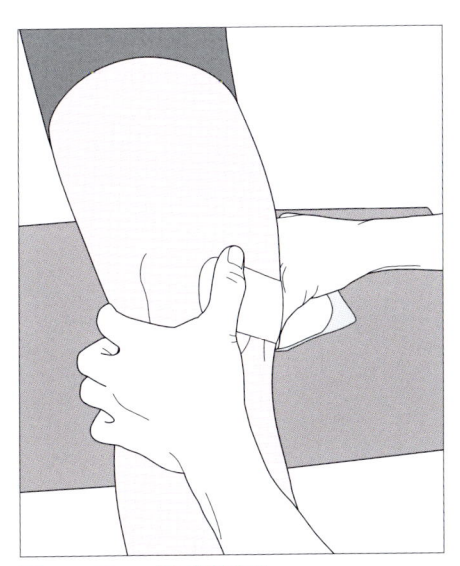

図22　テープの貼付部位

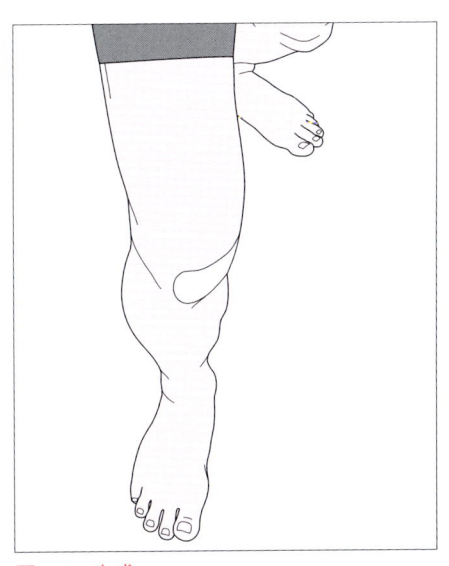

図23　完成

1. 膝関節伸展機構の腱付着部障害

テーピング技法 40 膝蓋骨の下方傾斜誘導

肢 位	端座位 ※荷重位で疼痛が出現する膝関節屈曲角度よりやや小さい屈曲角度とする．
テープ	伸縮性　幅：5cm　長さ：15cm
方 法	膝蓋骨中央から下端に沿ってテープを当てる（図24）．テープの上から膝蓋骨を下方に傾斜させ，テープを強く引っ張りながら膝関節軸（図中○）の直上を通過し（図25），大腿骨の顆部に貼付する（図26，27）．
効果検証	●評価の際で生じた疼痛が軽減するか確認する． ●膝関節の屈曲に伴って膝蓋骨が下方に押される（滑り込む）感覚があるか確認する． ●スクワット動作を行い，テープの張り具合と定着性を確認する．

ワンポイントアドバイス

テープの位置が下がりすぎると，膝蓋骨の運動を阻害するため注意する．

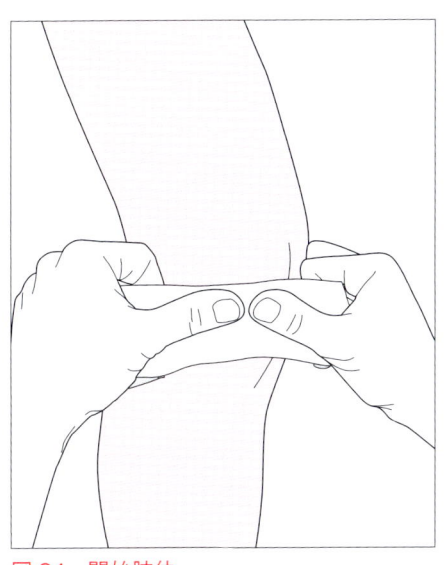

図24　開始肢位

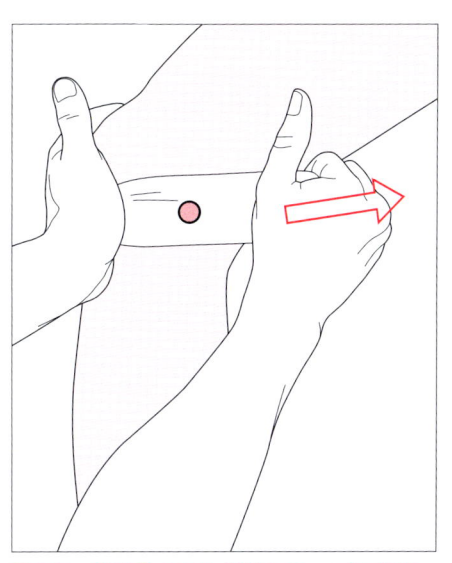

図25　膝蓋骨の下方傾斜とテープの走行

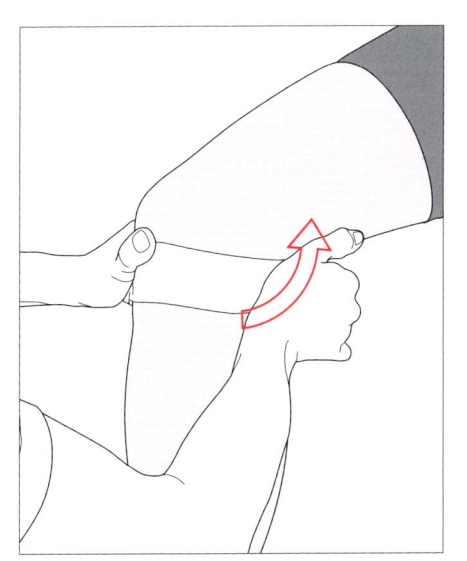

図26　テープの貼付部位

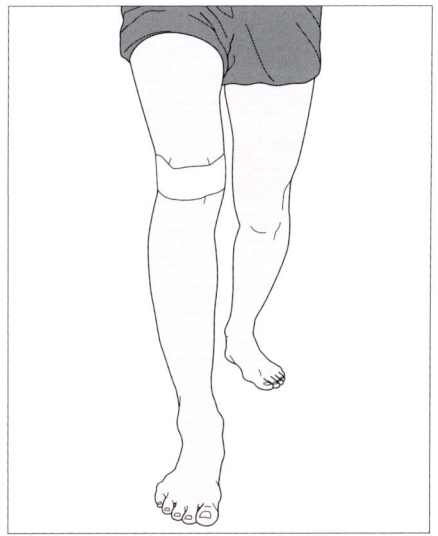

図27　完成

1. 膝関節伸展機構の腱付着部障害

テーピング技法 41 膝蓋腱の圧迫

肢 位	端座位 ※下腿を下垂させ，大腿四頭筋を弛緩させておく．
テープ	伸縮性　幅：5cm　長さ：10cm
方 法	テープの両端を持ち，中央部を膝蓋腱に当て，両方向に強く引っ張りながら強く圧迫し（図28），膝関節軸（図中○）の下方を通過しながら大腿骨の顆部まで引っ張ったまま貼付する（図29，30）．
効果検証	●評価の際で生じた疼痛が軽減するか確認する． ●膝関節の屈曲に伴って膝蓋腱が圧迫される感覚があるか確認する． ●スクワット動作を行い，テープの伸張感と定着性を確認する．

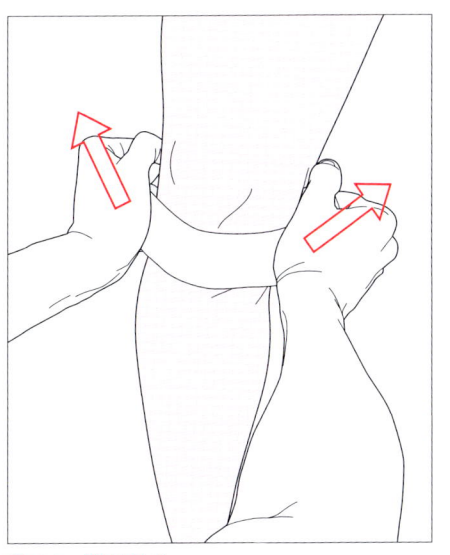

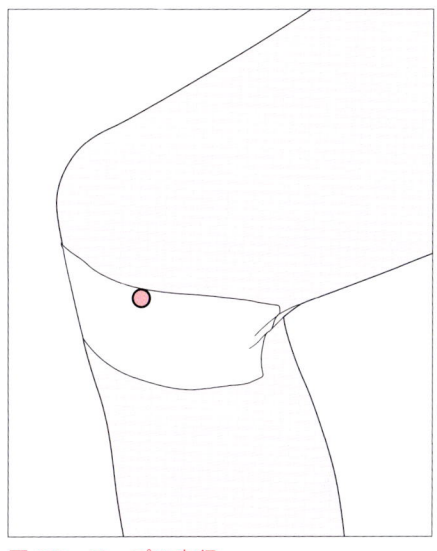

図28　開始肢位

図29　テープの走行

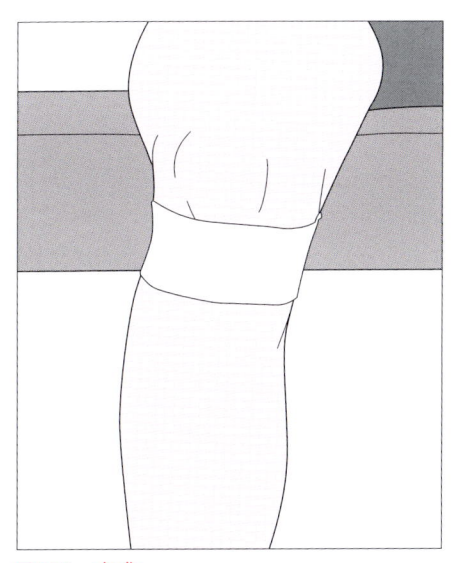

図30　完成

1. 膝関節伸展機構の腱付着部障害

① 膝関節・大腿部の外傷・障害における評価とテーピング

2 膝蓋下脂肪体の炎症とインピンジメント

病　態　膝蓋下脂肪体が膝蓋骨と大腿骨顆の間に挟まれる状態（図1）である．膝蓋下脂肪体は，膝関節術後の炎症の遷延などにより増殖する[2]．

疼痛部位　膝蓋骨の下方から脛骨大腿関節前面に疼痛を生じる．膝関節伸展あるいは他動的な伸展強制により疼痛が誘発される．荷重位では立位保持や歩行の立脚後期，階段昇降時など，膝伸展位での支持により疼痛が誘発される．

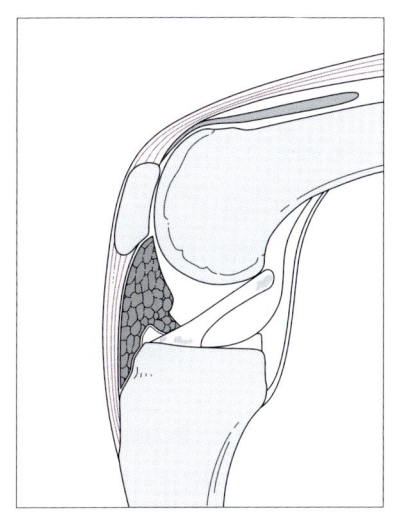

図1　膝蓋下脂肪体

膝蓋下脂肪体の圧痛確認と軟部組織の上方誘導による評価

評価方法
- 膝蓋下脂肪体の圧痛確認：膝蓋腱部を膝伸展位で圧迫すると疼痛が誘発されるが，屈曲位では疼痛が消失する場合，膝蓋下脂肪体に原因がある可能性が高い．膝関節屈曲位では顆間窩に脂肪体がよけられるためである[2]．
- 膝関節の完全伸展による疼痛の確認：背臥位で他動的に膝関節を完全伸展すると膝前方に疼痛を生じる場合，膝蓋下脂肪体のインピンジメントが疑われる．
- 膝蓋下の軟部組織の上方誘導：背臥位で膝蓋骨と膝蓋下の軟部組織を引き上げながら伸展させると疼痛が軽減するか評価する（図2）．同様に，立位で膝蓋下の軟部組織を引き上げた状態で反対側の下肢を挙上させる．膝伸展位を保持させるため，大腿部は後方から支持しておく．誘導により疼痛が軽減し，誘導がなければ疼痛が出現することを確認する（図3）．

評価結果 誘導による疼痛の軽減が認められれば以下のテープを選択する．

選択テープ 42 膝蓋下脂肪体の上方誘導（→ p.166）

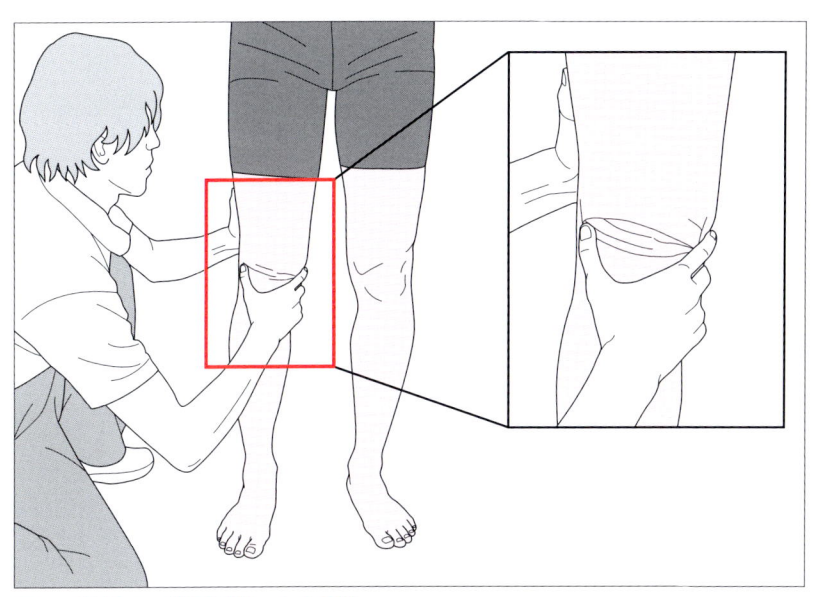

図2　膝蓋下の軟部組織の上方誘導

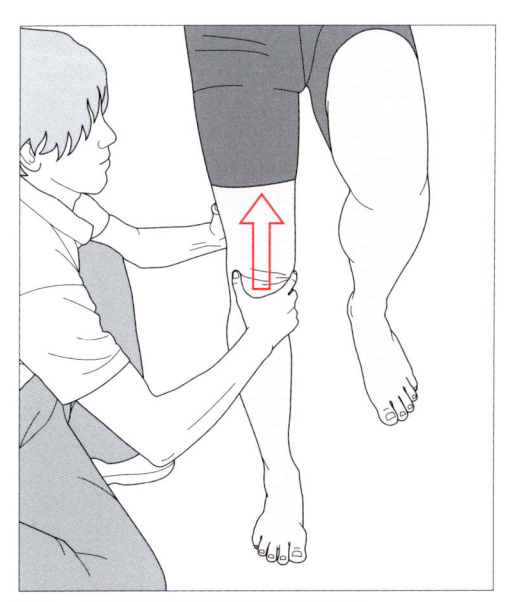

図3　対側下肢の挙上を加えた評価

2. 膝蓋下脂肪体の炎症とインピンジメント

テーピング技法 42 膝蓋下脂肪体の上方誘導

肢位	長座位もしくは背臥位 ※膝の下に枕をおき大腿四頭筋を弛緩させておく．端座位でも実施できるが，座面を高くして膝関節を軽度屈曲位とする．
テープ	伸縮性　幅：5cm　長さ：10cm
方法	テープの両端を持ち，膝蓋骨下方の軟部組織を引き上げるように，テープの中央部を大腿骨に向かって強く圧迫し貼付する（図4）．テープの上から軟部組織を上方に引き上げながら，一方のテープを強く引っ張りながら，膝関節軸（図5○）のわずかに上方を通過させるように，大腿骨の顆部に貼付する（図5）．持ち手を替えて反対側も同様に行う（図6, 7）．
効果検証	●評価の際で生じた疼痛が軽減するか確認する． ●膝関節の伸展に伴って膝蓋骨下方の軟部組織が上方に引き上げられる感覚があるか確認する．

ワンポイントアドバイス

膝関節軸の上方を通過させすぎると，膝関節の伸展時にテープが剥がれやすくなるため注意する．

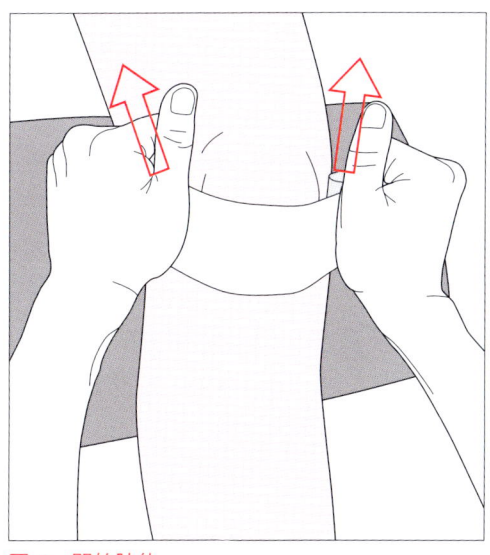

図4　開始肢位

図6　テープの走行

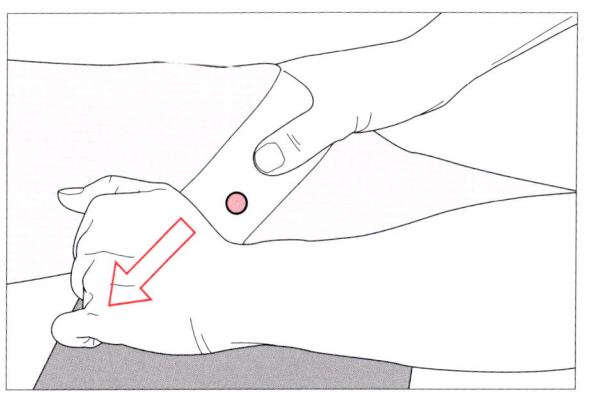

図5　テープの貼付部位

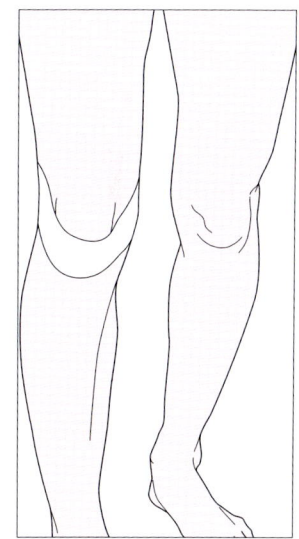

図7　完成

2. 膝蓋下脂肪体の炎症とインピンジメント ● 167

① 膝関節・大腿部の外傷・障害における評価とテーピング

3 鵞足炎

病　態　鵞足は縫工筋，薄筋，半腱様筋の腱が一体化して脛骨に停止する部分であり，鵞足と骨膜の間には鵞足包が存在する（図1）．スポーツ活動中に，膝が過度に内側に入って下腿が外旋し，体幹の側屈や膝が外方変位する動作が繰り返されると（図2, 3），鵞足および鵞足包に伸張負荷や機械的摩擦が加わり炎症を生じる．

疼痛部位　鵞足部に限局性の圧痛と腫脹を呈する．荷重下での膝屈曲位においては，膝の内側移動（外反，外旋）と疼痛を認める．

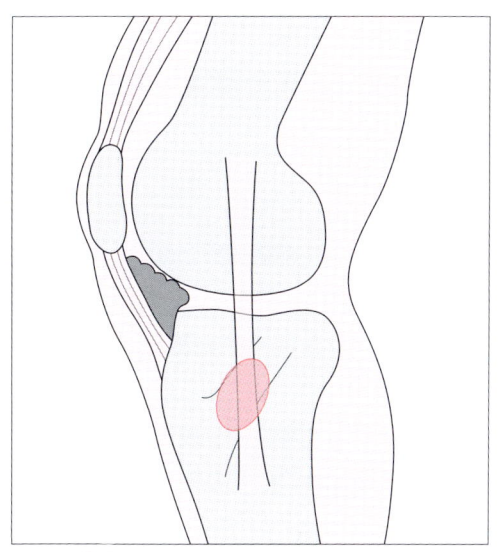

図1 鵞足

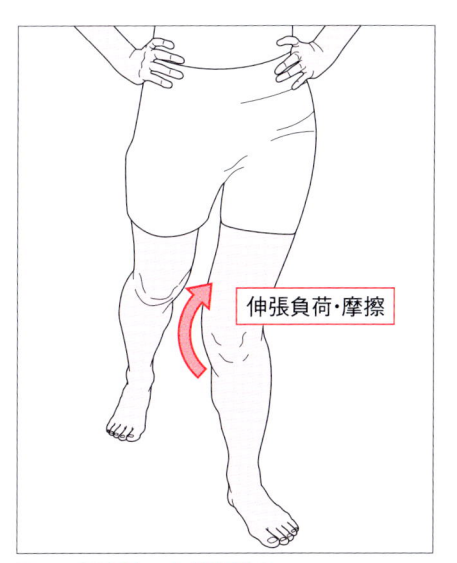

図2 膝関節の内側移動とストレス

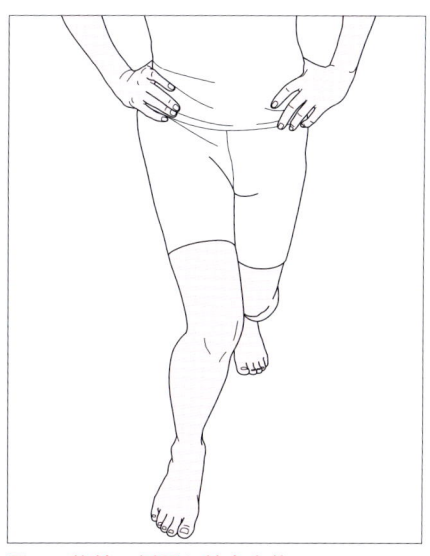

伸張負荷・摩擦

図3 体幹の側屈と外方変位

3. 鵞足炎

膝関節肢位を変えた荷重下での疼痛評価

評価方法 患側下肢を前脚とした前後開脚立位で，前脚に荷重させる際に膝関節の内・外反および内・外旋を変えて疼痛の増減を確認する（図4，5）．体幹部のアライメント（正中位か否か）を観察する．

評価結果 膝関節の外反・外旋誘導により疼痛が誘発され，内反・内旋誘導により疼痛が軽減する場合に以下のテープを選択する．

選択テープ テーピング技法 **43** 膝関節内旋誘導（➡ p.172）と テーピング技法 **44** 膝関節内反誘導（➡ p.174）

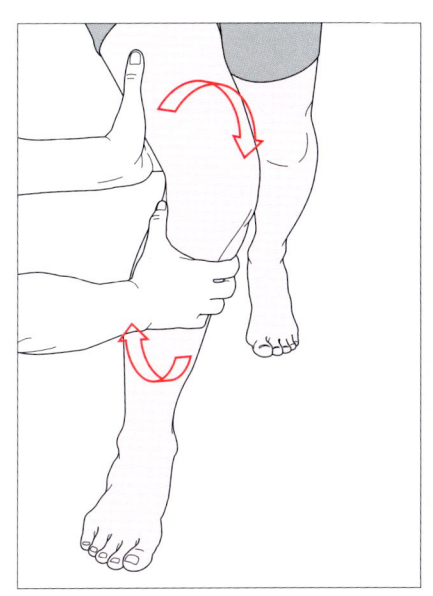

図4　膝関節の外反・外旋誘導

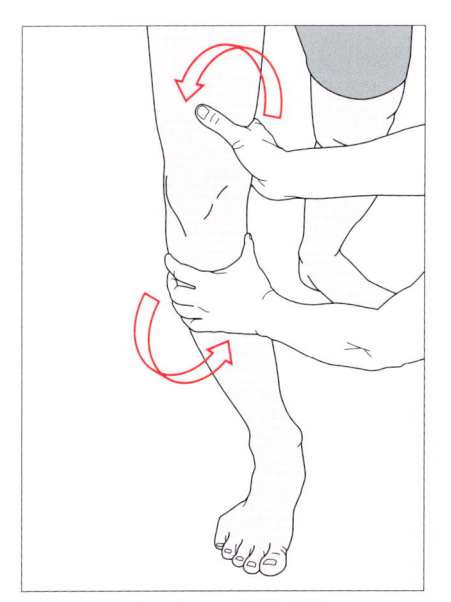

図5　膝関節の内反・内旋誘導

テーピング技法 43 膝関節内旋誘導

肢位	前後開脚立位 ※足部を内転位，膝関節を内反・内旋位とした肢位とする．
テープ	伸縮性　幅：5cm　長さ：40〜50cm
方法	脛骨粗面の外側から開始し（図6），テープを強く引っ張りながら膝関節軸（図7○）の下方かつ後方を通過させ，大腿骨内側顆に貼付する（図7）．その後，膝窩部のわずかに上方を通過して（図8）大腿骨前面までテープを貼付する（図9）．
効果検証	● 荷重位で膝関節を外反，外旋した際に，膝関節の内側から下腿にかけて引っ張られる感覚があり，下腿の外旋が制動されて疼痛が軽減することを確認する． ● 膝関節を伸展し，制限がないことを確認する．

👉 ワンポイントアドバイス

膝窩部を強く圧迫すると循環障害を生じる可能性があるためテープの走行と伸張感に注意する．

図6 開始肢位

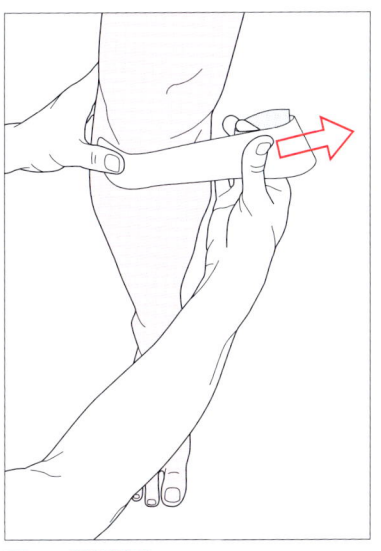

図7 テープの走行と貼付部位

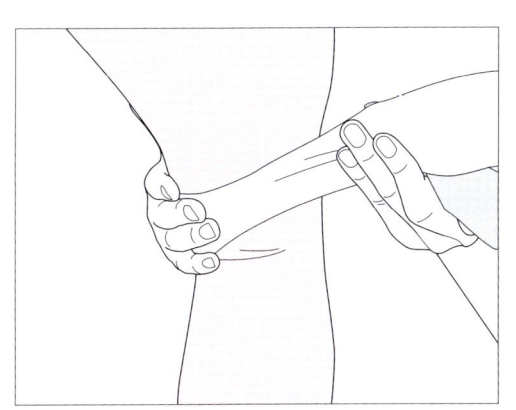

図8 テープの走行(膝窩部)

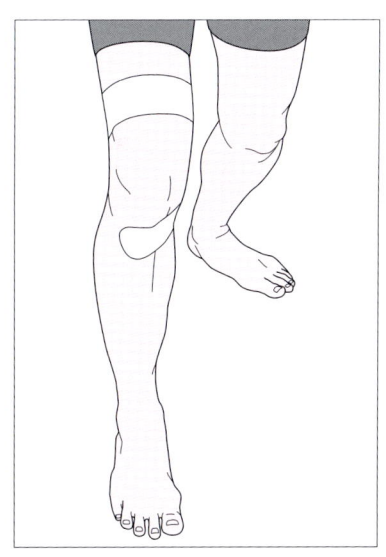

図9 完成

3. 鵞足炎

テーピング技法 44 膝関節内反誘導

肢　位	前後開脚立位 ※足部をやや内反位として，膝関節の内反と内旋を誘導した状態とする．
テープ	伸縮性　3本　幅：5cm　長さ：20cm
方　法	下腿の内側前方からテープを開始する．最大限に引っ張りながら膝関節の内側裂隙を通過し，大腿骨顆部の上面に貼付し（図10），残りのテープは引っ張らずに大腿部へ貼付する．次に，1本目のテープと交差してX字になるように，脛骨内側後方から同様の方法で大腿骨顆部前方へテープを貼付する（図11）．さらにX字の中央を通るように3本目のテープを貼付する（図12）．いずれのテープも膝関節軸の中央，あるいはそのわずかに後方を通過させる（図13）．
効果検証	●荷重位で膝関節を外反，外旋した際に膝関節の内側に張る感覚があり，膝関節の外反が制動されることを確認する． ●膝関節を伸展し，内側に適度な伸張感があることを確認する．

☝ ワンポイントアドバイス

固定性をさらに高めたい場合は，生地の厚いテープを使用するとよい（テーピング技法 54　膝関節外反・外旋の制動（➡ p.206））．

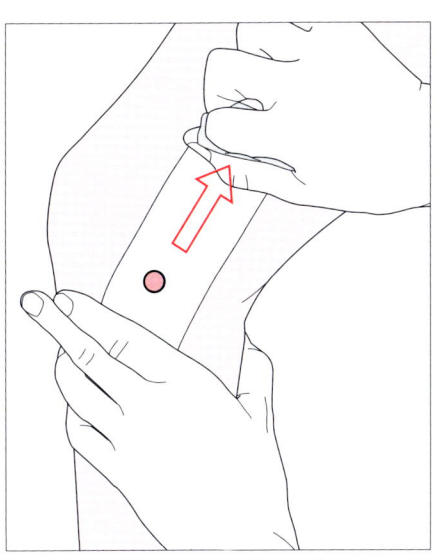

図10　開始肢位とテープの走行

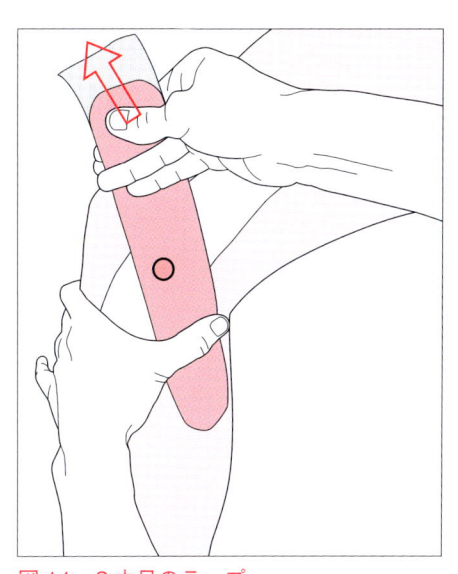

図11　2本目のテープ

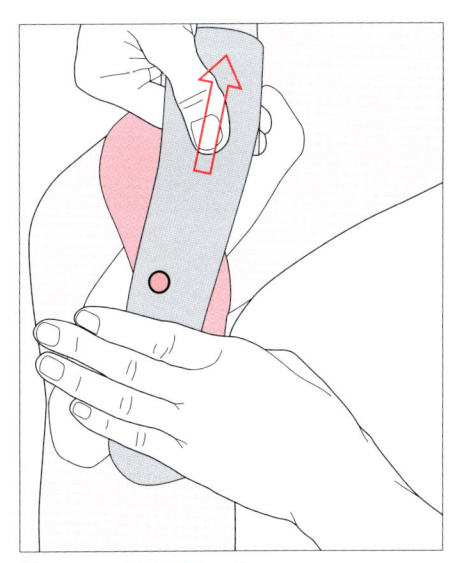

図12　3本目のテープ

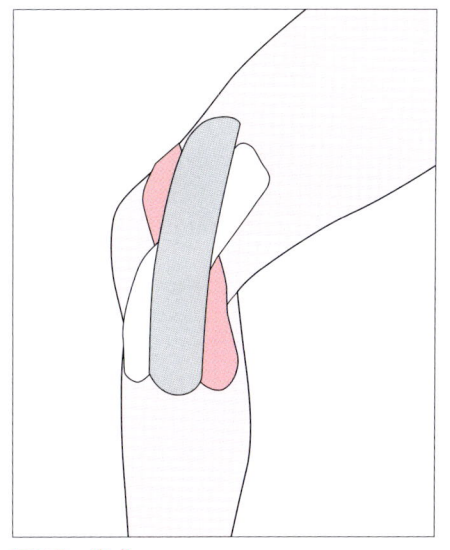

図13　完成

3. 鵞足炎

III　膝関節・腰部・骨盤帯

鵞足部痛のトリガー筋鑑別テストと筋スパズムの評価

評価方法　鵞足を構成する各筋個別の伸張肢位をとり，疼痛の有無を確認する[3]．
①縫工筋テスト（図14）：被験者を側臥位とし下方の脚を屈曲することで，骨盤を後傾位に保持する．上方脚の股関節を伸展，内転し最後に膝関節を伸展することにより縫工筋を伸張する．
②半腱様筋テスト（図15）：被験者を背臥位とし，股関節を屈曲，内転位とする．ここで膝関節を伸展させ，半腱様筋を伸張する．
③薄筋テスト（図16）：被験者を背臥位とし股関節を伸展位のまま最大に外転する．ここで膝関節を伸展させ，薄筋を伸張する．

評価結果　①〜③のテストにおいて鵞足部の疼痛が誘発されれば陽性とし，鵞足部の疼痛に関わっていると判断し，テスト陽性筋に対して筋サポートテープを処方する．
①陽性→選択テープ **45**
②陽性→選択テープ **46**
③陽性→選択テープ **47**

選択テープ
45 縫工筋のアシスト（→ p.178）
46 半腱様筋のアシスト（→ p.180）
47 薄筋のアシスト（→ p.182）

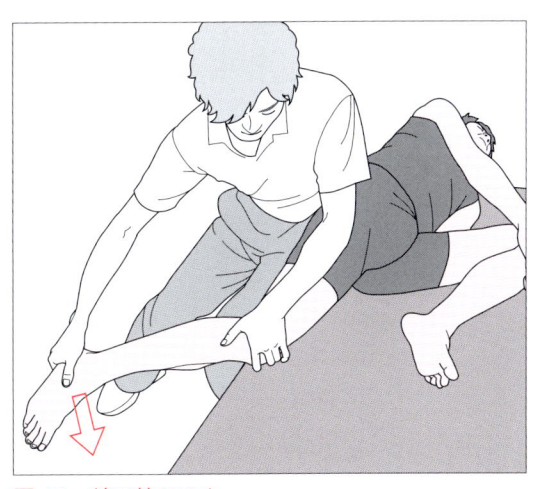

図 14　縫工筋テスト

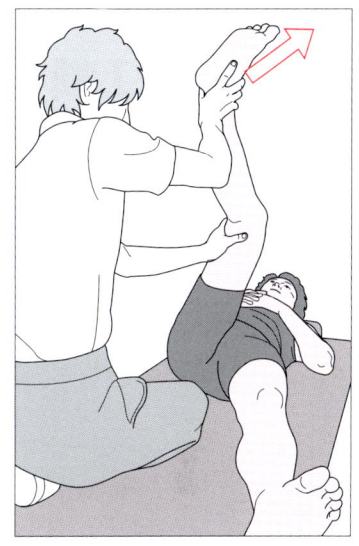

図 15　半腱様筋テスト

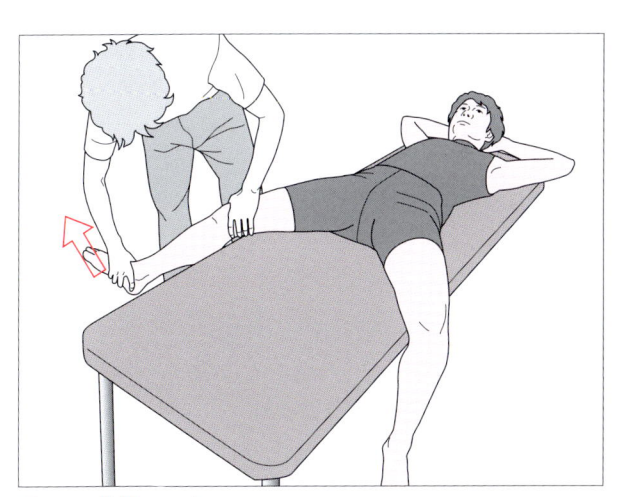

図 16　薄筋テスト

3. 鵞足炎　●　177

テーピング技法 45 縫工筋のアシスト

肢　位	患側下肢を下にした側臥位 ※枕を使用して股関節を内転位とする．
テープ	伸縮性　幅：5cm　長さ：50cm
方　法	鵞足からテープを開始し（図 17），テープを最大限引っ張り，大腿骨内側顆に貼付する（図 18）．その後はテープを引っ張らずに縫工筋の走行に沿って上前腸骨棘まで貼付する（図 19, 20）．
効果検証	●縫工筋テスト（→ p.176）において疼痛が軽減するか確認する． ●荷重位で膝関節を外反，外旋した際，鵞足部にテープの張る感覚があり，かつ疼痛が軽減するか確認する．

図 17　開始肢位

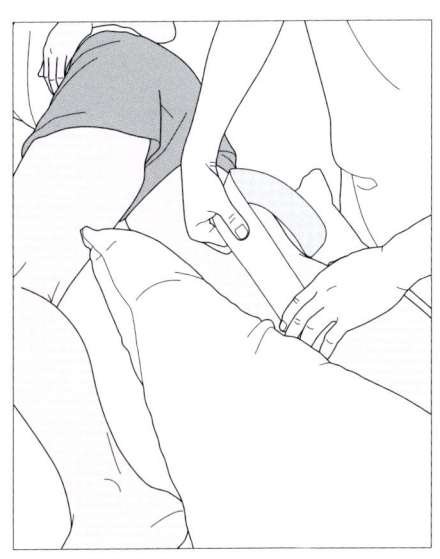

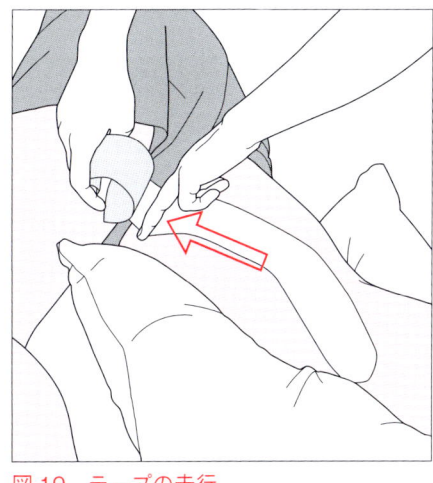

図 19　テープの走行

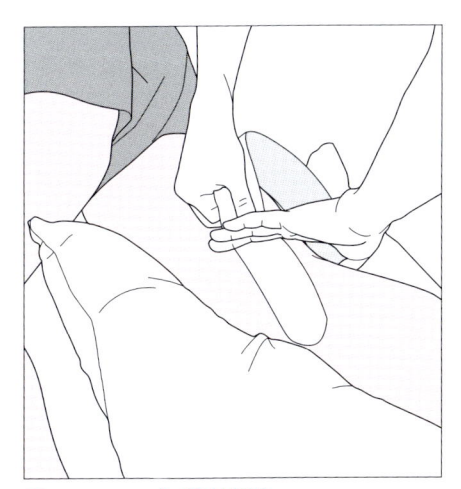

図 18　テープの貼付部位

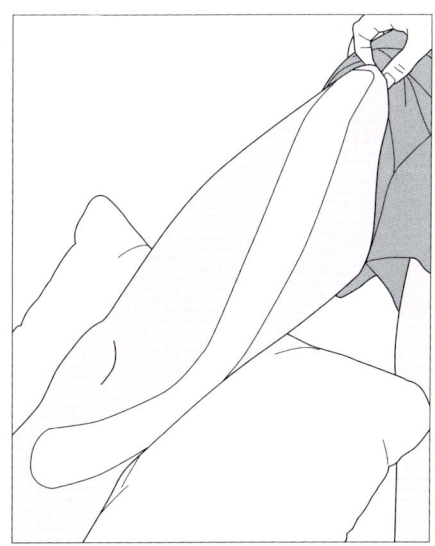

図 20　完成

Ⅲ　膝関節・腰部・骨盤帯

3. 鵞足炎

テーピング技法 46 半腱様筋のアシスト

肢　位	両手を前方につき，骨盤と体幹を前傾させる．両膝を伸展位に保った立位（図21）
テープ	伸縮性　幅：5cm　長さ：50cm
方　法	鵞足からテープを開始し（図22），テープを最大限に引っ張り，大腿骨内側顆後方に貼付する（図23）．その後はテープを引っ張らずにハムストリングスの走行に沿って坐骨まで貼付する（図24，25）．
効果検証	●半腱様筋テスト（→p.176）において疼痛が軽減するか確認する． ●荷重位で膝関節を外反，外旋した際，鵞足部にテープの張る感覚があり，かつ疼痛が軽減するか確認する．

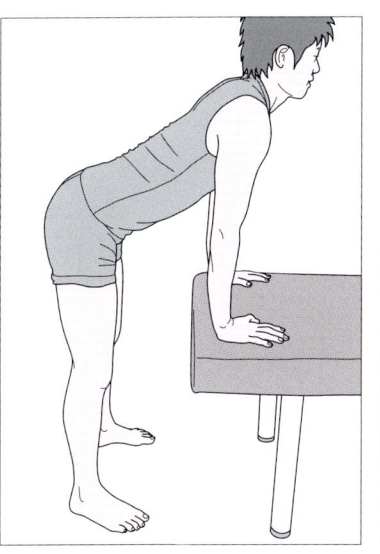

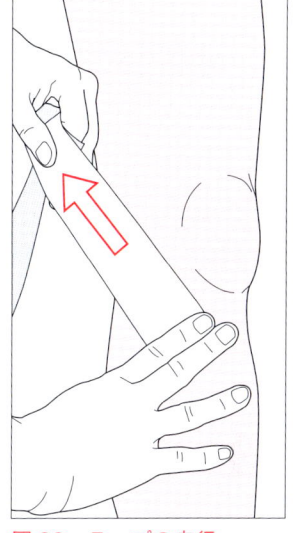

図21　開始肢位

図22　テープの走行

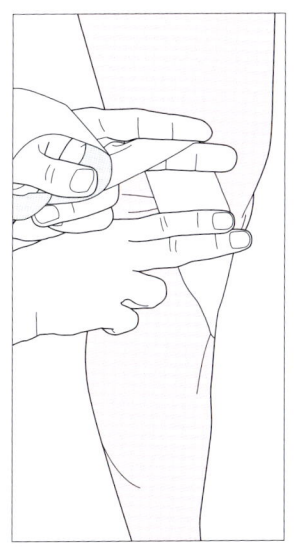

図23　テープの貼付部位

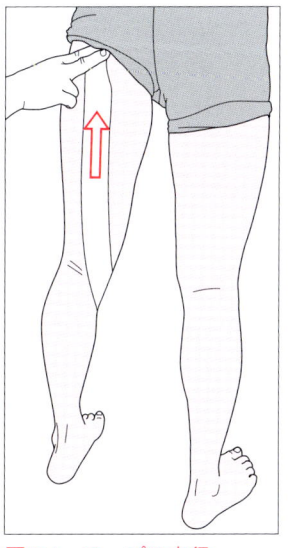

図24　テープの走行

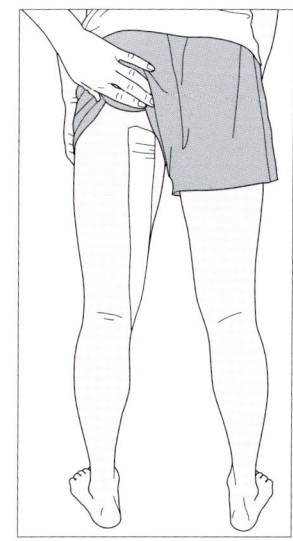

図25　完成

3. 鵞足炎

テーピング技法 47 薄筋のアシスト

肢　位	股関節を外転した背臥位
テープ	伸縮性　幅：5cm　長さ：50cm
方　法	鵞足からテープを開始し（図26），テープを最大限に引っ張り，大腿骨内側顆に貼付する（図27）．その後はテープを引っ張らずに薄筋の走行に沿って恥骨付近まで貼付する（図28）．
効果検証	● 薄筋テスト（→p.176）において疼痛が軽減するか確認する． ● 荷重位で膝関節を外反，外旋した際，鵞足部にテープの張る感覚があり，かつ疼痛が軽減するか確認する．

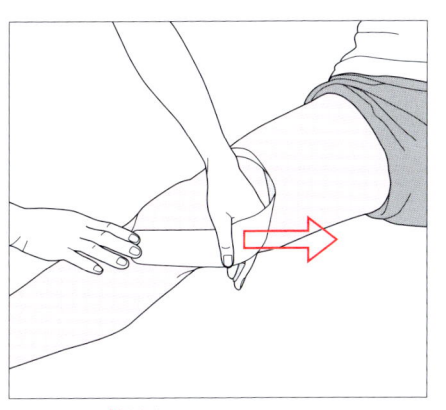

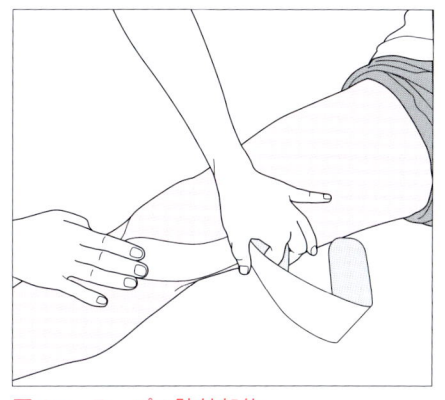

図26　開始肢位

図27　テープの貼付部位

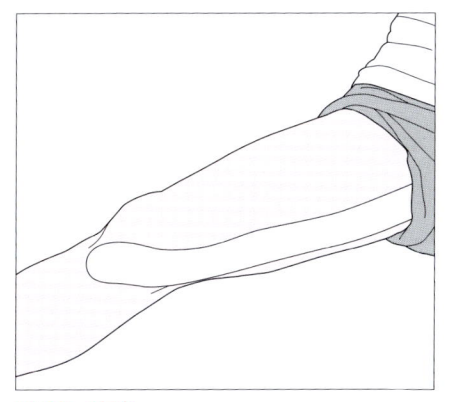

図28　完成

Ⅲ　膝関節・腰部・骨盤帯

3. 鵞足炎

1 膝関節・大腿部の外傷・障害における評価とテーピング

4 腸脛靱帯炎（腸脛靱帯摩擦症候群）

病態　腸脛靱帯（iliotibial band）が大腿骨外側上顆との摩擦（図1），あるいは大腿筋膜張筋の過剰な収縮の繰り返しによって生じる疾患の総称である．長距離走のトレーニングで多く発症する．

疼痛部位　ランニングにて腸脛靱帯の大腿骨遠位外側に疼痛が出現する．特に，下り坂で疼痛が増悪する．grasping test＊（図2）にて同部位の炎症が示唆される．

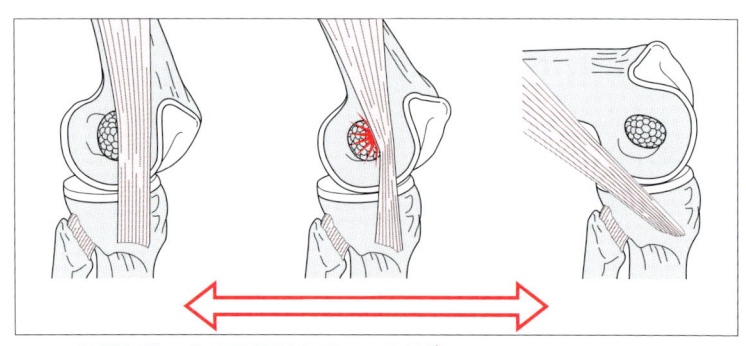

図1　腸脛靱帯と大腿骨外側上顆との摩擦[4]

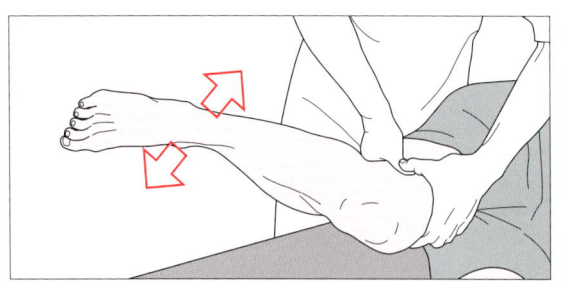

図2　grasping test

＊grasping test：腸脛靱帯の大腿骨外側顆部の近位を圧迫しながら，膝伸展位から30°程度の角度で膝の屈伸を行い，疼痛が誘発されれば陽性とする．

膝関節肢位を変えた荷重下での疼痛評価，圧痛・筋スパズムの評価

評価方法
①荷重下での疼痛評価（「3．鵞足炎」の項を参照➡p.170）：前後開脚立位で，前脚に荷重させる際に膝関節の内外反および内外旋を変えて疼痛の増減を確認する．膝関節は30°未満の軽度屈曲位とする．
②圧痛と筋スパズムの評価：腸脛靱帯および大腿筋膜張筋を触察しスパズムと圧痛の有無を評価する．

ワンポイントアドバイス

走行時に骨盤の過度の側方傾斜（遊脚側の下制）を認める場合は，相対的に股関節が内転位となり，膝関節は外反・外旋位をとることが多い．この場合は膝関節の内反内旋誘導で疼痛が軽減することがある．また，足部の回内外の影響を受けることがあるので，合わせて足部の評価も行う．

評価結果
①外反と外旋で疼痛軽減→選択テープ 48 ＋ 49
②内反と内旋で疼痛軽減→選択テープ 43 ＋ 44
③中枢部でスパズム陽性→選択テープ 50

選択テープ
- 48 膝関節外反誘導（➡p.186）
- 49 膝関節外旋誘導（➡p.188）
- 43 膝関節内旋誘導（➡p.172）
- 44 膝関節内反誘導（➡p.174）
- 50 腸脛靱帯・大腿筋膜張筋のアシスト（➡p.190）

テーピング技法 48 膝関節外反誘導

肢位	前後開脚立位 ※足部を外転し，膝関節は外反，外旋位を保持させる．
テープ	伸縮性　3本　幅：5cm　長さ：20cm
方法	1本目は脛骨粗面外側から開始する．膝関節を通過する際に最大に引っ張り，大腿骨顆部の後上方に貼付し（図3），残りのテープは引っ張らずに大腿部へ貼付する．2本目は下腿の後外側より前上方に走行させて貼付する（図4）．この際，2本のテープの交点を関節裂隙に一致させる．さらに，同様の方法で縦方向のテープを貼付する（図5，6）．
効果検証	●前後開脚立位で膝関節を内反，内旋した際に膝関節の外側に引っ張られる感覚があり，下腿の外反が誘導されて疼痛が軽減するか確認する． ●ランニング動作における疼痛の軽減を確認する．

ワンポイントアドバイス

テーピング技法49 膝関節外旋誘導（→p.188）と組み合わせて使用することが多いが，単独の使用でも効果が期待できる．

図3　開始肢位

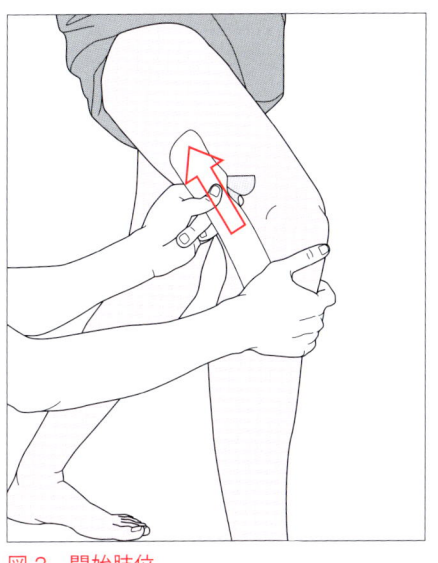

図4　2本目のテープ

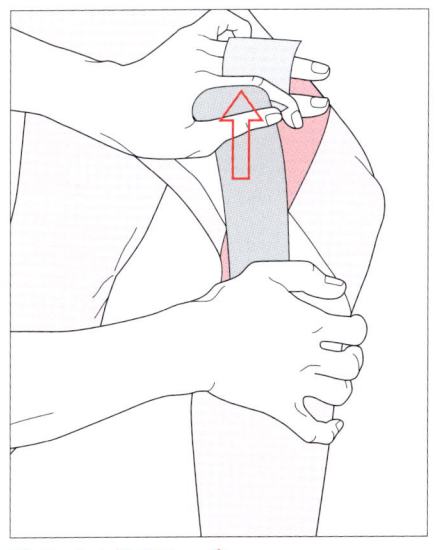

図5　3本目のテープ

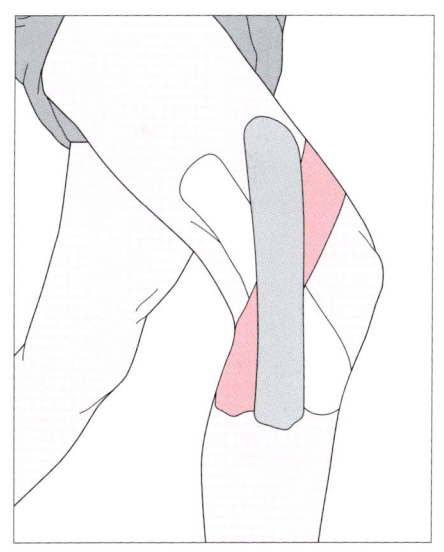

図6　完成

4. 腸脛靱帯炎（腸脛靱帯摩擦症候群）

テーピング技法 49 膝関節外旋誘導

肢位	前後開脚立位 ※足部を外転させて膝関節の外反，外旋位を保持させる．
テープ	伸縮性　幅：5cm　長さ：40〜45cm
方法	脛骨粗面内側よりテープを開始する．テープを上外側に強く引っ張りながら，膝関節軸（図7○）の下方かつ後方を通過させ，大腿骨外側顆に貼付する（図7）．その後，膝窩部のやや上方を通過させ（図8），大腿の前面までテープを貼付する（図9）．
効果検証	●患側下肢を前脚とした前後開脚立位で膝関節を内反，内旋した際に膝関節の外側に引っ張られる感覚があり，下腿の内旋が制動されて疼痛が軽減するか確認する． ●ランニング動作における疼痛の軽減を確認する．

ワンポイントアドバイス

テーピング技法48　膝関節外反誘導（→ p.186）との組み合わせで使用することが多いが，本テープ単独でも効果は期待できる．固定性をさらに高めたい場合は生地の厚いテープを使用するとよい．

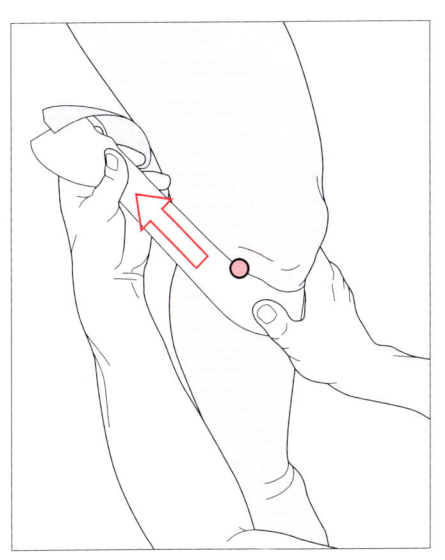

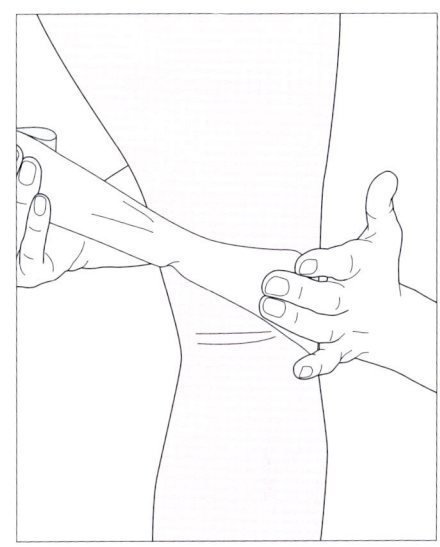

図7　開始肢位

図8　テープの貼付部位（膝窩部）

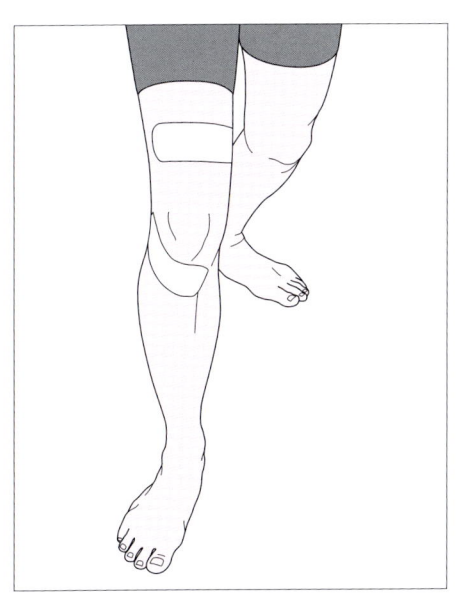

図9　完成

4. 腸脛靱帯炎（腸脛靱帯摩擦症候群）

テーピング技法 50 腸脛靭帯・大腿筋膜張筋のアシスト

肢位	患側下肢を上にした側臥位 ※健側下肢を深く屈曲して骨盤の後傾を保持させる．患肢は股関節を内転，屈曲位から伸展し，大腿部に伸張感を感じたところでテープを貼付する．
テープ	伸縮性　幅：5cm　長さ：40〜45cm
方法	脛骨粗面の外側にあるGerdy結節より開始し，テープを最大限に引っ張って大腿遠位1/3の部分に貼付する（図10）．残りのテープは強く引っ張らずに，筋の走行に沿ってテープを上前腸骨棘まで貼布する（図11〜13）．
効果検証	●患側下肢を前脚とした前後開脚立位で，評価において疼痛が出現した肢位をとり，疼痛が軽減するか確認する． ●ランニング動作にて疼痛の軽減を確認する．

ワンポイントアドバイス

大腿周径が大きい場合や，1本のテープでは効果が不十分な場合は，テープの幅を半分程度ずらして，もう1本貼布して効果を確認する．

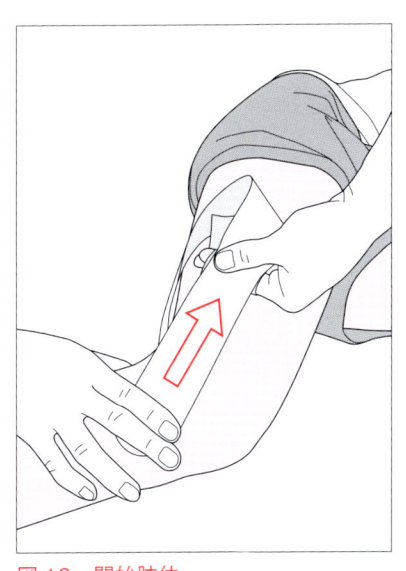

図10 開始肢位

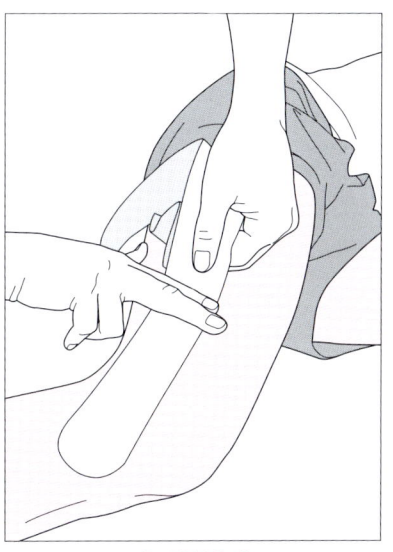

図11 テープの貼付部位

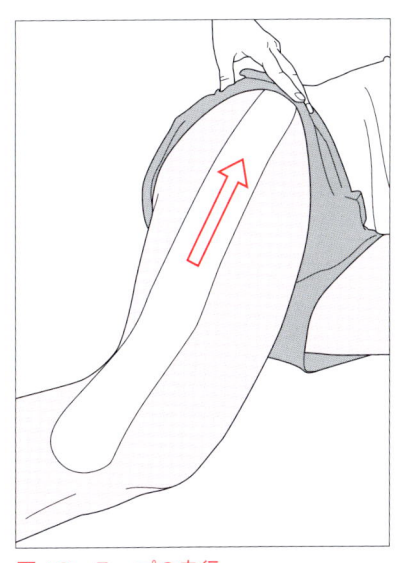

図12 テープの走行

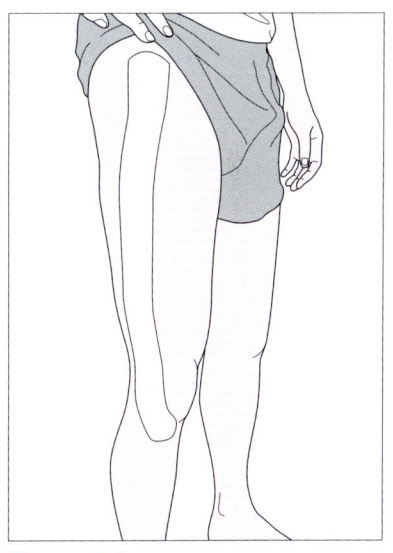

図13 完成

4．腸脛靱帯炎（腸脛靱帯摩擦症候群） ● 191

1 膝関節・大腿部の外傷・障害における評価とテーピング

5 肉離れ（ハムストリングス損傷）

病　態　スプリント中に生じるハムストリングスの急激な遠心性収縮により発生することが多く，筋腱移行部に発生することが多い．陸上競技における短距離，ハードルなどのスプリントやダッシュ動作やキック動作を伴うフットボールなどでよくみられる．

疼痛部位　急性期では安静時痛，夜間痛を認めることもある．その他局所の症状として損傷部位の圧痛，伸張痛，収縮時痛を認め，損傷筋の筋腱移行部に発生することが多い．

ハムストリングスにおける疼痛・筋スパズムの評価

評価方法
①局所症状の評価：収縮時痛（図1），伸張痛（図2），圧痛を確認し，疼痛の程度と部位を確認する．
　※収縮時痛の確認は急激に力を入れず，ゆっくりと少しずつ力を入れさせる．また疼痛の強い時期は実施しない．
②前屈運動と徒手圧迫による疼痛評価（図3）：立位からの前屈運動および前屈姿勢の保持における疼痛を評価する．疼痛部位に対して徒手的に圧迫を加え，疼痛が軽減するか確認する．
③筋スパズムの評価：触診にてハムストリングスの緊張および筋スパズムを評価する．上記前屈運動では疼痛がないが，筋スパズムが強い場合や，動作時に張りを訴える場合は筋サポートテープを処方する．

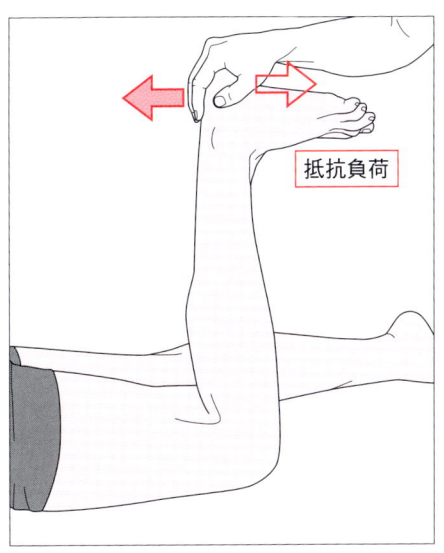

抵抗負荷

図1　収縮時痛の確認

| 評価結果 | ①局所症状の評価：急性期〜亜急性期で伸張痛が強い場合
　　　　→選択テープ 51
②前屈運動と徒手圧迫による疼痛評価：損傷部分の圧迫にて疼痛軽減
　　　　→選択テープ 52
③筋スパズムの評価：前屈運動で痛みがないが，筋スパズムが強い場合
　　　　→選択テープ 53

| 選択テープ | 51 膝関節伸展制限（→ p.196）
52 ハムストリングスの圧迫（→ p.198）
53 ハムストリングスのアシスト（→ p.200）

👉 ワンポイントアドバイス

　前屈姿勢では大腿四頭筋の収縮が抑制されて疼痛が誘発されやすいため，前屈動作を急激に行わせないよう注意する．局所症状が強い場合は実施しない．

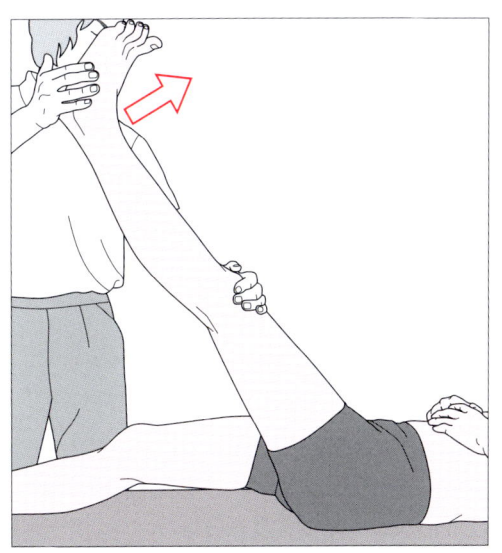

図2　伸張痛の確認

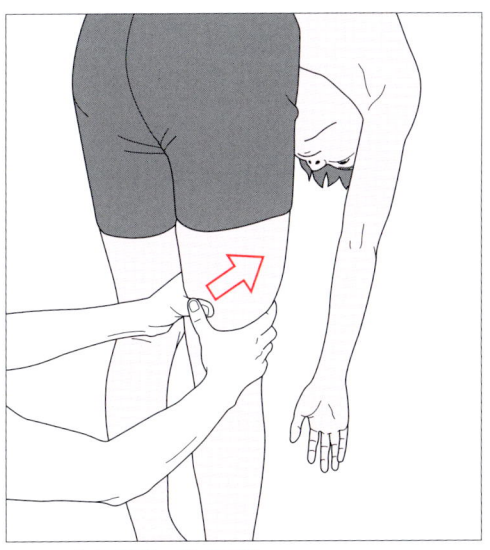

図3　前屈運動と徒手圧迫

テーピング技法 51 膝関節伸展制限

肢　位	膝関節屈曲位とした腹臥位 ※下腿の下に枕などをおく.
テープ	伸縮性（両端 10cm はスプリット）　幅：7.5cm　長さ：40cm
方　法	大腿遠位 1/3 から近位の内側および外側に向かってスプリットしたテープを貼付する（図 4）. テープを強く引っ張りながら，膝関節の後方を通過し（図 5），下腿近位 1/3 に貼付する. スプリットしたテープを下腿の内外側に貼付する（図 6）.
効果検証	● 膝関節伸展時にテープが引っ張り，膝関節の伸展が制動される感覚を確認する. ● 歩行を行い，過度の制限により歩容の異常が増大しないか確認する.

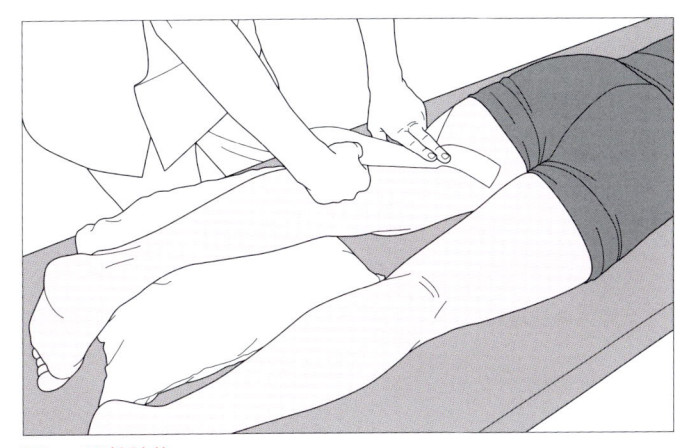

図4　開始肢位

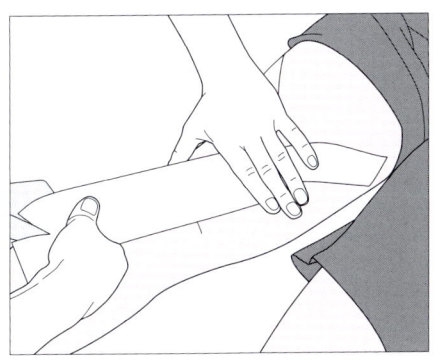

図5　テープの貼付部位

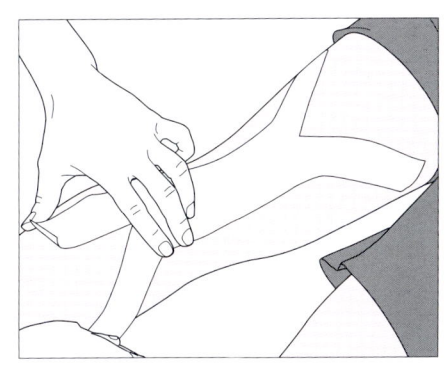

図6　完成

5. 肉離れ（ハムストリングス損傷）

テーピング技法 52 ハムストリングスの圧迫

肢位	立位もしくは腹臥位 ※体重を健側にかけて患側下肢を少しリラックスさせておく．
テープ	伸縮性　幅：5cm　長さ：40〜50cm
方法	両手でテープを持ち，テープを強く張った状態で損傷部位（図7○）を中心に圧迫を加える（図7）．テープは大腿前面で交差させる．大腿部に対して垂直になるように貼付する．
効果検証	●評価の際に生じた疼痛が軽減するか確認する． ●スクワット動作を行い，筋の膨隆による疼痛の有無やテープの伸張感と定着性を確認する．

ワンポイントアドバイス

- 疼痛部位が広範囲にわたる場合は，テープ幅の半分程度を重ねてテープを追加していく（図8）．
- テープを交差させて編み上げることで，圧迫力を増加させ，多方向の負荷に対応できる（図9）．

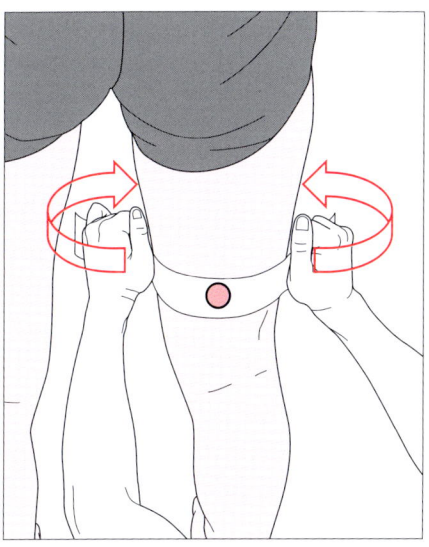

図7　損傷部位の圧迫

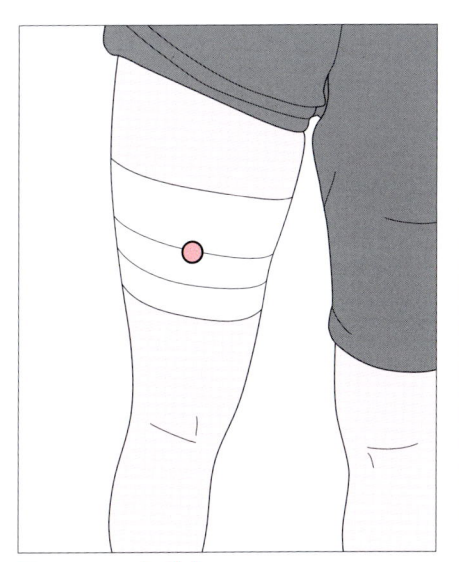

図8　テープの追加

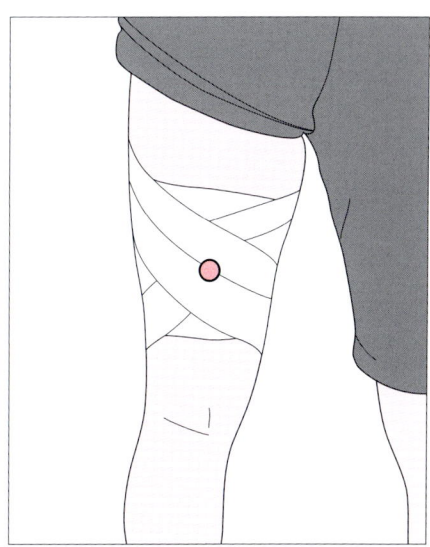

図9　編み上げテープ

テーピング技法 53 ハムストリングスのアシスト

肢位	立位もしくは腹臥位
テープ	伸縮性　2本　幅：5cm　長さ：40cm
方法	内側は鵞足から，外側は腓骨頭から開始する．いずれのテープも坐骨結節までハムストリングスの筋走行に沿って貼付する．損傷部位（図10〇）の直前でいったんテープを押さえ，張り具合を強くする（図10〜12）．
効果検証	●評価の際に生じた疼痛が軽減するか確認する． ●体幹の前屈運動を行い，テープの伸張感と定着性を確認する．

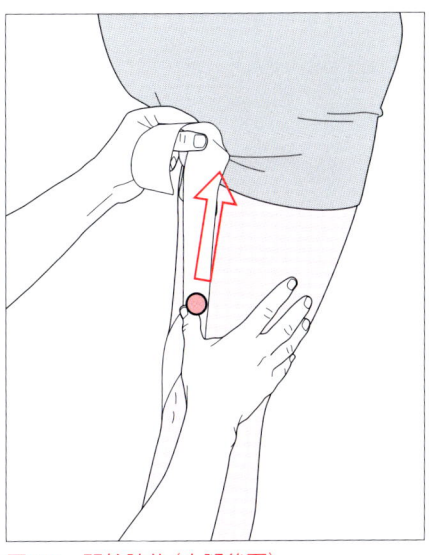

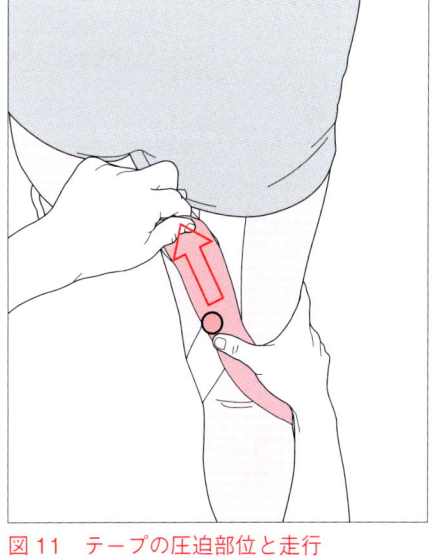

図10　開始肢位（大腿後面）

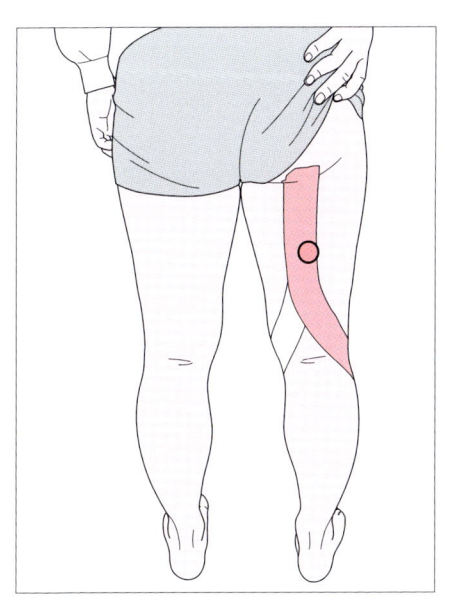

図11　テープの圧迫部位と走行

図12　完成

5. 肉離れ（ハムストリングス損傷）

②関節不安定性と疼痛に対する評価とテーピング

1 内側側副靱帯（MCL）不全膝

病　態　コンタクトスポーツにおける膝外側から内側への外力による接触損傷とスキーなどの競技での非接触損傷がある．膝関節の過度な外旋と外反の強制によって損傷される．膝内側の疼痛や，外反不安定性を呈する（図1）．

疼痛部位　非荷重位および荷重位における膝関節外反，外旋による膝関節内側部（medial collateral ligament：MCL）の疼痛を生じる．

図1　MCLの受傷機転[5)]

関節不安定性と疼痛の評価

評価方法
①MCL の安定性テスト：完全伸展位と 30°屈曲位で実施する．大腿骨が回旋しないように注意しつつ外反負荷を加える．疼痛および内側裂隙の開大による不安定性を確認する（図 2）．
②荷重位の疼痛評価（「3．鵞足炎」の項目を参照 ➡ p.170）：患側を前脚とした前後開脚立位をとり，前脚に荷重させる際に膝関節を外反・外旋方向および内反・内旋方向に誘導し，疼痛の有無と増減および関節不安定性を確認する．

評価結果
①荷重位と非荷重位のいずれにおいても外反・外旋にて不安定性と疼痛がある場合→選択テープ 54
②荷重位においてのみ外反・外旋にて不安定性と疼痛があり，内反・内旋の誘導にて症状が軽減する場合→選択テープ 43 + 44
③荷重下の外反・外旋に加えて内反・内旋でも疼痛あり
　→選択テープ 43 + 49
④膝伸展位での外反不安定性あり→選択テープ 55

|選択テープ| **54** 膝関節外反・外旋の制動（→ p.206）

43 膝関節内旋誘導（→ p.172）と **44** 膝関節内反誘導（→ p.174）

43 膝関節内旋誘導（→ p.172）と **49** 膝関節外旋誘導（→ p.188）

55 膝関節伸展・外反の制動（→ p.208）

ワンポイントアドバイス

外反・外旋を制動する **54** あるいは **43** + **44** の選択テープに **43** + **49** あるいは **55** のテープを組み合わせることが多い．

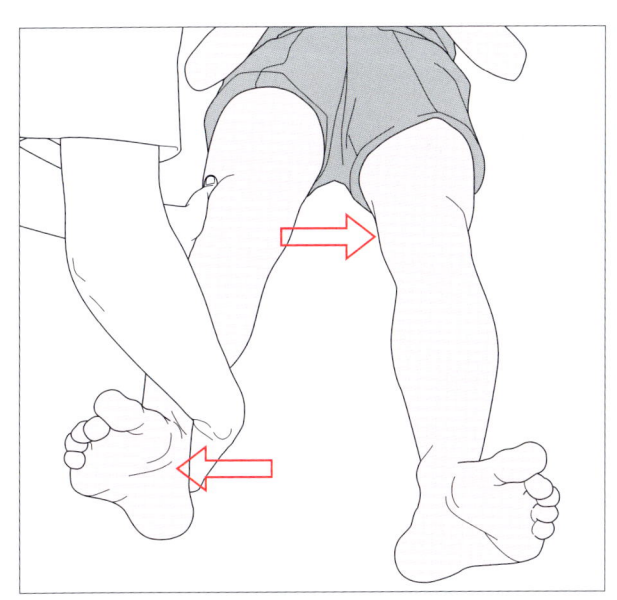

図2　MCLの安定性テスト

テーピング技法 54 膝関節外反・外旋の制動

肢位	前後開脚立位 ※足部を外転し，膝関節は軽度屈曲位で内反，内旋位を保持させる．
テープ	非伸縮性　①幅：5cm　長さ：50cm　×6本 　　　　　②幅：5cm　長さ：25cm　×3本 伸縮性（厚手）③幅：5cm　長さ：25cm　×3本 　　　　　④幅：5cm　長さ：50cm
方法	大腿部，下腿部および膝関節内側に非伸縮性①②にて下地となるアンカーテープを貼付する（図3）．膝関節軸（図3○）の直上で各テープが交差するように伸縮性（厚手）③を強く張りながら貼付する（図4）．さらに，脛骨粗面から大腿部へとらせん状に伸縮性（厚手）④を強く張りながら貼付する（図5，6）（テーピング技法43 膝関節内旋誘導を参照（→p. 172））．貼付したテープが剥がれないようにテーピングの上下を非伸縮性①を用いて固定する（図7）．
効果検証	荷重位で膝関節を外反，外旋した際に膝関節の内側にテープの張る感覚があり，膝関節の外反と外旋が制動されることを確認する．

ワンポイントアドバイス

制動テープの交差する軸を膝関節軸からやや後方にずらすことで，膝関節伸展の制動効果も得られる．膝伸展位の不安定性がある場合に用いることが多い．

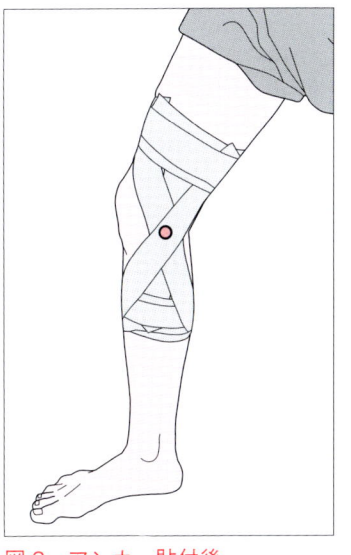

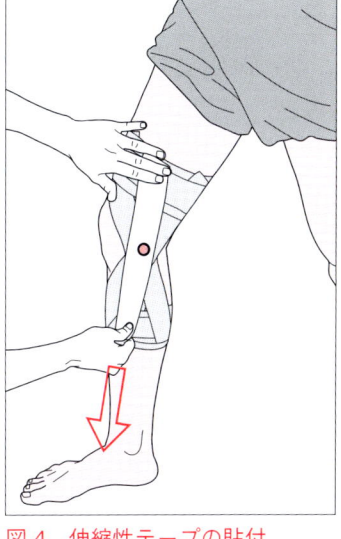

図3　アンカー貼付後

図4　伸縮性テープの貼付

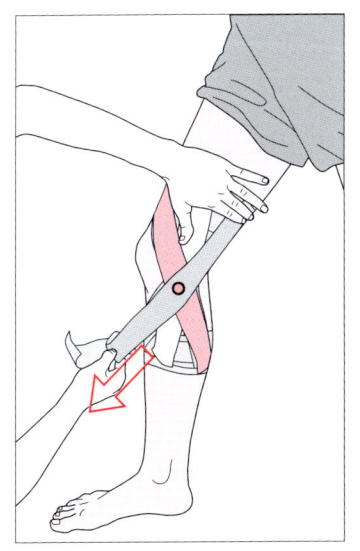

図5　らせん状のテープの走行①

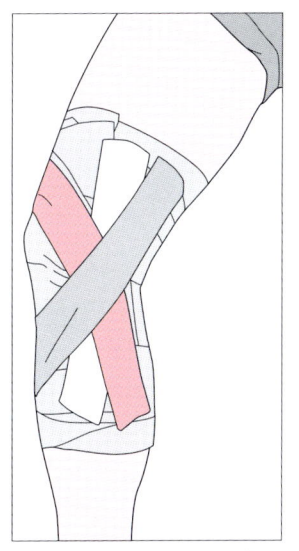

図6　らせん状のテープの走行②

図7　完成

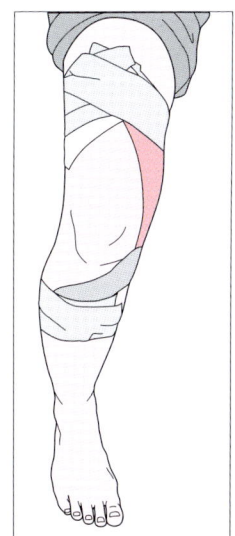

1．内側側副靱帯（MCL）不全膝

テーピング技法 55　膝関節伸展・外反の制動

肢　位	膝関節屈曲外旋位での長座位あるいは背臥位 ※下腿部の下に枕をおいて膝内反位とする．
テープ	伸縮性　幅：5cm　長さ：20cm
方　法	脛骨粗面内側からテープを開始し，最大限に引っ張り（図8），膝関節軸（図9○）の後方を通過して大腿骨内側顆の後方に貼付する（図9）．テープの残りは大腿中央内側へ貼付する（図10）．
効果検証	膝関節を他動的に伸展するとテープが強く張り，膝関節の伸展と内反が誘導され，伸展と外反が制動される感覚があることを確認する（図11）．

ワンポイントアドバイス

開始時の膝関節屈曲角度は図10のようにやや大きめ（60°程度）とすると，伸展位での制動感が得やすい．

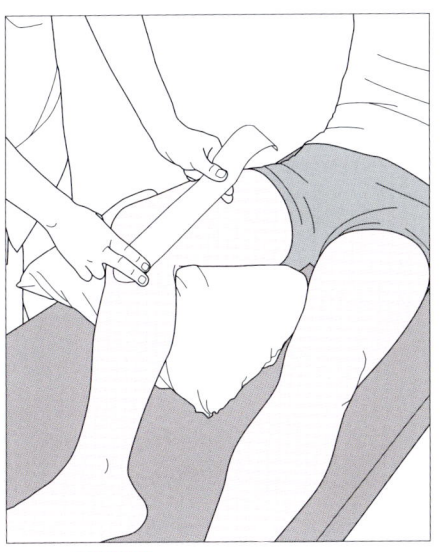

図8　開始肢位

図9　テープの貼付部位

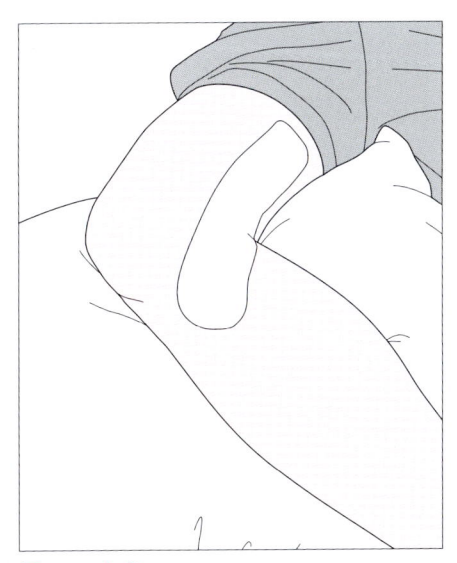

図10　完成

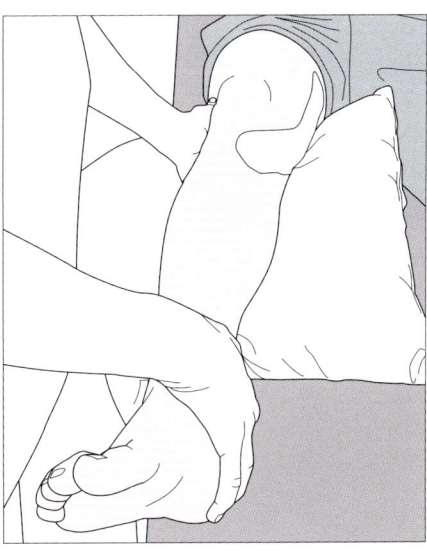

図11　制動力の確認

1．内側側副靱帯（MCL）不全膝

② 関節不安定性と疼痛に対する評価とテーピング

2 膝蓋骨亜脱臼，膝蓋骨不安定症

病　態　膝蓋骨が膝屈曲にて外側へ変位し，脱臼しやすい状態をいう．受傷機転には外傷性脱臼と，非外傷性脱臼があり，後者は靱帯弛緩性や関節適合性に問題がある女性に多い．スポーツ動作ではジャンプ，ピボット動作などで発症することが多い．

症　状　膝関節屈曲時の膝蓋骨脱臼不安感，膝蓋骨周囲の疼痛，だるさ．大腿四頭筋の収縮時痛

評価方法 膝蓋骨の不安定感・疼痛の評価

評価方法 ①膝蓋骨不安感テスト（図1）：膝関節を軽度屈曲位とし，膝蓋骨をゆっくり外側へ移動させ，脱臼不安感を訴える場合は陽性とする．膝関節を外反位に保持するとさらに不安感が誘発されやすい．
②水平面での回旋（傾斜）評価：内側膝蓋大腿靱帯などの支持機構が破綻すると，前額面での膝蓋骨内側の浮き上がり（外側傾斜）が増大する（図2）．膝蓋骨の内側傾斜誘導によって疼痛，不安定感が軽減し，外側傾斜誘導によって症状が増悪するかを評価する．

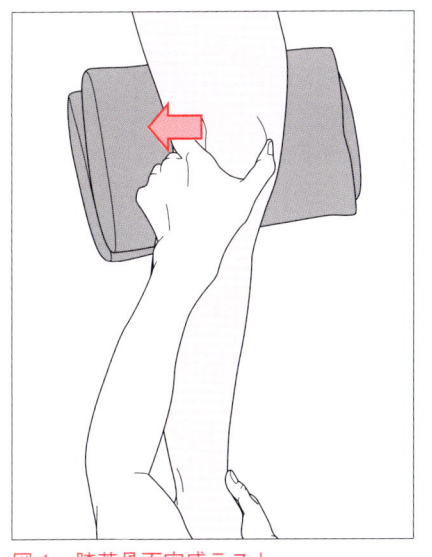

図1 膝蓋骨不安感テスト

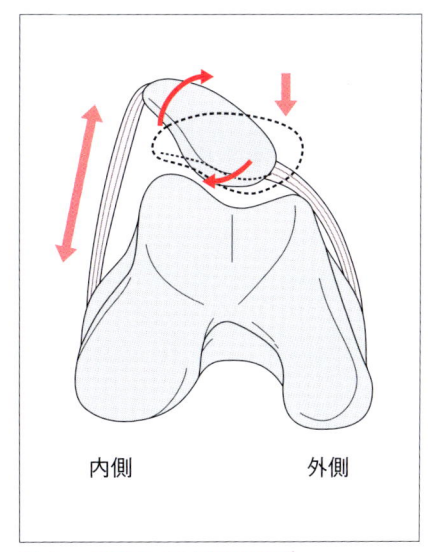

図2 水平面での回旋評価[7]

③荷重下での疼痛評価（図3）：平行棒内などの両手支持立位でゆっくりとしゃがみ込み動作を行い，脱臼不安感や疼痛が出現する位置を確認する．次に，膝蓋骨を内側へ移動させて症状が軽減するか評価する．膝蓋骨の内側傾斜の誘導も同様に評価する．

評価結果　①膝蓋骨内側移動で症状軽減→選択テープ 56

　　　　　②膝蓋骨内側傾斜で症状軽減→選択テープ 39

選択テープ　56 膝蓋骨の外側不安定性制動（→ p.214）

　　　　　　39 膝蓋骨の内側傾斜誘導（→ p.156）

ワンポイントアドバイス

- 膝蓋骨内側移動に膝蓋骨内側傾斜を加えて症状の軽減がみられる場合，39 膝蓋骨の内側傾斜誘導（→ p.156）を追加する．
- 膝蓋骨易脱臼性のある場合，膝蓋骨不安感テスト，しゃがみ込み動作の際，膝蓋骨が脱臼しないように慎重に評価する．
- 強い制動力を必要としない場合は前述の 37 膝蓋骨の内側誘導（→ p.152）で対応してもよい．

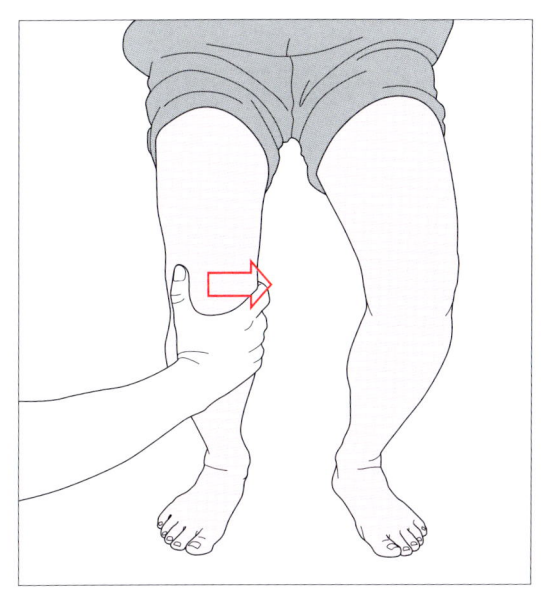

図3　荷重下での疼痛評価

テーピング技法 56 膝蓋骨の外側不安定性制動

肢　位	背臥位 ※膝関節の下に枕を入れてリラックスさせ軽度屈曲位とする．
テープ	伸縮性（厚手）　幅：7.5cm　長さ：20cm（10cm程度スプリット）
方　法	膝関節外側から開始し，テープを膝蓋骨の外側に貼付する（図4）．膝蓋骨を内側に移動させた状態で，スプリットしたテープを内側に強く引っ張り，大腿骨顆部と脛骨内側に貼付する（図5，6）．
効果検証	しゃがみ込み動作を行い，評価の際で生じた膝蓋骨脱臼不安感，疼痛の軽減，テープの伸張感と定着性を検証する．

👉 ワンポイントアドバイス

大腿四頭筋を弛緩させ，膝蓋骨を内側に誘導しやすい状態でテープを貼付する．
（テーピング技法39）膝蓋骨の内側傾斜誘導（➡p.156）を加えるとさらに効果が得られることがある．

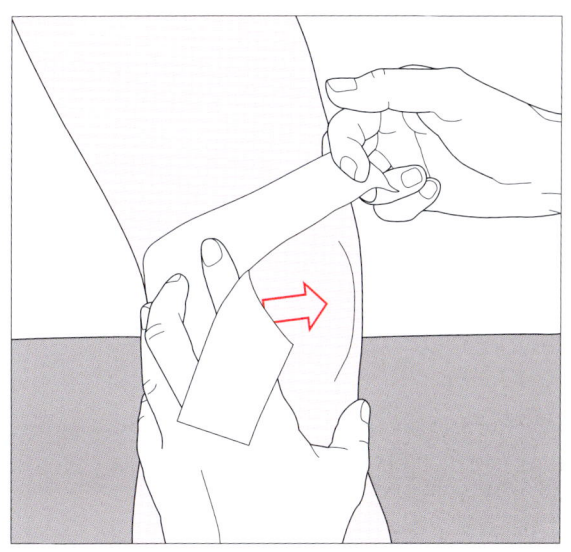

図4　膝関節外側から開始

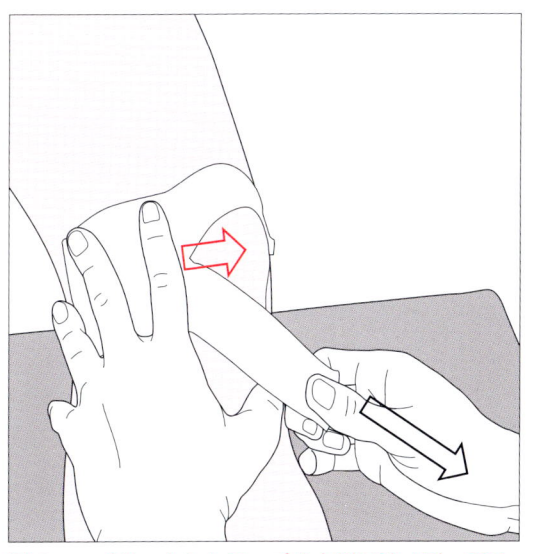

図5　スプリットしたテープを内側に強く引っ張る

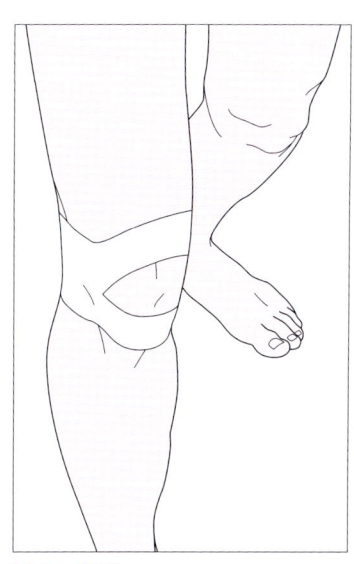

図6　完成

②関節不安定性と疼痛に対する評価とテーピング

3 前十字靱帯（ACL）不全膝

|病　態| コンタクトスポーツにおける接触や，バスケットなどにおけるストップや切り返しにおいて，膝軽度屈曲位での大腿四頭筋の強力な収縮や膝外反の強制により受傷する（図1）．

|疼痛部位| 膝関節の不安定性が生じた結果，慢性期には膝関節周辺組織にストレスが加わり，停止動作や方向転換時の不安定感に加えてさまざまな部位で疼痛を認める．

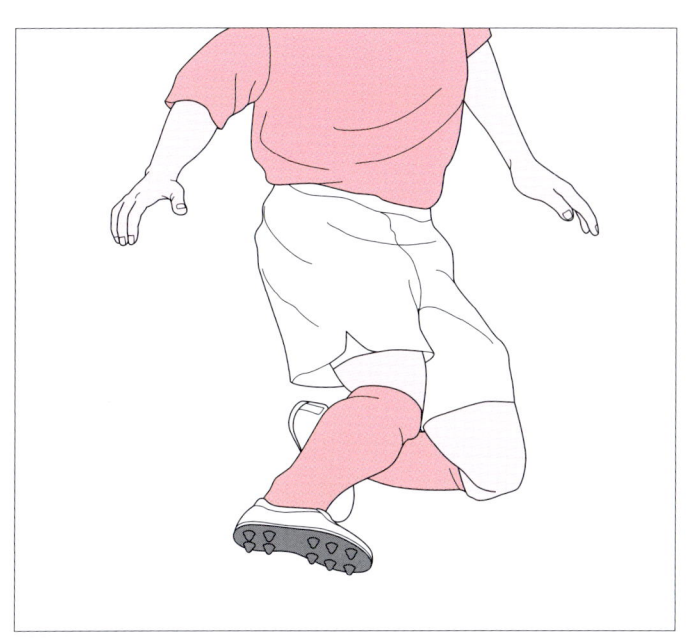

図1　ACLの受傷機転

評価方法

非荷重位での関節不安定性と荷重位での評価

評価方法
①Lachman テスト（図2）：背臥位で膝を20〜30°屈曲させ，大腿遠位部を膝蓋骨直上で外側より把持し，下腿近位端を内側より把持して前方へ引き出す．正常の場合はしっかりとした終点（end point）を触知できる．

②荷重位での疼痛評価：患側を前脚とした前後開脚立位をとり，前脚に荷重させる．大腿骨を固定して脛骨を前方誘導し，不安定感，疼痛の有無を確認する（図3）．また，脛骨を後方に誘導した際に不安感，不安定性および疼痛が軽減するかを確認する（図4）．さらに，膝関節の外反・外旋，内反・内旋を強調した前後開脚立位での疼痛と関節不安定性を評価する（「3. 鵞足炎」の項目を参照➡p.170）．

評価結果
①荷重下の脛骨前方引き出しで症状あり→選択テープ **57**

②荷重下の外反・外旋あるいは内反・内旋で症状あり
　　→選択テープ **43** + **49**

③非荷重，荷重下ともに動揺が強い場合
　　→選択テープ **57** + **43** + **49**

選択テープ　**57** 脛骨の前方移動制動（➡p.220）
→伸縮性（厚手）5cm，長さ30cmを2本用いて **57** と同様に実施する（アンカーテープは **54**（➡p.206）を参照）．

57 脛骨前方移動制動と **43** 膝関節内旋誘導（➡p.172）および **49** 膝関節外旋誘導（➡p.188）

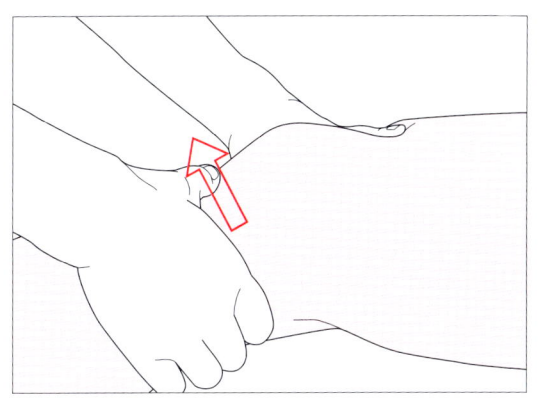

図2　Lachman テスト

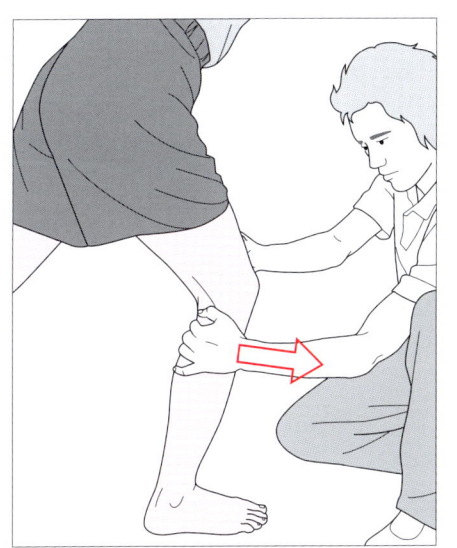

図3　脛骨の前方誘導

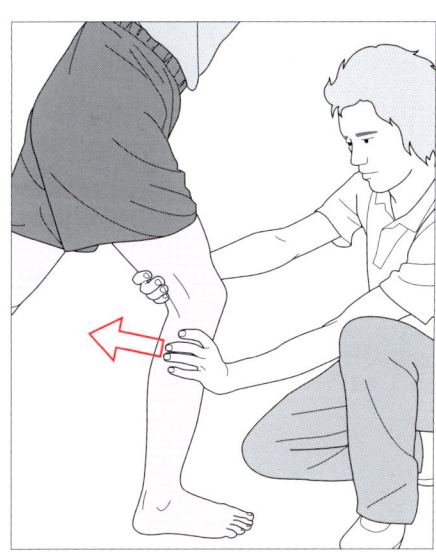

図4　脛骨の後方誘導

テーピング技法 57 脛骨の前方移動制動

肢 位	前後開脚立位
テープ	伸縮性（厚手） 4本　幅：5cm　長さ：30cm
方 法	大腿部，下腿部および膝関節内外側に非伸縮性テープにて 54 (→ p.206) と同様に下地となるアンカーを貼付する（図5）．制動テープは脛骨前面から開始する（図6）．テープの上から脛骨を後方に押し込みながら，テープを後上方へ強く引っ張る．膝関節軸（図7○）の下方および後方を通過して大腿骨外側顆の後上方に貼付し（図7），残りのテープを大腿側面に沿って貼付する．テープを半分ずらしてもう1本貼付する．内側にも同様の方法でテープを貼付する（図8）．
効果検証	荷重位で脛骨を前方誘導し，疼痛と関節の不安定感が軽減することを確認する．

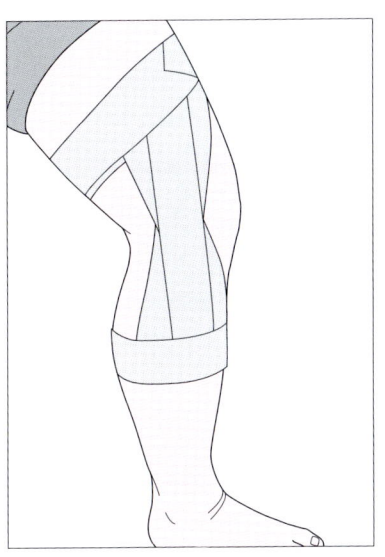

図5　アンカーテープの貼付

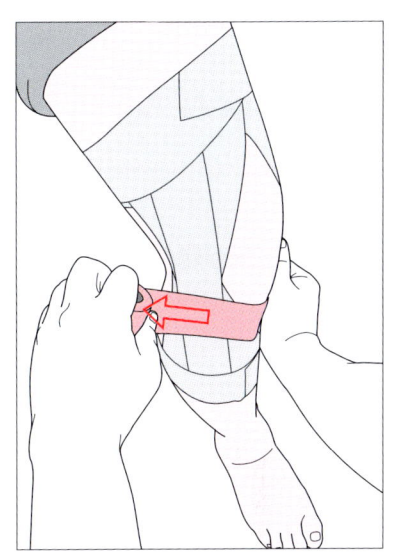

図6　開始肢位

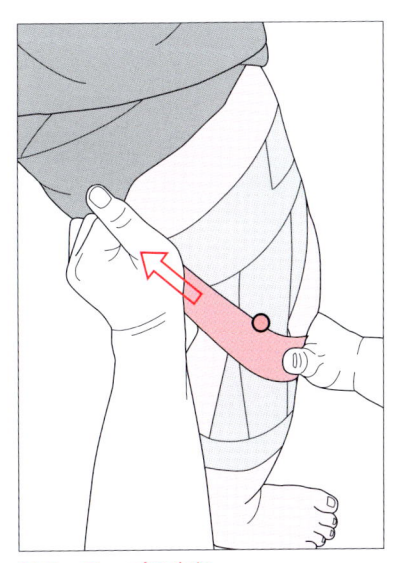

図7　テープの走行

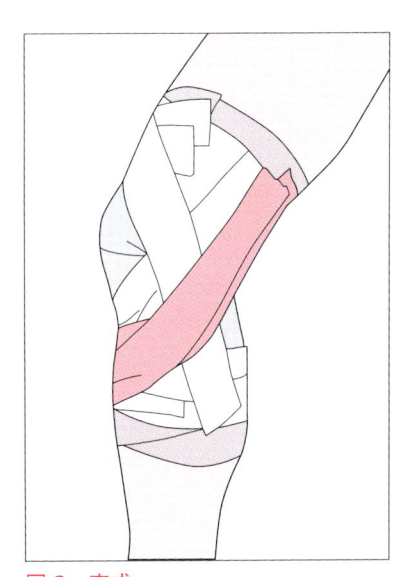

図8　完成

3. 前十字靱帯（ACL）不全膝

②関節不安定性と疼痛に対する評価とテーピング

4 後十字靱帯（PCL）不全膝

病　態　膝関節が屈曲位で，脛骨に前方から外力が加わって損傷する．前方からのタックルや，脛骨前面からの転倒などで損傷することが多い（図1）．

疼痛部位　しゃがみ動作や蹲踞姿勢の保持や膝を抱える姿勢により膝関節の不安定感や膝後方の疼痛を訴える．また，背臥位で膝を90°屈曲した膝立て肢位でリラックスさせると脛骨が後方に落ち込むsagging徴候が確認される（図2）．

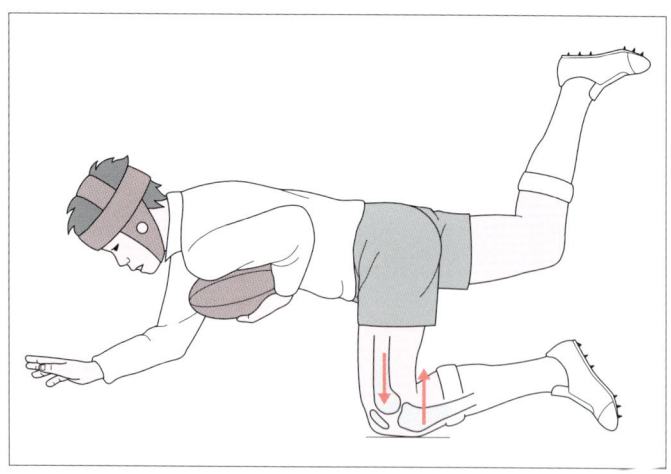

図1　PCLの受傷機転[6)]

関節不安定性と疼痛の評価

評価方法 患側を前脚とした前後開脚立位をとり，前脚に荷重させる際に大腿骨を固定して脛骨を後方に誘導し，疼痛の有無と増減および関節不安定性を確認する（「3. 前十字靱帯不全膝」の項目を参照 ➡ p.216）．また，脛骨を前方に誘導した際に不安感，不安定性および疼痛が軽減するかを確認する．

評価結果 脛骨前方引き出しにて不安定性と疼痛が軽減し，後方押し込みにて症状が増大する．

選択テープ 🏷️**58** 脛骨の後方移動制動（➡ p.224）

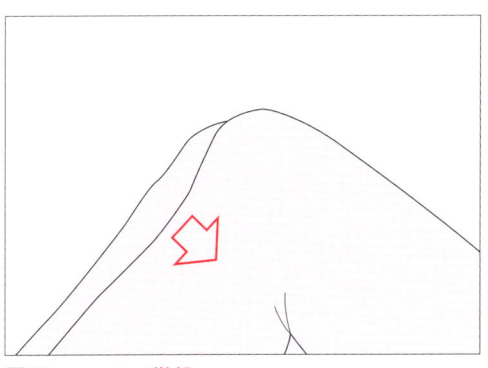

図2　sagging 徴候

テーピング技法 58 脛骨の後方移動制動

肢　位	前後開脚立位
テープ	伸縮性（厚手）　2本　幅：5cm　長さ：40cm
方　法	下腿近位後面から開始する（図3）．テープの上から脛骨を前方に強く引き出しながら，テープを前方へ強く引っ張る（図4）．脛骨の前方を通過し，さらに膝関節軸（図5〇）の前上方を通過して大腿骨外側顆へテープを貼付する（図5）．残ったテープは大腿部に沿わせて貼付する．内側にも同様の方法でテープを貼付する（図6，7）．
効果検証	●荷重位で脛骨を後方誘導し，疼痛と関節の不安定感が軽減することを確認する． ●膝屈曲角度が増大すると，テープの伸張感も増すことを確認する．

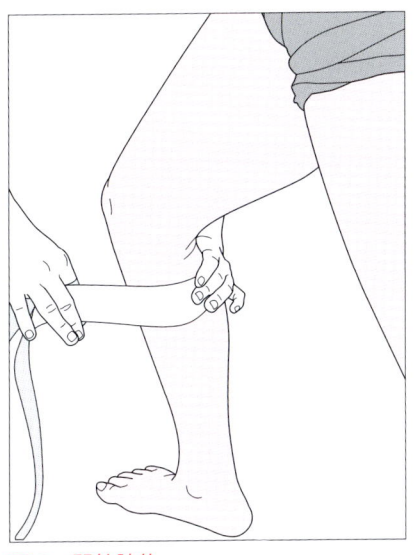

図3　開始肢位

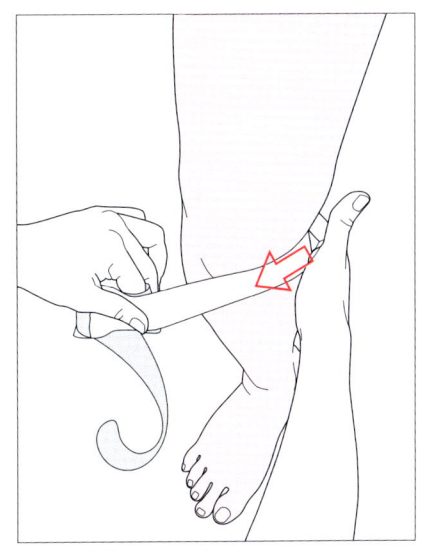

図4　脛骨の前方引き出し

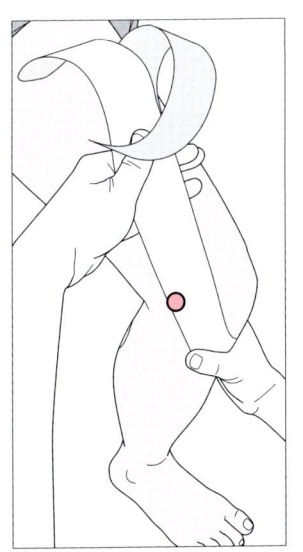

図5　テープの走行

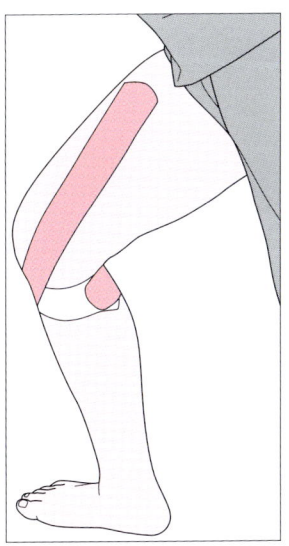

図6　完成

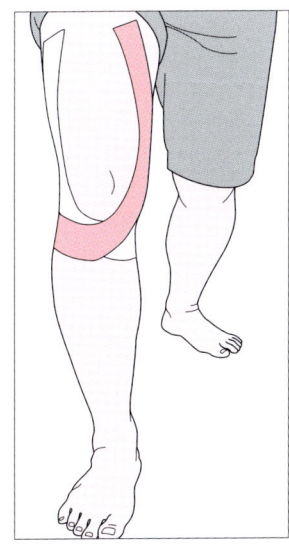

図7　完成

4. 後十字靱帯(PCL)不全膝

③ 腰部の疼痛に対するテーピング

1 腰痛症

病　態　腰痛はさまざまな疾患にて出現するが，明らかな器質的変化がなく，腰部から背部に起こる急性もしくは慢性の疼痛を生じる腰痛症が多い．各スポーツの動作習慣による繰り返される小外傷や不良姿勢などにより発症する．

疼痛部位　腰背部の屈曲，伸展，回旋動作に伴う動作時痛が腰部に出現する．

腰背部における疼痛・筋スパズムの評価

評価方法
①体幹自動運動による評価（屈曲・回旋運動による痛み）：立位にて体幹屈曲，回旋を実施し疼痛が出現した場合，徒手にて腰椎（特に下部腰椎）の動きを制限して同様の運動を実施させ，疼痛の軽減の有無を確認する（図1）．
②腰背筋のスパズムの評価：腰背筋を触察し，スパズムの有無を圧痛等にて確認する．
③腹部圧迫による疼痛評価（各方向への痛み）：自動運動による疼痛の程度を確認した後，下部肋骨から上後腸骨棘まで弾性包帯で圧迫する（図2）．その後，圧迫前と同様の運動を行い疼痛の軽減の有無を確認する（図3）．

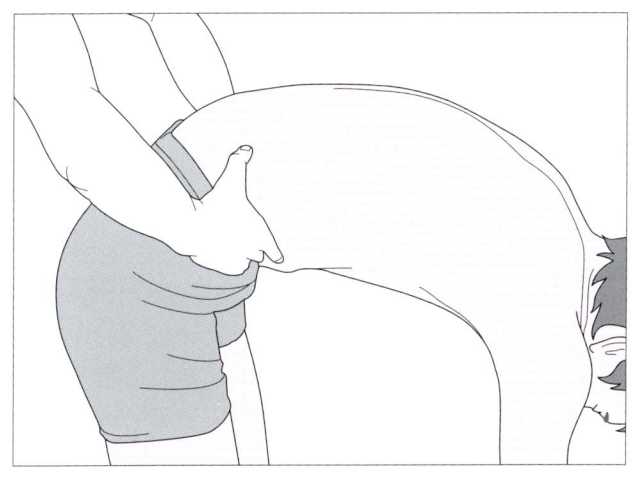

図1　体幹自動運動による評価（徒手にて腰椎の動きを制限）

| 評価結果 | ①腰椎の運動制限による疼痛の軽減→選択テープ　テーピング技法59
②腰背筋に強いスパズムを認める場合→選択テープ　テーピング技法59
③腹部圧迫による疼痛軽減→選択テープ　テーピング技法60

| 選択テープ | テーピング技法59　腰部の編上げ（→ p.230）
テーピング技法60　腹部の圧迫（→ p.232）

ワンポイントアドバイス

- 体幹伸展時の疼痛に対しては，腹部の圧迫による疼痛軽減が認められることが多い．
- スポーツの動作習慣，股関節の柔軟性低下などにより，過度に腰椎が動くことで疼痛が出現する場合があるので，腰椎レベルでの動きに注目して評価する．

図2　弾性包帯による圧迫

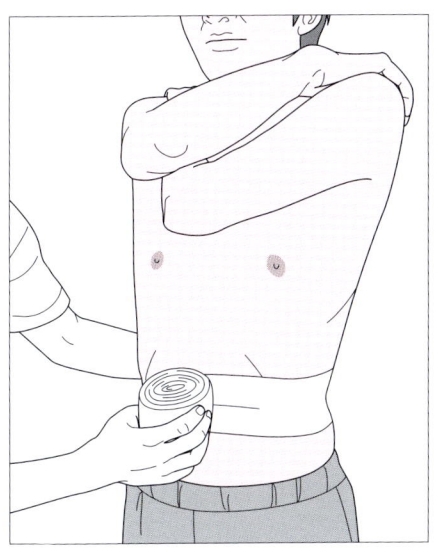

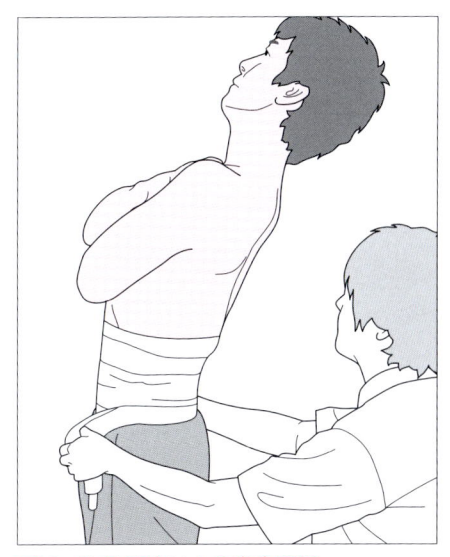

図3　腹部圧迫による疼痛評価

テーピング技法 59 腰部の編上げ

肢 位	立位
テープ	伸縮性　幅：5cm　長さ：15〜20cm
方 法	1本目は臀部より疼痛部位に向かって上方に引っ張りながら貼付する（図4）．2，3本目は臀部より疼痛部位に向かって斜め上方へ引っ張りながら貼付する（図5, 6）．4本目は疼痛部位が中心となるように水平に引っ張りながら貼付する．4本のテープの交点が疼痛部位となるようにテープを貼布する．
効果検証	立位にて体幹の自動屈曲，回旋を行い，疼痛の軽減，テープの張り具合と定着性を検証する．

ワンポイントアドバイス

- テープを長めに採寸し貼付すると，腰椎の動きの制限を増加することができる．また，疼痛の軽減が小さい場合，新たなテープを少しずらして重なるように貼付し検証する．
- 腰椎屈曲運動の制限を強める場合は，腹臥位や机などに手をついた立位姿勢で腰椎を伸展位としてテーピングを行うとより効果的である．

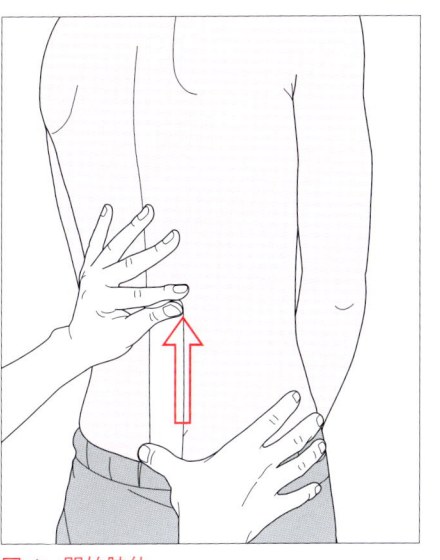

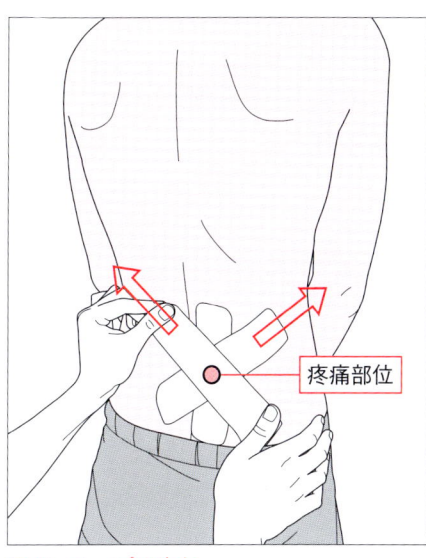

図4　開始肢位

図5　テープの走行

疼痛部位

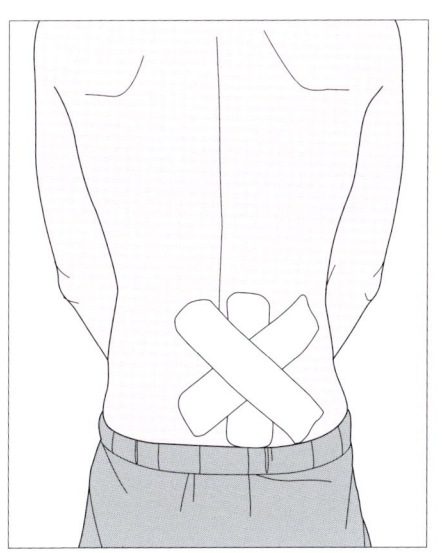

図6　テープの走行

1. 腰痛症

テーピング技法 60　腹部の圧迫

肢　位	両上肢を挙上して，腹部をへこませた立位（図7）
テープ	伸縮性　5～6本　幅：7.5cm　長さ：ウエスト周径
方　法	第10肋骨から上前腸骨棘にわたって，上部から順番にテープを貼付する（図8）．テープは前方で交差させ，また次に貼付するテープは半分程度重ねていくようにする（図9, 10）．
効果検証	テープ貼付後に疼痛誘発動作をもう一度確認し，腹部の適度な圧迫感と疼痛の軽減が認められるか確認する．

ワンポイントアドバイス

- 伸縮性（厚手）テープを使用する場合，一度に腹部へ巻く分を引き出しておくことで，腹部にかかる圧迫が一定になる．
- 弾性包帯やコルセットおよびサポータに比べて，皮膚への定着性が高く，スポーツ動作によるずれが少ないことが利点である．

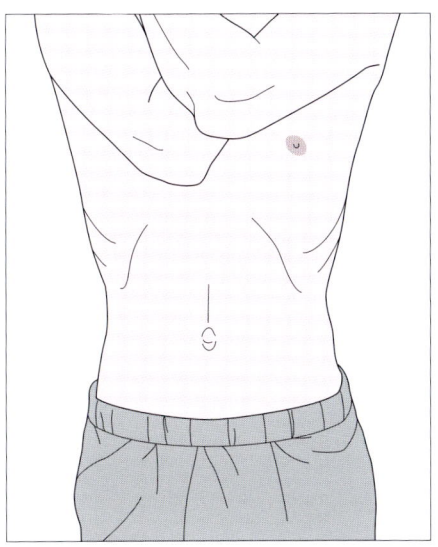

図7　開始肢位

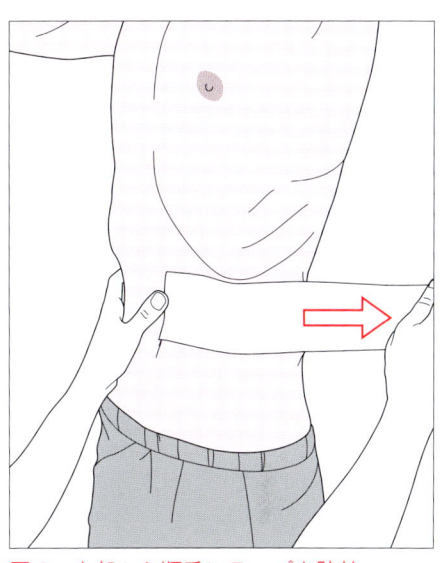

図8　上部から順番にテープを貼付

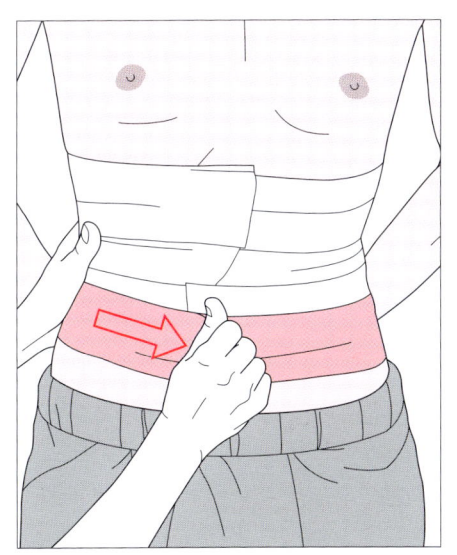

図9　テープを半分ずつ重ねて貼付

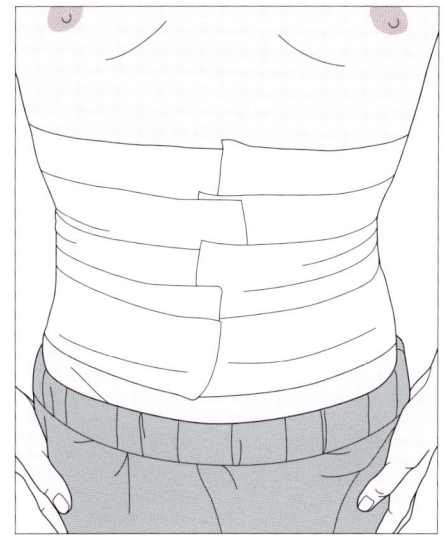

図10　完成

1. 腰痛症

第Ⅳ章
足関節・足部

1 足関節・足部のスポーツ障害における評価とテーピング

1 アキレス腱付着部障害

病態 アキレス腱付着部障害は，ジャンプやランニングなどの繰り返しにより腱付着部に力学的負荷がかかることで発生する．アキレス腱付着部障害には，腱の伸張による機械的損傷で起こるアキレス腱付着部症（図1）と，滑液包のインピンジメントが原因の踵骨後部滑液包炎（図2）の2つの病態がある．また踵骨後部とシューズのヒールカウンター部分との摩擦も要因とされている．

疼痛部位 アキレス腱の内外側や踵骨付着部周囲（図3）

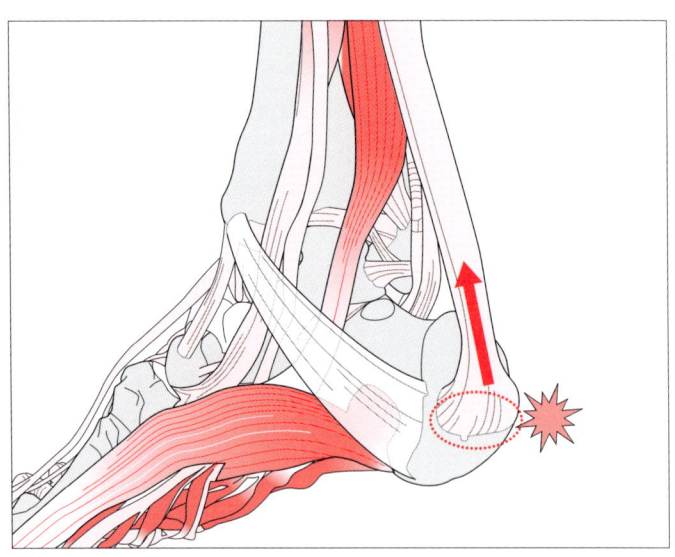

図1 アキレス腱付着部症
強い張力によってアキレス腱付着部に微小外傷を生じる．

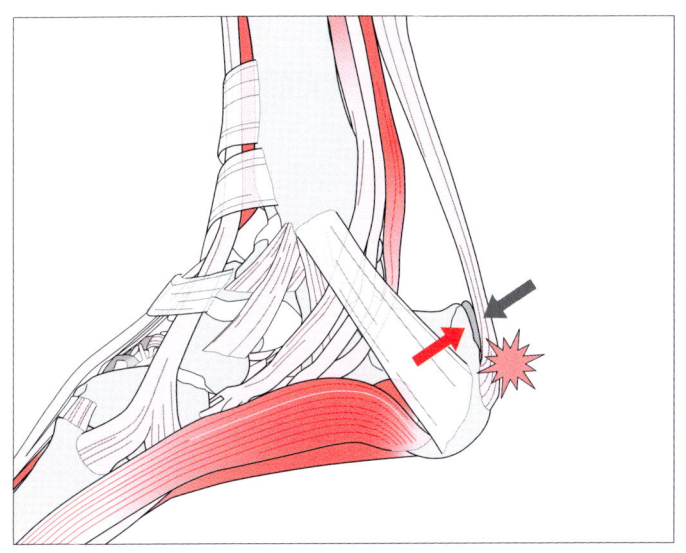

図2　踵骨後部滑液包
踵骨後上部とアキレス腱の間で滑液包が挟み込まれる.

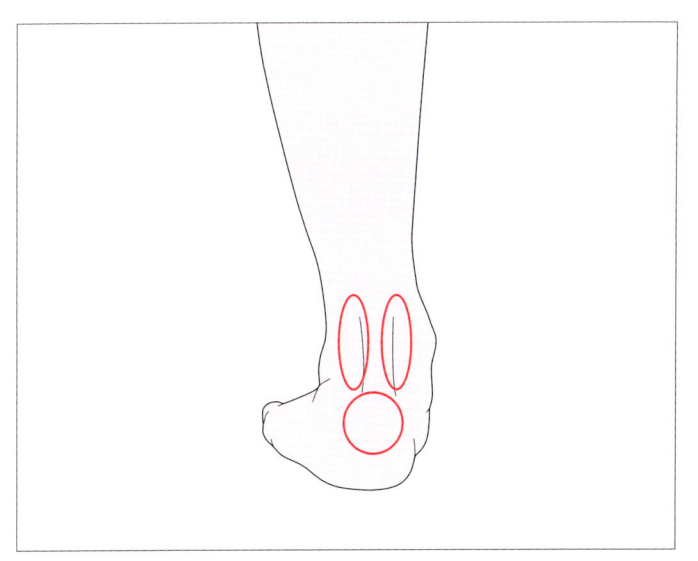

図3　圧痛部位

足部回内外位を変えた背屈の評価

評価方法 足部肢位を変えて足関節を背屈させ，アキレス腱に伸張を加えて痛みの部位や強さを確認する（図4）．

評価結果 最も疼痛が軽減する肢位を選択し，背屈制動＋下腿三頭筋アシストテープを貼付する．

①足部回内位で疼痛軽減（図4a）→選択テープ 61 a.

②足部回外位で疼痛軽減（図4b）→選択テープ 61 b.

③足部中間位で疼痛軽減（図4c）→選択テープ 61 c.

選択テープ 61 背屈制動＋下腿三頭筋のアシスト
a. 足部回内位（後足部外反位）（→ p.240）
b. 足部回外位（後足部内反位）（→ p.240）
c. 足部中間位（後足部中間位）（→ p.240）

a. 足部回内位での背屈運動

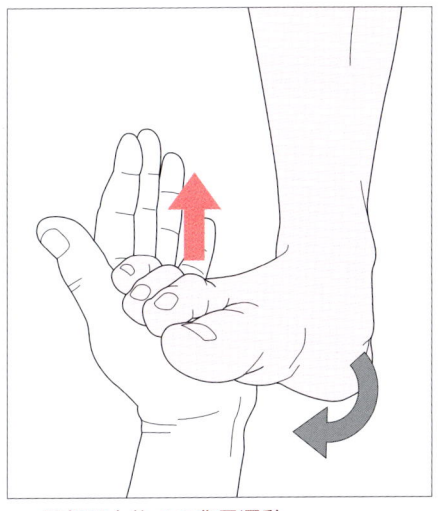

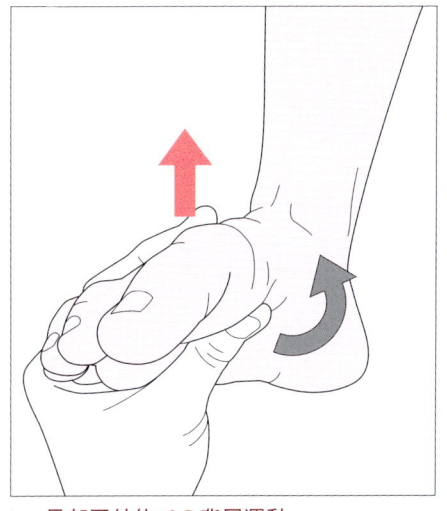

b. 足部回外位での背屈運動

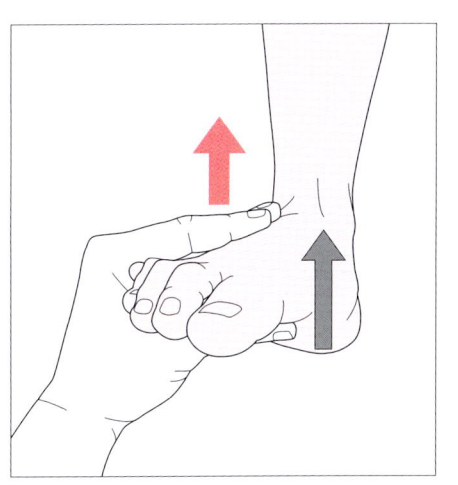

c. 足部中間位での背屈運動

図4　足部回内外位を変えた背屈の評価

テーピング技法 61 背屈制動＋下腿三頭筋のアシスト

肢 位	腹臥位，膝伸展位，足関節軽度底屈位
テープ	伸縮性　2本　幅：5〜7.5cm　長さ：40〜45cm
方 法	a. 足部回内位（後足部外反位）：足底面内側より開始（図5a）し，踵骨のやや外側を通り内外果レベルの高さを中心に5cm程度テープの張力を強めて貼付する．その後腓腹筋（内外側頭）の走行に沿って1本ずつテープを強く引っ張らず，置くように大腿遠位部まで貼付する（図6a）． b. 足部回外位（後足部内反位）：足底面外側より開始（図5b）し，踵骨のやや内側を通り内外果レベルの高さを中心に5cm程度テープの張力を強めて貼付する．以下，上記同様に貼付する（図6b）． c. 足部中間位（後足部中間位）：足部を中間位（図5c）とし，上記a，bのテープを1本ずつ貼付する（図6c）．
注意点	アキレス腱部分が剥がれやすいので，テープと皮膚をしっかり定着させるようにする．
効果検証	●痛みの増強する足部肢位での背屈運動を行い，疼痛の軽減を確認する． ●歩行や軽いランニングにて疼痛の軽減を確認する．

ワンポイントアドバイス

痛みが強い場合は，足関節底屈位を増大させて貼付したり，ヒールウェッジで踵部を補高し背屈を制動する．

| a. 足部回内位 | b. 足部回外位 | c. 足部中間位 |

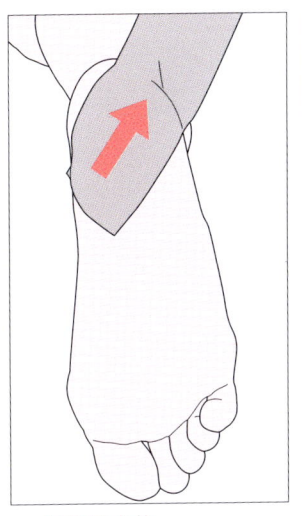

図5 テープ開始位置と走行

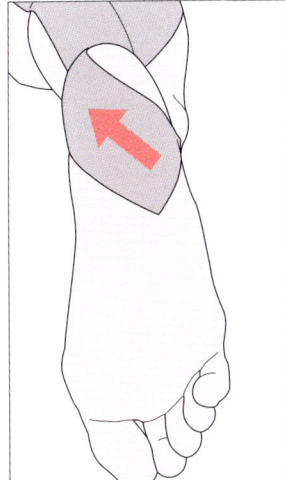

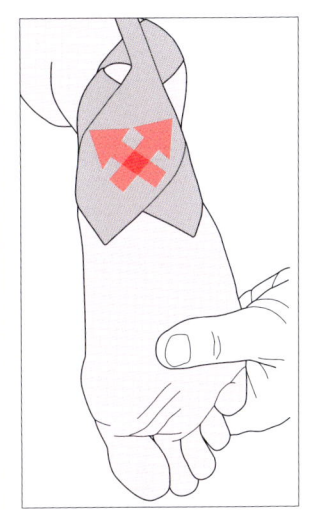

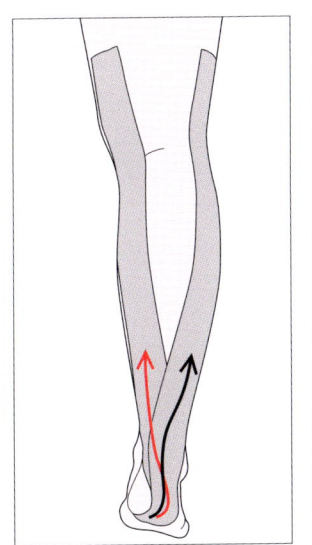

| a. 足部回内位 | b. 足部回外位 | c. 足部中間位 |

図6 貼付後

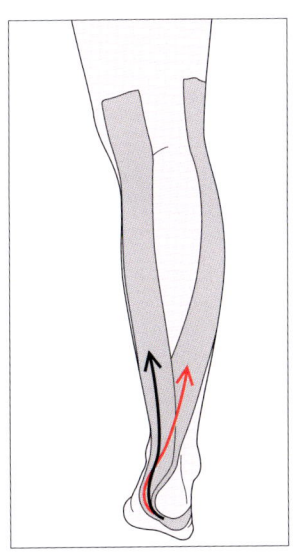

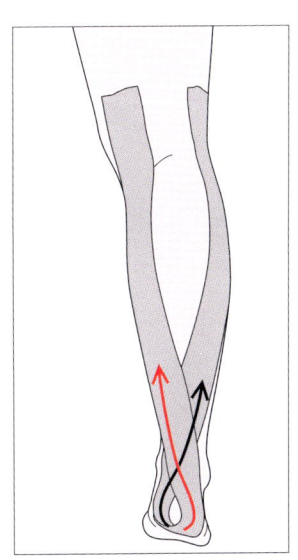

1. アキレス腱付着部障害

荷重位置を変えたヒールレイズの評価

評価方法 片脚立位（または両脚立位）にて，踵挙げを行う．荷重する部位を変化させ（図7），痛みの部位や強さを確認する．

評価結果 最も疼痛が軽減する肢位を選択し，後足部誘導テーピングを貼付する．
① 母趾側荷重で疼痛軽減（図7a）→選択テープ 62

② 小趾側荷重で疼痛軽減（図7b）→選択テープ 63

③ 中央部荷重で疼痛軽減（図7c）→選択テープ 62 ＋ 63

選択テープ 62 後足部回内誘導（→ p.244）

63 後足部回外誘導（→ p.246）

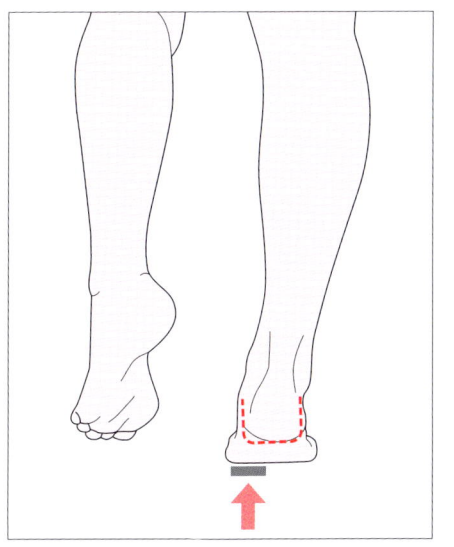

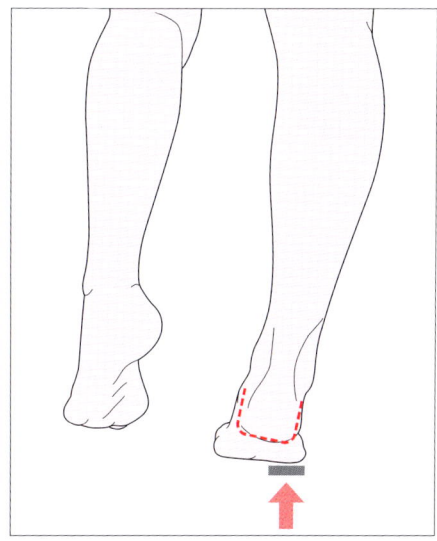

a. 母趾側荷重

b. 小趾側荷重

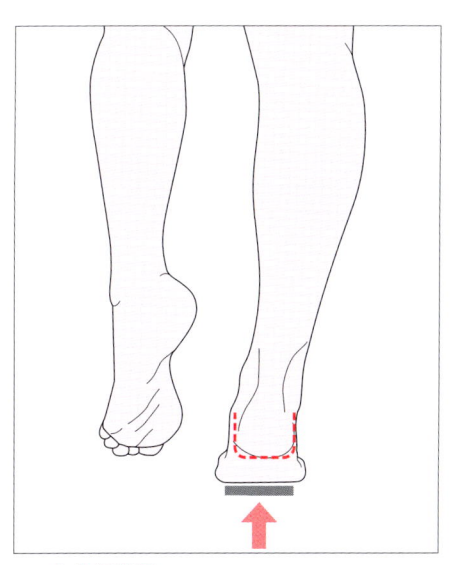

c. 中央部荷重

図7 荷重位を変えたヒールレイズの評価

1. アキレス腱付着部障害

テーピング技法 62 後足部回内誘導

肢　位	長座位，足関節底背屈中間位
テープ	伸縮性（厚手）　幅：5cm　長さ：20〜25cm
方　法	踵部内側から開始（図8）し，足底を通り外果下方の立方骨を挙上させるようにテープに張力を加える（図9）．立方骨を挙上させたまま，下腿前面より内側に向かってらせん状に貼付する（図10）．
注意点	●開始部分のテープの貼付角度に注意する． ●らせん状に貼付するためテープにしわが寄らないようにする．
効果検証	ヒールレイズを行い痛みの増強する肢位で疼痛の軽減を確認する．

ワンポイントアドバイス

足関節背屈位にてテープを貼付することで，より後足部回内を誘導できる．

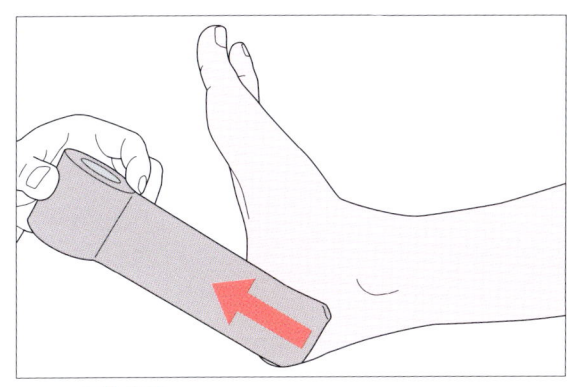

図8　開始位置

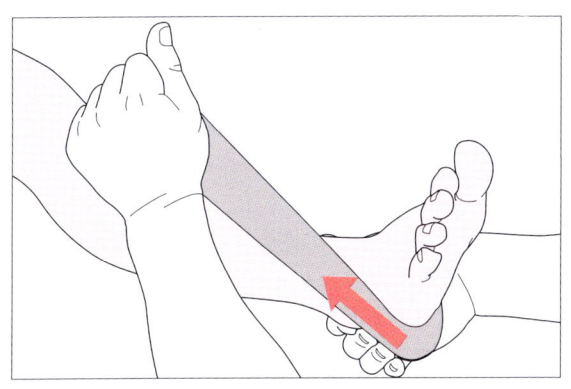

図9　立方骨部を挙上

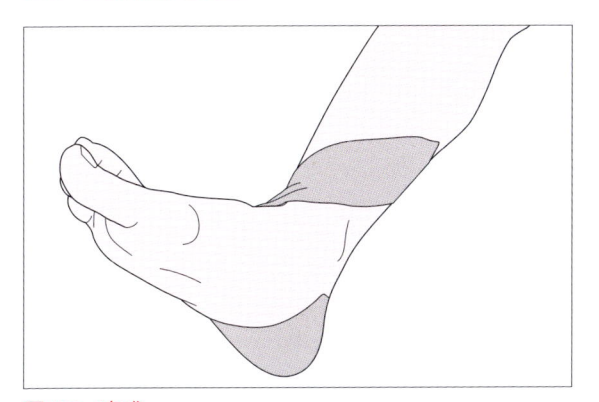

図10　完成

1. アキレス腱付着部障害

テーピング技法 63 　後足部回外誘導

肢 位	長座位，足関節底背屈中間位
テープ	伸縮性（厚手）　幅：5cm　長さ：20〜25cm
方 法	踵部外側から開始（図11）し，足底を通り内果下方の載距突起を挙上させるようにテープに張力を加える（図12）．載距突起を挙上させたまま下腿前面より外側に向かってらせん状に貼付する（図13）．
注意点	●開始部分のテープの貼付角度に注意する． ●らせん状に貼付するためテープにしわが寄らないようにする．
効果検証	ヒールレイズを行い痛みの増強する肢位で疼痛の軽減を確認する．

ワンポイントアドバイス

足関節底屈位にてテープを貼付することで，より後足部回外を誘導できる．

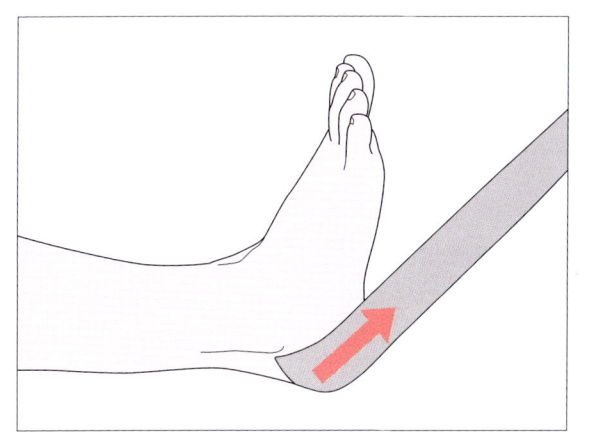

図11 開始位置

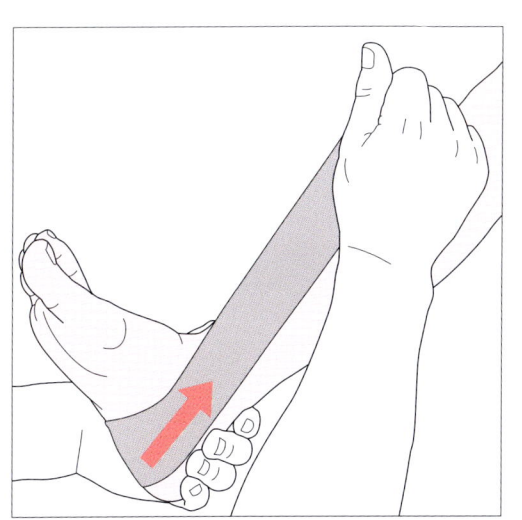

図12 載距突起部を挙上

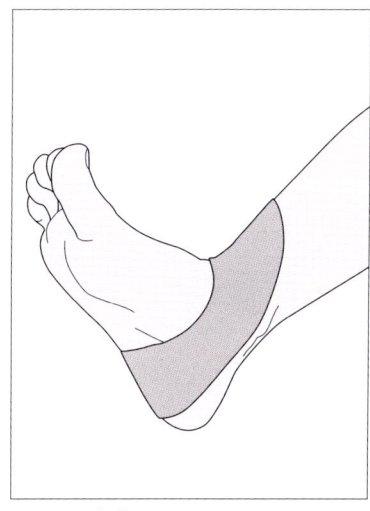

図13 完成

1. アキレス腱付着部障害

足趾の荷重位置を変えたヒールレイズの評価

評価方法 片脚立位（または両脚立位）にて，踵挙げを行う．その際，足趾の荷重する部位（図14）を変化させ，痛みの部位や強さを確認する．

評価結果 最も疼痛が軽減する肢位を選択し，中足骨ユニット（図15）の第1列誘導テーピングを貼付する．

①母趾球荷重で疼痛軽減（図14a）→選択テープ 64

②母趾頭荷重で疼痛軽減（図14b）→選択テープ 65

選択テープ
- 64 中足骨ユニット第1列底屈誘導（→ p.250）
- 65 中足骨ユニット第1列背屈誘導（→ p.252）

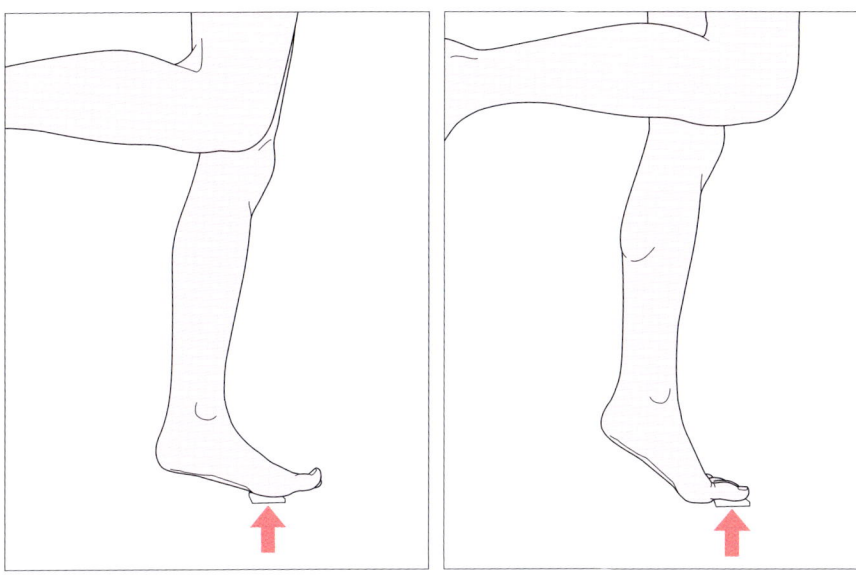

a. 母趾球での荷重　　　　　　　　b. 母趾頭での荷重

図14　足趾の荷重位置を変えたヒールレイズの評価

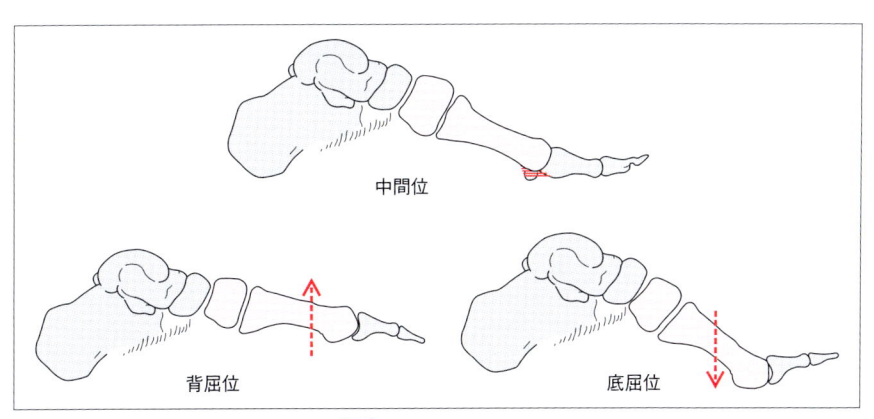

図15　第1列中足骨ユニットの構造
内側楔状骨と第1中足骨で構成される．

中間位

背屈位　　　　　底屈位

1. アキレス腱付着部障害

テーピング技法 64 中足骨ユニット第1列底屈誘導

肢位	長座位，足関節はリラックスした肢位
テープ	伸縮性　幅：2cm　長さ：約10cm
方法	母趾球底部から開始（図16）する．このとき，母趾を伸展させ，母趾球を底屈方向に誘導する．そのまま，外果下方の立方骨底部に向かって貼付する（図17）．テープは全体的に軽く張力を加える．
注意点	●母趾球から立方骨に向かうよう開始部分のテープの貼付角度に注意する． ●テープが曲がらないよう直線状に貼付する．
効果検証	ヒールレイズを行い，痛みの増強する肢位で疼痛の軽減を確認する．

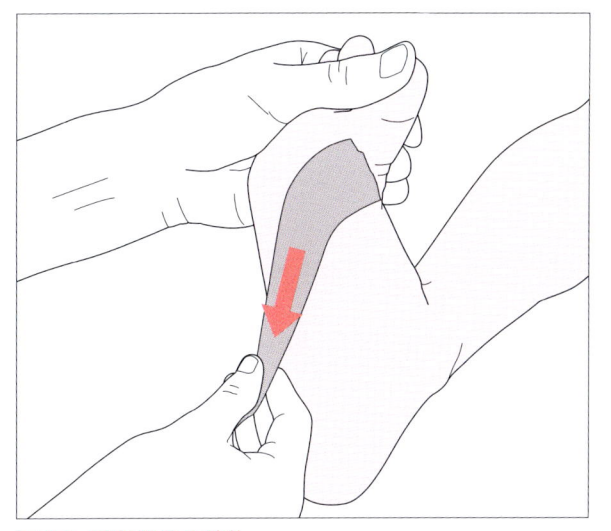

図16　開始位置と肢位

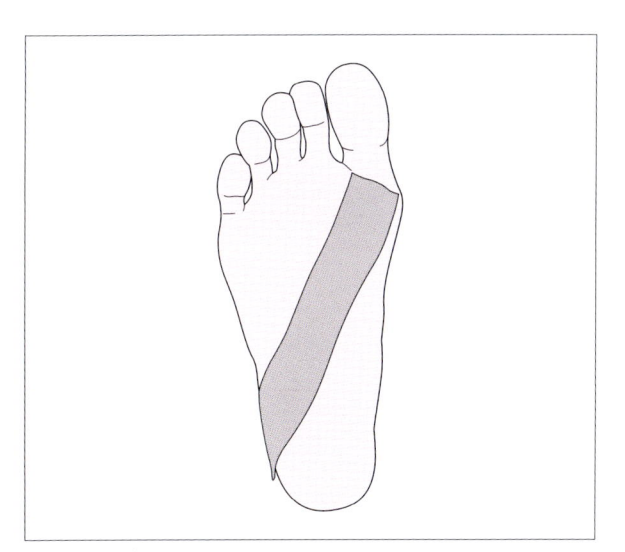

図17　完成

中足骨ユニット第1列背屈誘導

テーピング技法 65

肢　位	椅座位，足部を床面に接地させた肢位
テープ	伸縮性　幅：2cm　長さ：約10cm
方　法	母趾球背部から開始（図18）する．このとき，母趾を屈曲させ，第1列は背屈をとらせる．背屈位のまま外果下方の立方骨背部に向かって貼付する（図19）．テープは全体的に軽く張力を加える．
注意点	●母趾球から立方骨に向かうよう開始部分のテープの貼付角度に注意する． ●テープが曲がらないよう直線状に貼付する．
効果検証	ヒールレイズを行い，痛みの増強する肢位で疼痛の軽減を確認する．

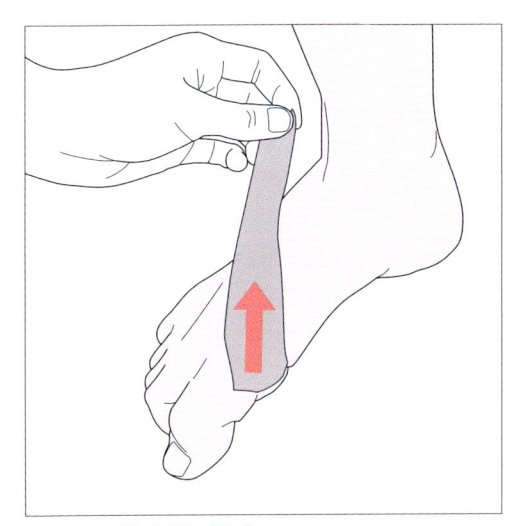

図18　開始位置と肢位

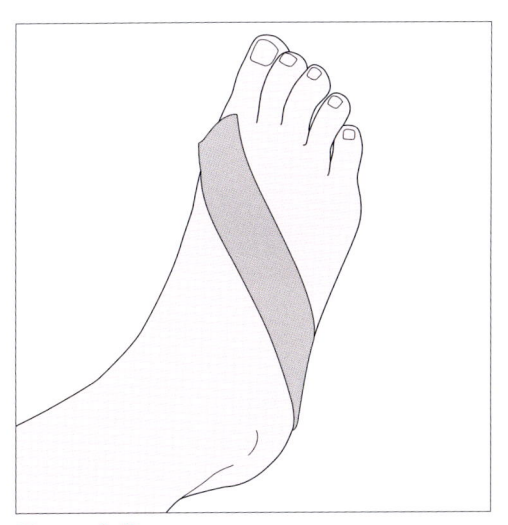

図19　完成

1. アキレス腱付着部障害　253

①足関節・足部のスポーツ障害における評価とテーピング

2 シンスプリント

病態 シンスプリントは脛骨疲労性骨膜炎とよばれ，ランニングやジャンプなどの繰り返しにより生じるオーバーユースの1つである．脛骨に付着する筋群（後脛骨筋，長趾屈筋，長母趾屈筋，ヒラメ筋）の過活動により付着部（エンテーシス）に牽引力が加わり，同部の微細損傷が生じる．初期には下腿の後内側の圧痛，運動時痛を認め，症状が強くなると安静時痛が出現する．扁平足など足部アーチの低下（図1，2）や下腿三頭筋の柔軟性低下，硬い路面，クッションの悪い靴などが発生の誘因と考えられている．

疼痛部位 脛骨の後内側部位（図3）

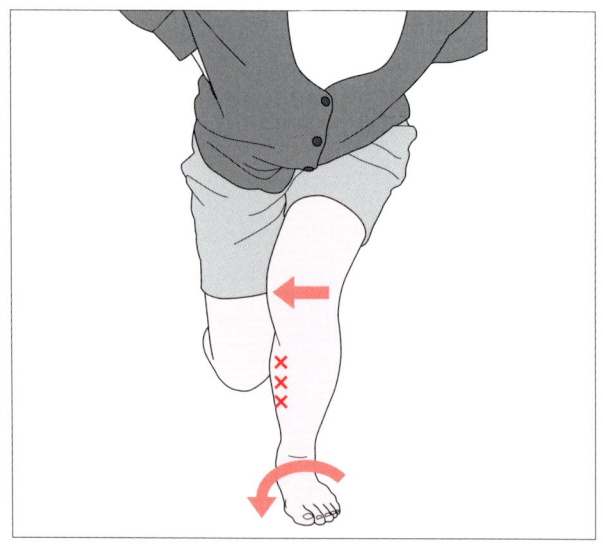

図1 足部アーチの低下に伴い，負荷が加わりやすい

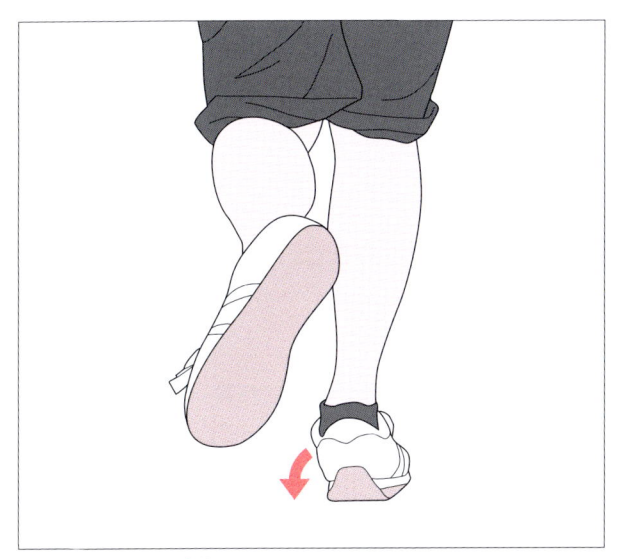

図2　ジョギング時のアライメント
スタンス時に足部アーチが低下している．

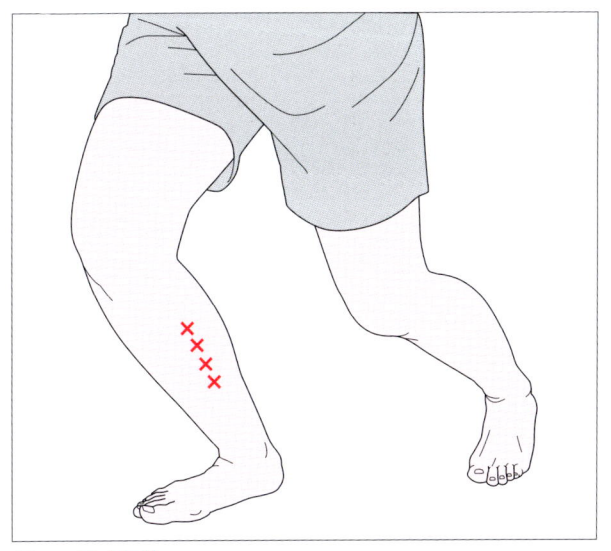

図3　圧痛部位

非荷重位の疼痛評価

評価方法 脛骨内側部の圧痛や叩打痛（図4），後脛骨筋，ヒラメ筋，長趾屈筋などの伸張痛や収縮時痛（図5，6）の有無と痛みの程度を確認する．

評価結果 疼痛がある場合，腱付着部の炎症が強いと考えられる．
①ヒラメ筋に疼痛あり→選択テープ 66
②後脛骨筋に疼痛あり→選択テープ 67

選択テープ 66 ヒラメ筋のアシスト（→ p.258）
67 後脛骨筋のアシスト（→ p.260）

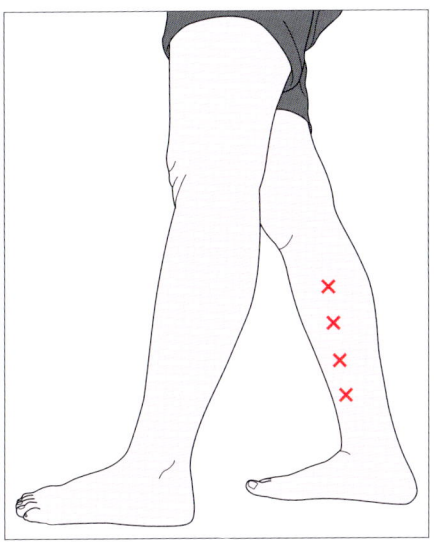

図4　圧痛部位

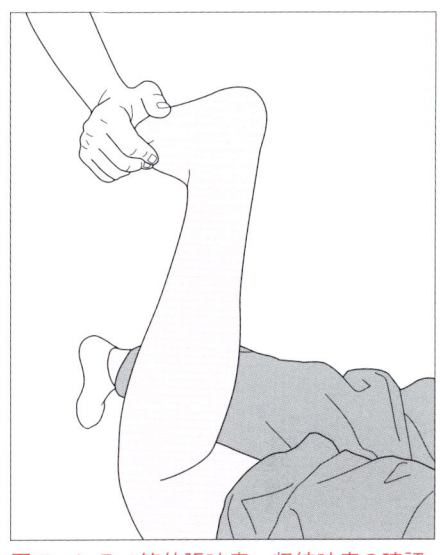

図5　ヒラメ筋伸張時痛，収縮時痛の確認

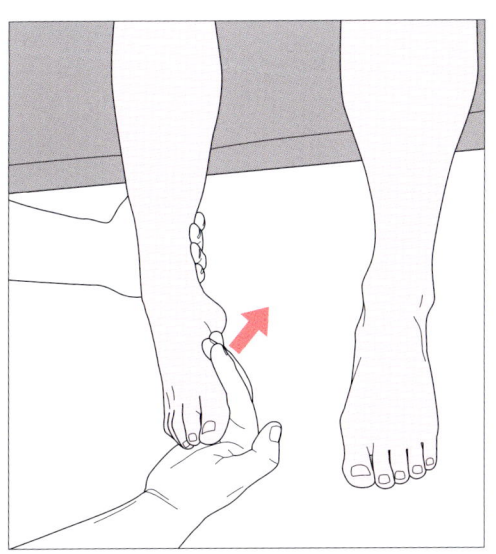

図6　後脛骨筋収縮時痛の確認

テーピング技法 66 ヒラメ筋のアシスト

肢　位	腹臥位，膝屈曲位，足関節背屈位
テープ	伸縮性　2本　幅：5cm　長さ：40〜45cm
方　法	足関節を背屈させ，あらかじめヒラメ筋を伸張させる．テープは足底中央部より開始（図7）し，1本目のテープはアキレス腱の外側を通り，腓骨頭の後面に向けて貼付する（図7①）．2本目のテープはアキレス腱の内側を通り，下腿近位2/3程度から腓骨頭の後面に向かって弧を描くように貼付する（図8②）．
注意点	足関節の可動域制限が生じないようにテープの張力に注意する．
効果検証	ヒラメ筋の収縮時痛の程度や歩行や軽いランニングのときの疼痛を確認する．

ワンポイントアドバイス

テーピング技法63　後足部回外誘導（→ p.246）もあわせて行うとさらに効果的である．

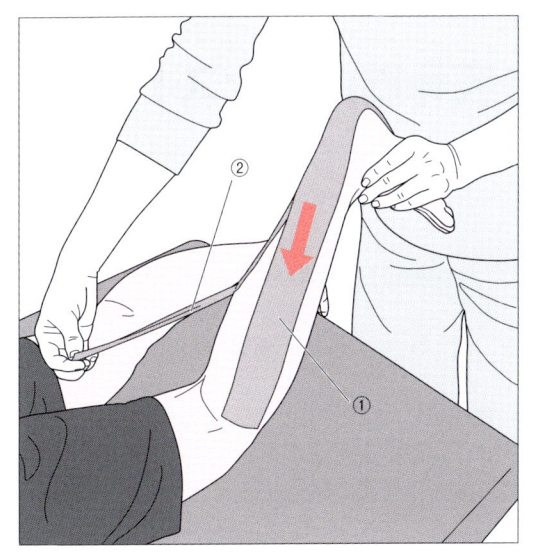

図7　開始位置

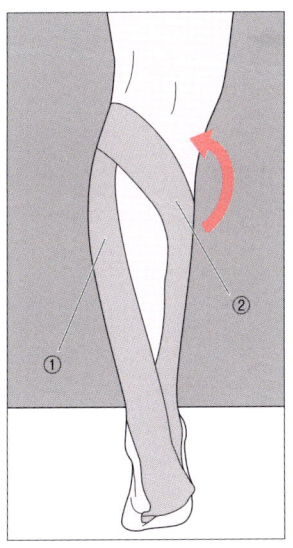

図8　完成

2. シンスプリント　259

テーピング技法 67 　後脛骨筋のアシスト

肢　位	腹臥位，足関節背屈および外反位
テープ	伸縮性　幅：5cm　長さ：40〜45cm
方　法	足関節背屈および外反位とし，あらかじめ後脛骨筋を伸張させる．テープは，足底中央内側面から開始（図9）し，内果後方を通り，下腿近位の後外側面まで貼付する（図10）．
注意点	足関節の背屈可動域制限が生じないようにテープの張力に注意する．
効果検証	後脛骨筋の収縮時痛の程度や歩行や軽いランニングのときの疼痛を確認する．

ワンポイントアドバイス

テーピング技法 63　後足部回外誘導（→ p.246）もあわせて行うとさらに効果的である．

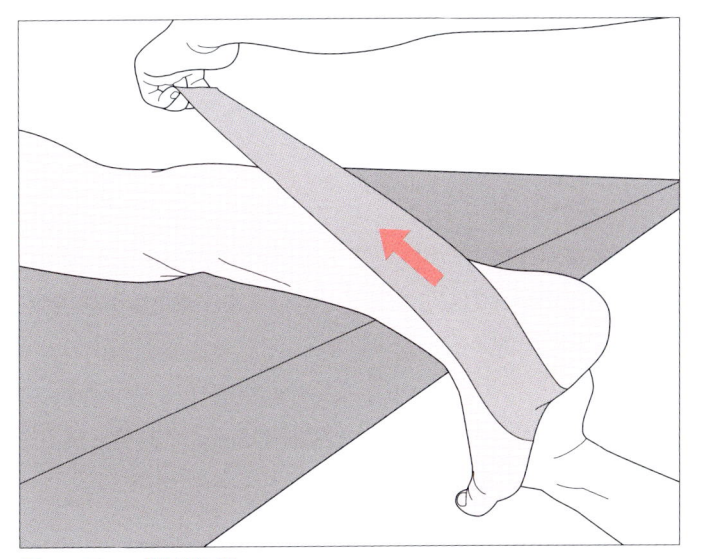

図9　テープ開始位置

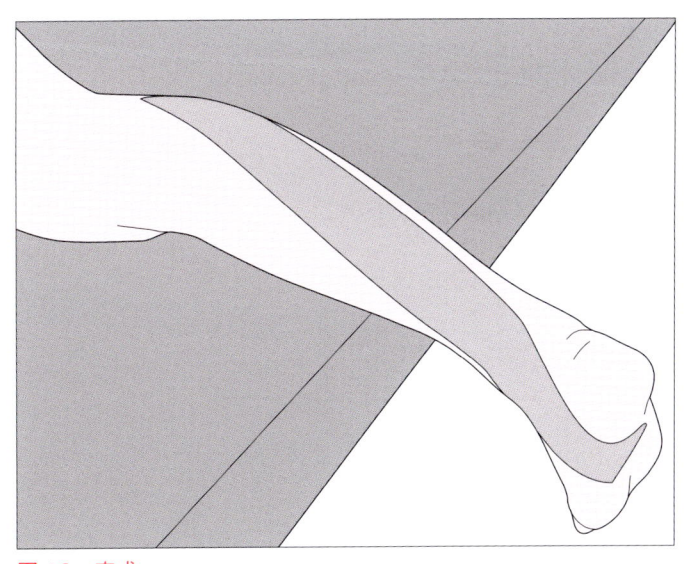

図10　完成

2. シンスプリント　261

Ⅳ　足関節・足部

荷重位の疼痛評価

評価方法 片脚立位（図11a）からスクワット動作をさせる（図11b）．スクワットした際の痛みの部位や強さを確認する．また足部の内側アーチの変化も確認しておく．

評価結果 ①足部内側アーチの低下および膝関節外反にて疼痛出現（図12a）
→選択テープ 63 ＋ 68

②足部内側アーチの保持（72 ➡ p.284）および膝関節内反にて疼痛出現（図12b）→選択テープ 66 ＋ 67

選択テープ
- 63 後足部回外誘導（➡ p.246）
- 68 内側楔状骨の挙上（➡ p.264）
- 66 ヒラメ筋のアシスト（➡ p.258）
- 67 後脛骨筋のアシスト（➡ p.260）

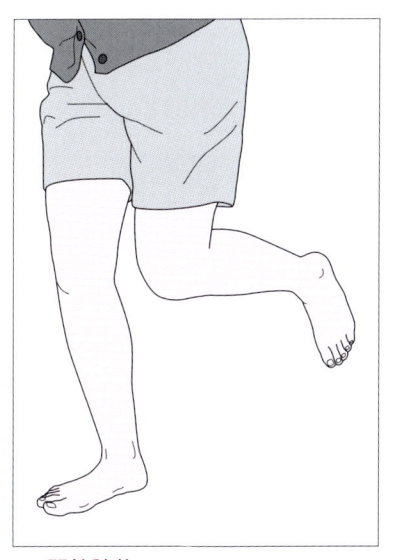

a. 開始肢位　　　　　　　　b. 最終肢位

図 11　片脚スクワット動作

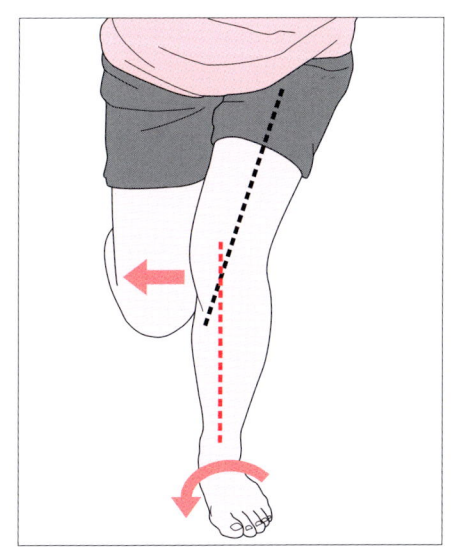

a. 内側アーチの低下による膝の外反　　　b. 内側アーチの保持

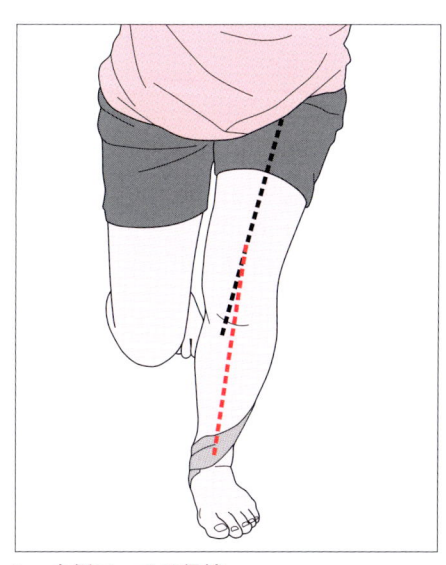

図 12　足部の形状によるアライメントの変化

2. シンスプリント

テーピング技法 68 内側楔状骨の挙上

肢位	長座位，リラックスした肢位
テープ	伸縮性　幅：2.5cm　長さ：5cm
方法	足底中央部やや前方（第3中足骨頭部）より開始（図13）し，弧を描きつつ内側楔状骨内側部へ走行する．内側楔状骨を持ち上げるようテープに張力を加え（図14），足背部を通り足部外側（外側楔状骨）に向かって貼付する（図15）．
注意点	●弧を描くようにテープを走行させる． ●内側楔状骨の位置を確認したうえで正確にテープを貼付することが重要である．
効果検証	片脚スクワット動作やしゃがみ込み動作のときの疼痛の軽減を確認する．

ワンポイントアドバイス

内側楔状骨を持ち上げる際，テープの張力をしっかり高めることが重要である．

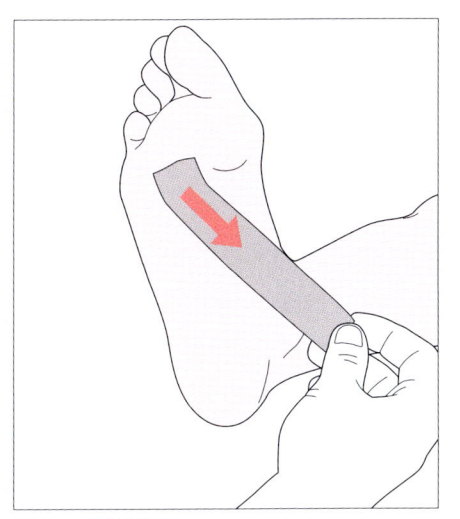

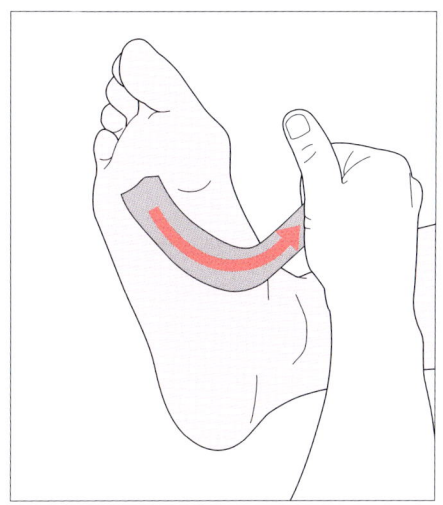

図13　開始位置

図14　内側楔状骨の挙上

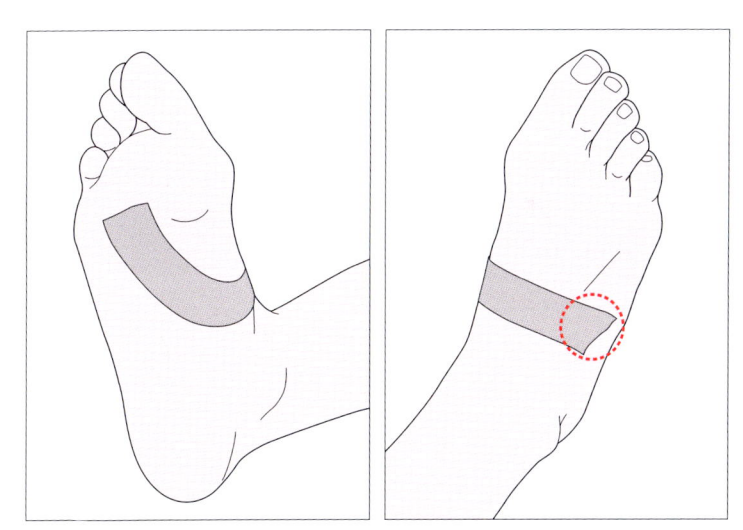

図15　完成
テープ停止部は足背部外側まで貼付する（○）.

2. シンスプリント

①足関節・足部のスポーツ障害における評価とテーピング

3 足底腱膜炎

病　態　足底腱膜炎は，ランニングなど足部への荷重を繰り返すことにより，腱膜付着部に微細損傷を生じ発生する．腱膜の付着部が牽引負荷により骨棘を形成することもある（図1）．また腱膜と踵骨の間にある滑液包のインピンジメントによって痛みが生じる例がある．回内足やハイアーチなどのマルアライメントも発生要因となる．症状は，足底腱膜付着部の圧痛（図2），伸張痛（図3）のほかに，歩行時のけり出しで痛みを訴えることが多い（図4）．

疼痛部位　足底腱膜の踵骨内側付着部（図2）．

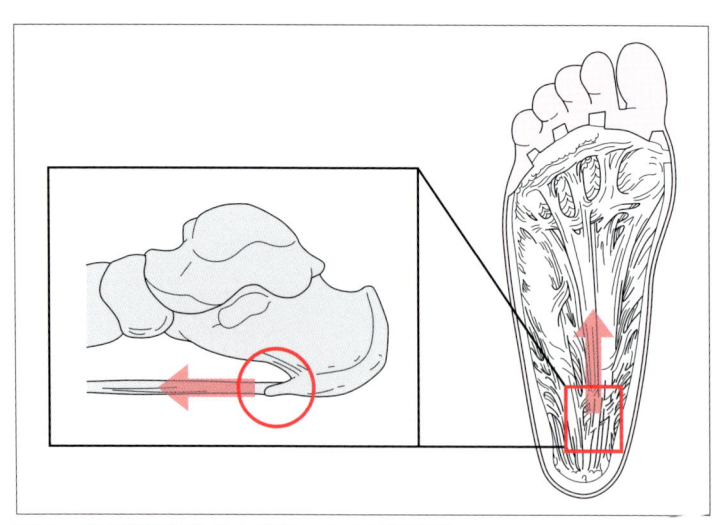

図1　足底腱膜付着部の伸張による骨棘形成

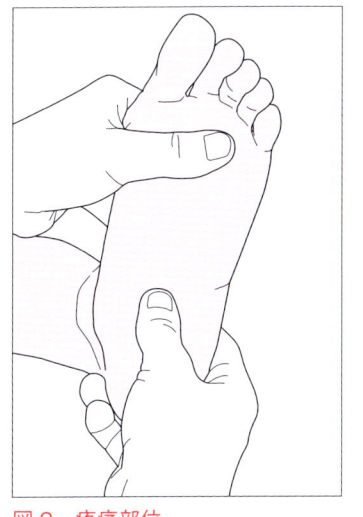

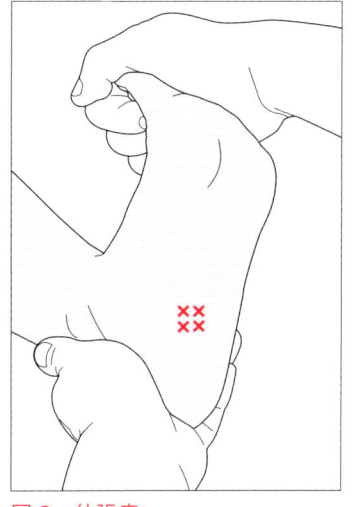

図2　疼痛部位

図3　伸張痛

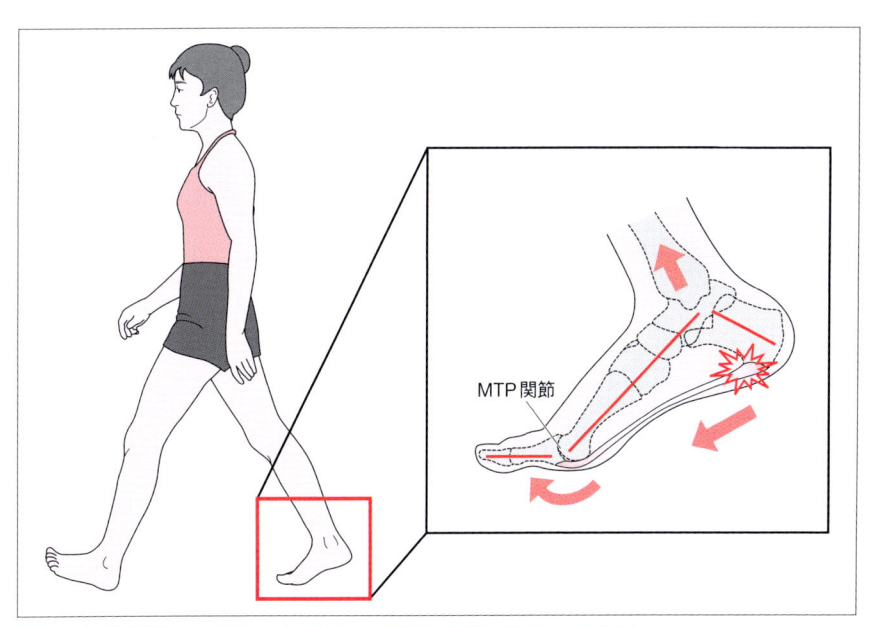

図4　立脚後期での中足趾節(MTP)関節の伸展運動による疼痛

MTP関節

3. 足底腱膜炎

後足部アーチを変えた踏み込み動作の評価

評価方法 踏み込み動作を行い，後足部でタオルを踏ませ，アーチ（図5）保持による疼痛の有無を確認する（図6）.

評価結果 タオルにてアーチを保持させると疼痛は減弱するが，タオルなしにて疼痛が増強する場合，踵骨が前方傾斜することで足底腱膜が緊張し，付着部に牽引負荷が加わったと考えられる（図7）. →選択テープ

選択テープ 踵骨の前方傾斜制動（→ p.270）

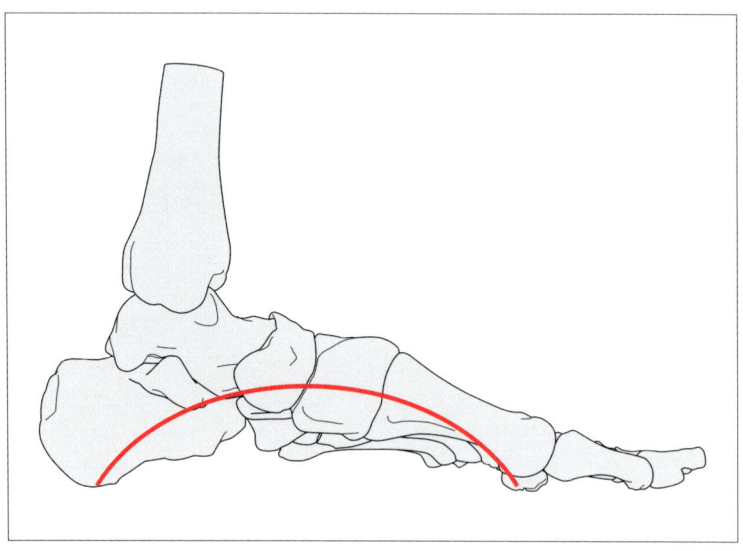

図5 内側縦アーチの構造

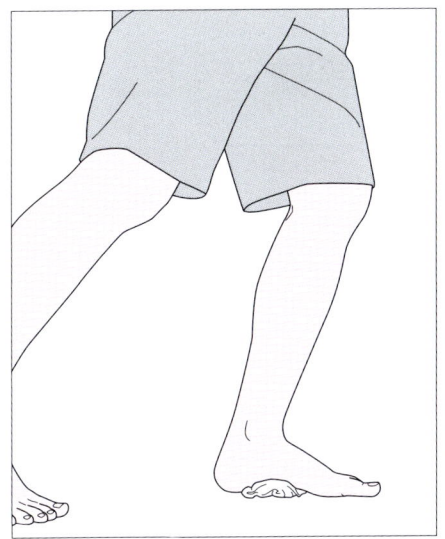

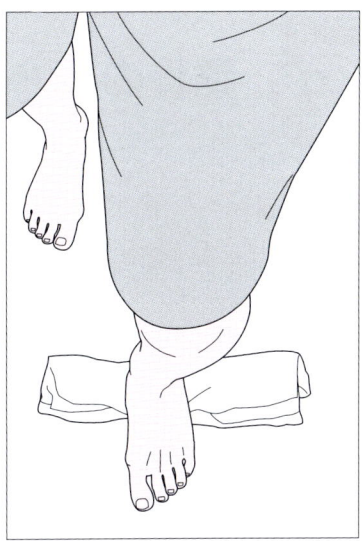

図6 タオルにより後足部アーチを保持

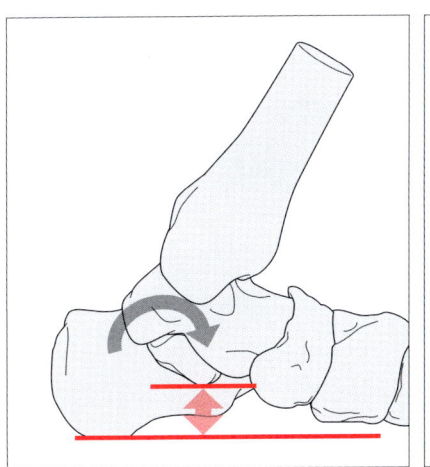

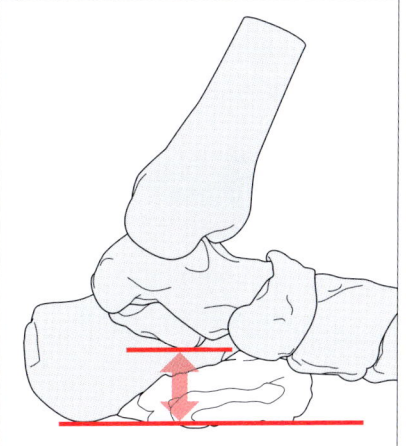

図7 後足部アーチ保持のメカニズム
タオルにより踵骨の前方傾斜を防ぐことでアーチが保持される

3. 足底腱膜炎

テーピング技法 69 踵骨の前方傾斜制動

肢　位	長座位，足関節の底背屈中間位
テープ	伸縮性　幅：2.5cm　長さ：40〜45cm
方　法	足底より踵骨遠位部にテープの中央部を当てる（図8）．テープを当てた踵骨遠位部を足底から圧迫を加え（図9），左右それぞれのテープを後上方に向け張力をかけ貼付する（図9，10）．アキレス腱部で交差し（図10），らせん状に下腿前面遠位部まで貼付する（図11）．
注意点	左右へ持ち上げるテープは内果，外果のそれぞれ後方を通るように走行させる．
効果検証	踏み込み動作や歩行にて足底面の疼痛が軽減するか確認する．

ワンポイントアドバイス

踵骨の前方傾斜を制動するために足底面のテープは正確な位置に貼付する．

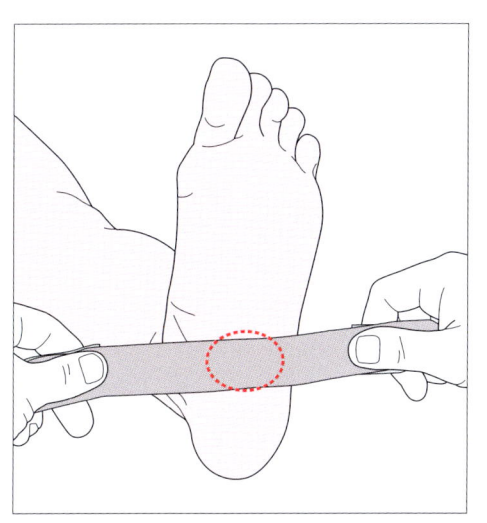

図8　開始位置
足底の踵骨遠位部より開始

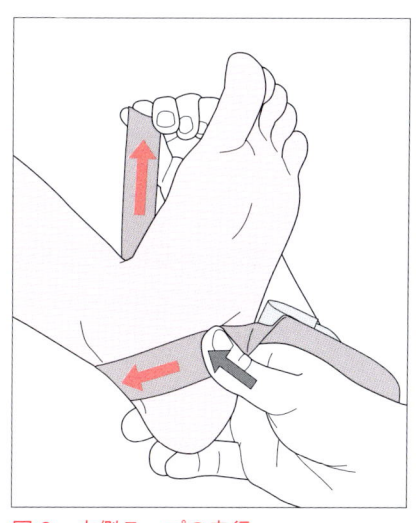

図9　内側テープの走行
踵骨遠位部に圧迫を加える.

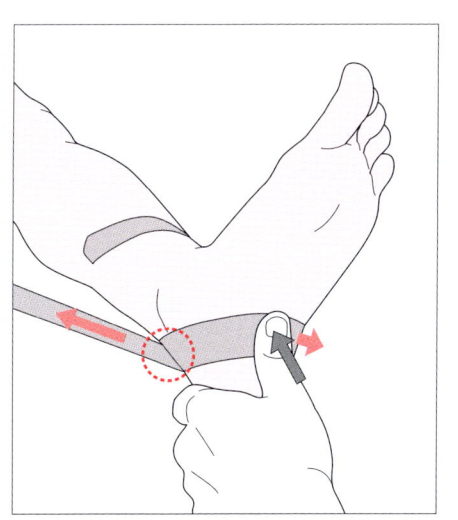

図10　外側テープの走行
アキレス腱部で内側テープと交差する.

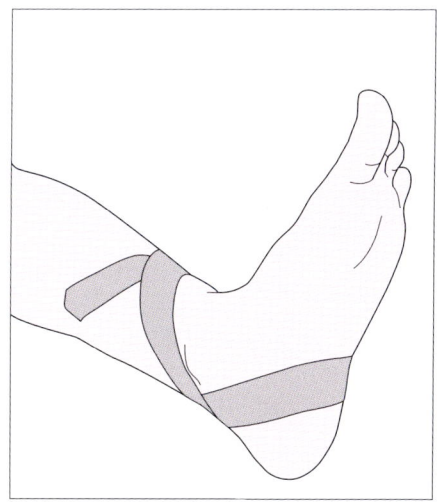

図11　完成

3. 足底腱膜炎

足部肢位や荷重肢位を変えた歩行の評価

評価方法 歩行による疼痛の出現または増強するタイミングを確認する．また，足部肢位と荷重位置を変えることで疼痛の変化を確認する（図12，13）．

評価結果 ［足部肢位］

①足部外転位で疼痛軽減（図12a）→選択テープ 62

②足部内転位で疼痛軽減（図12b）→選択テープ 63

［荷重位置］

③内側（母趾球）荷重で疼痛軽減（図13a）→選択テープ 64

④外側（小趾球）荷重で疼痛軽減（図13b）→選択テープ 65

選択テープ

62 後足部回内誘導（→ p.244）

63 後足部回外誘導（→ p.246）

64 中足骨ユニット第1列底屈誘導（→ p.250）

65 中足骨ユニット第1列背屈誘導（→ p.252）

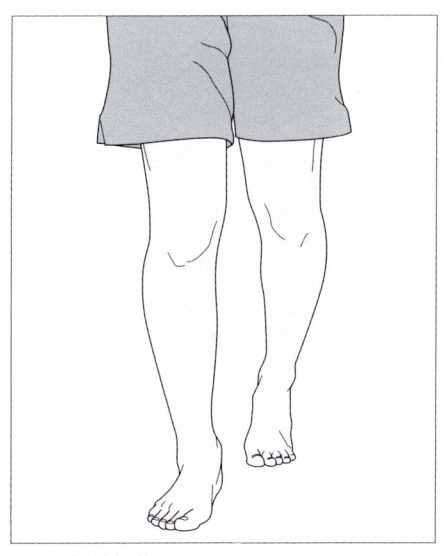

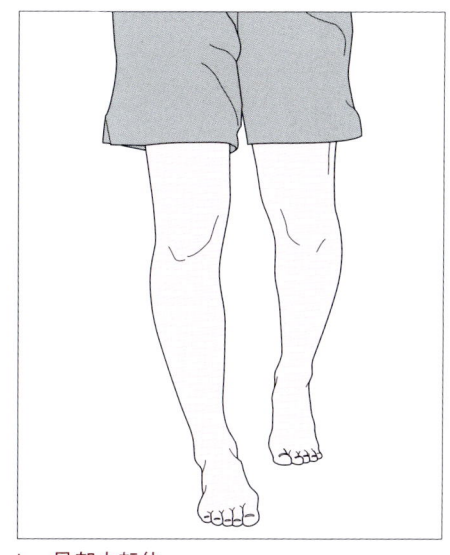

a. 足部外転位　　　　　　　　　　　b. 足部内転位
図12　歩行時，足部肢位を変え疼痛の変化を確認

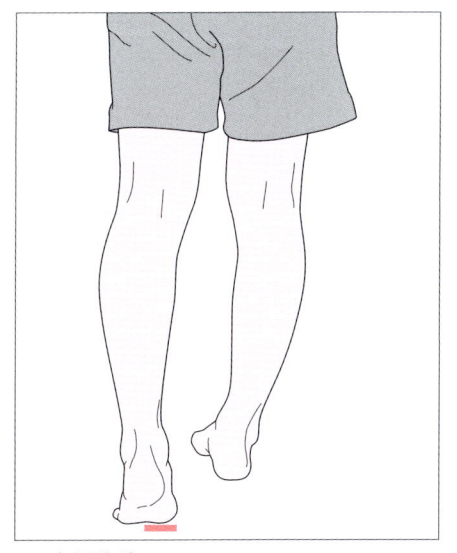

a. 内側荷重　　　　　　　　　　　　b. 外側荷重
図13　歩行時，荷重位置を変え疼痛の変化を確認

① 足関節・足部のスポーツ障害における評価とテーピング

4 有痛性外脛骨

病態　外脛骨は舟状骨の内側に存在する余剰骨の一つ（図1）で，後脛骨筋の過剰な収縮（図2）や足関節捻挫に伴って外脛骨と舟状骨間の軟骨板損傷により痛みが出現する．足関節外反を強いられるスポーツ（サッカー，バスケット）などで思春期の子供に多く発生する．また扁平足では，骨突出部の靴による圧迫や摩擦が，疼痛発生の要因となる．

疼痛部位　舟状骨粗面や後脛骨筋の付着部（図3）

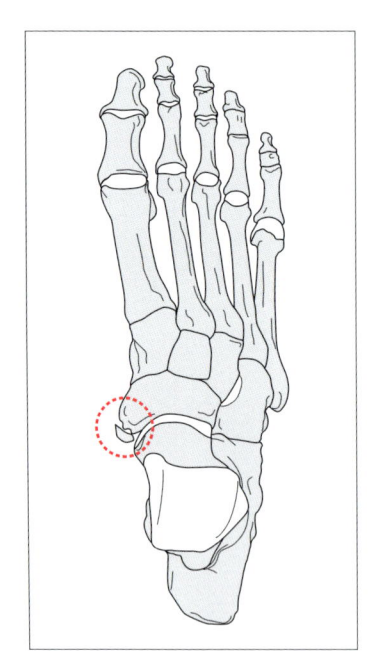

図1　舟状骨から剥離した外脛骨

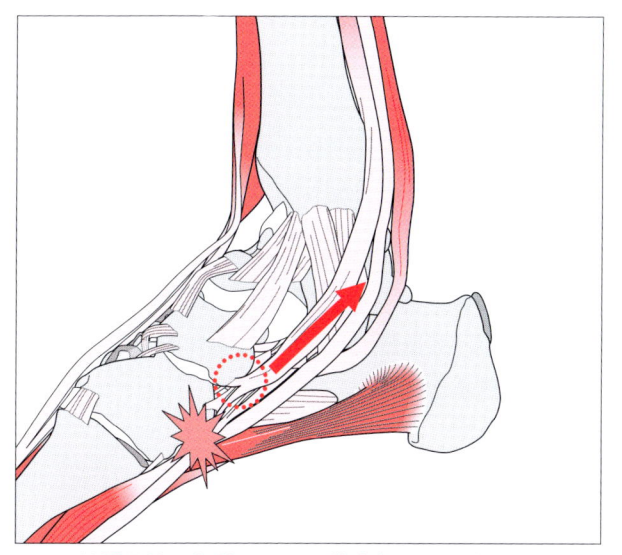

図2 後脛骨筋の収縮により，停止部である舟状骨に牽引負荷が加わる．

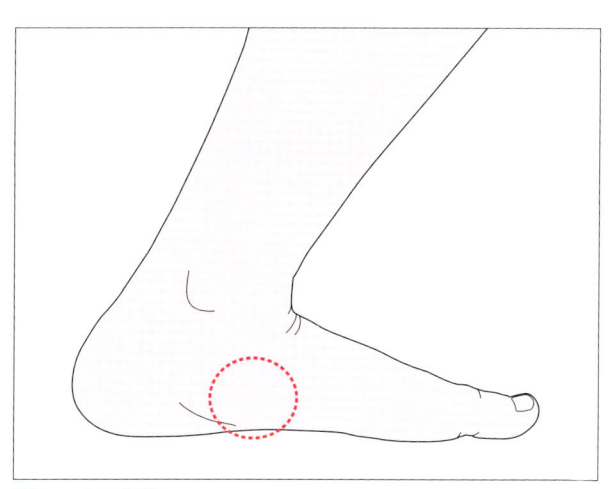

図3 疼痛部位

4. 有痛性外脛骨

疼痛の評価

評価方法 舟状骨内側部の圧痛や叩打痛，後脛骨筋付着部の牽引負荷による疼痛や距舟関節の離開（図4），後脛骨筋収縮時痛（図5）の有無と程度を確認する．また，荷重位にて踏み込み動作を行い，舟状骨内側部の疼痛の有無を確認する（図6）．

評価結果 ①牽引および伸張痛の出現（図4）→選択テープ 70

②後脛骨筋の収縮時痛の出現（図5）→選択テープ 67

③踏み込み動作での舟状骨部の疼痛出現（図6）
→選択テープ 63 ＋ 71

選択テープ 70 足部外転制動（距舟関節の離開を制動）（→ p.278）

67 後脛骨筋のアシスト（→ p.260）

63 後足部回外誘導（→ p.246）

71 舟状骨の挙上誘導（→ p.280）

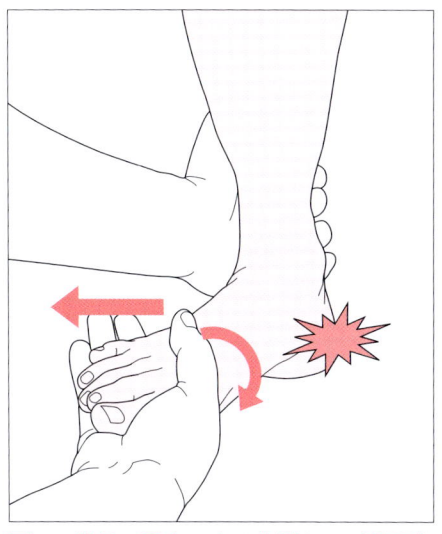

図4 外転・回内による牽引および伸張負荷による疼痛の確認

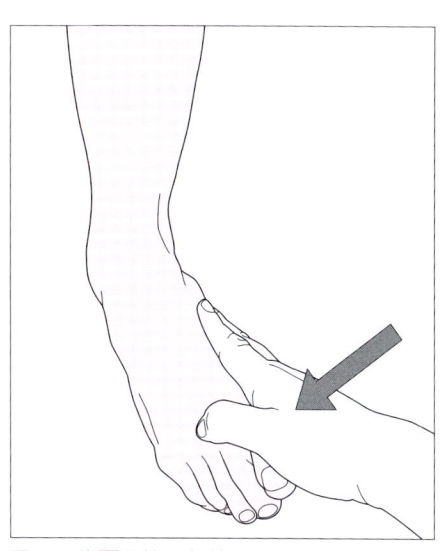

図5 後脛骨筋の収縮時痛の確認

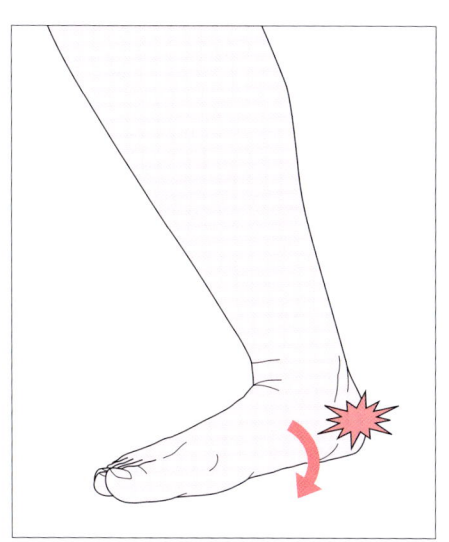

図6 内側アーチの低下により疼痛は増強しやすい.

4. 有痛性外脛骨 ● 277

テーピング技法 70 足部外転制動

肢位	長座位，リラックスした肢位
テープ	伸縮性　幅：5cm　長さ：20～30cm
方法	母趾球手前の第1中足骨内側面より開始（図7）し，舟状骨と距骨の関節面（距舟関節）の離開を制動するため，テープの張力を強め踵骨内側まで貼付する（図8）．また，踵内側から外側に向けてテープの張力を強めて貼付する（図8）．踵後面から外側に向けて走行し，小趾球手前の第5中足遠位部まで貼付する（図9）．
注意点	アキレス腱にテープがかからないよう踵骨を包むように貼付する．
効果検証	踏み込み動作やしゃがみ込み動作にて疼痛の軽減を確認する．

ワンポイントアドバイス

テープの張力は，足部内側の舟状骨から距骨にかけて強くする．

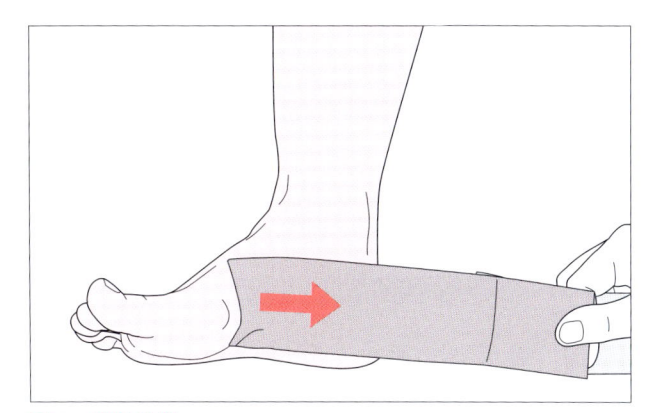

図7 開始位置

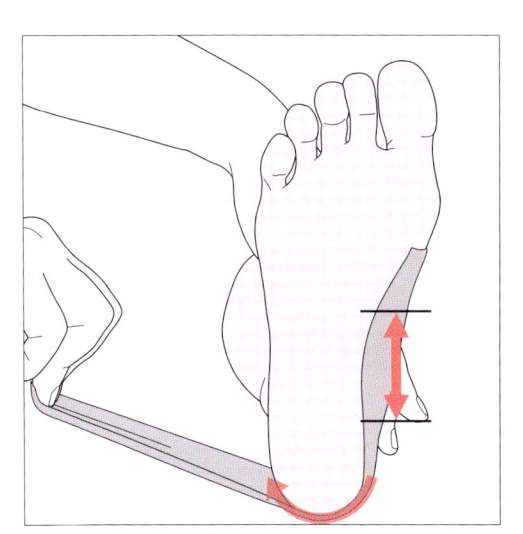

図8 距舟関節の離開を制動するようテープの張力を高める(矢印部分).

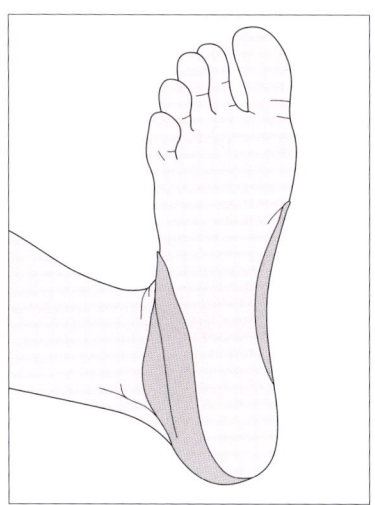

図9 完成

4. 有痛性外脛骨

テーピング技法 71 舟状骨の挙上誘導

肢位	長座位，足関節底背屈中間位
テープ	伸縮性　幅：5cm　長さ：15〜20cm
方法	足部外側より開始（図10）し，足底を通り，舟状骨部を指で上方へ圧迫し（図11），スプリットした一方（図11①）のテープに伸張を加えながら舟状骨から足背部へ貼付する．もう一方（図11②）も伸張を加えながら内果の後方に向かい，下腿後面まで貼付する（図12）．
注意点	足背部に貼付する場合（図11①），足背動脈を圧迫しやすいので注意する．
効果検証	踏み込み動作やしゃがみ込み動作にて疼痛の軽減を確認する．

ワンポイントアドバイス

舟状骨内側突起部でスプリットするとテープの張力がかかりやすくなる．

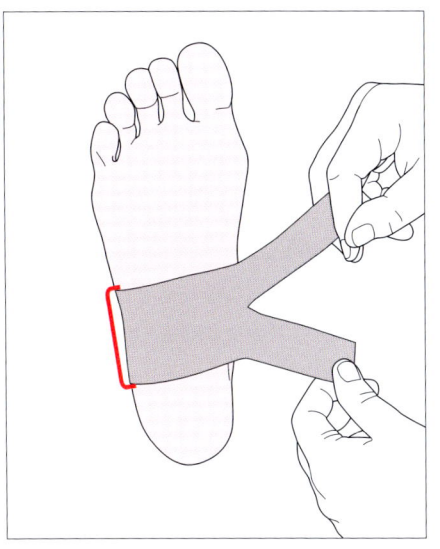

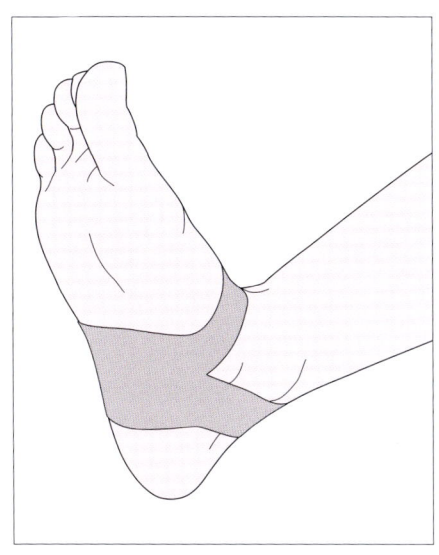

図 10　開始位置

図 12　貼付後

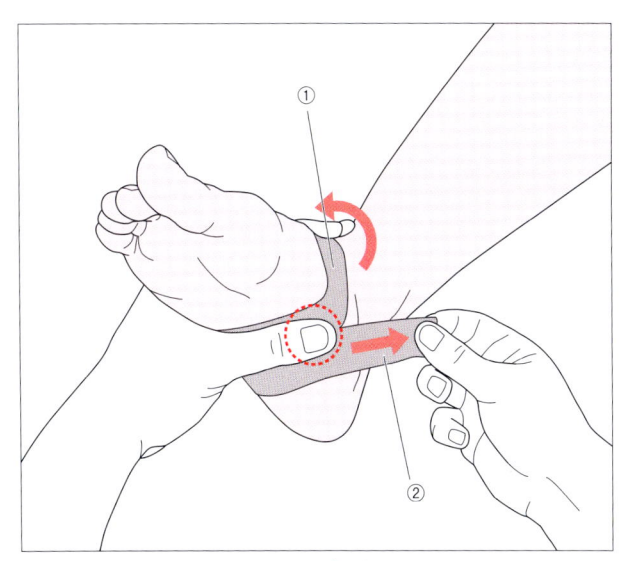

図 11　舟状骨の挙上と各テープの走行

4. 有痛性外脛骨

②足関節・足部のマルアライメントに対するテーピング

1 扁平足

特徴 扁平足は，主に内側縦アーチの慢性的な落ち込みや沈み込みであり，舟状骨の高さ（図1a）やレッグヒールアライメント（図1b）で確認できる．慢性的な内側縦アーチの低下は距骨下関節の過度の回内運動を伴い，足底腱膜が伸張され，アーチ保持の役割を持つ足関節周囲筋群（後脛骨筋，腓骨筋など）の過活動により，筋疲労や痛みを引き起こす（図2）．症状は足部の痛みが主体となるが，内側縦アーチの機能不全として足関節，下腿，膝，大腿部の痛み（二次的障害）も生じることがある（図3）．

選択テープ テーピング技法72 内側縦アーチ挙上誘導（→ p.284）

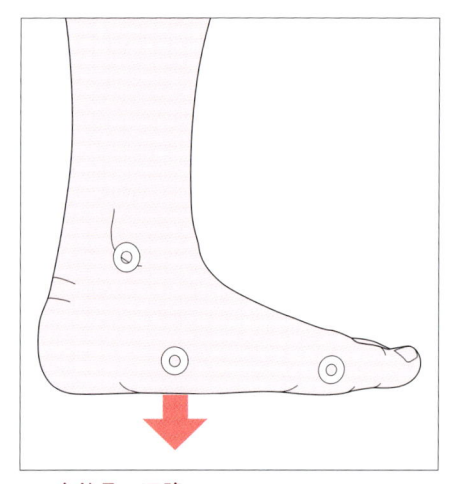

a. 舟状骨の下降

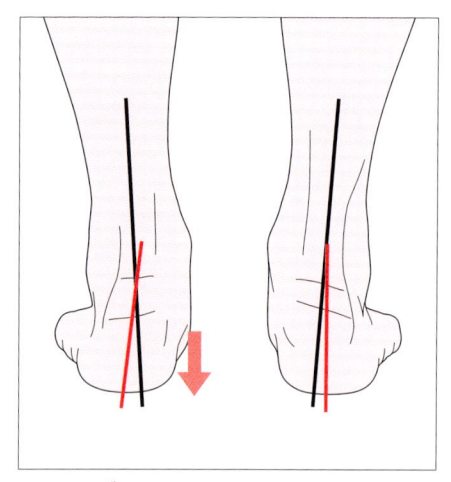

b. レッグヒールアライメント

図1　内側縦アーチ下降の確認方法

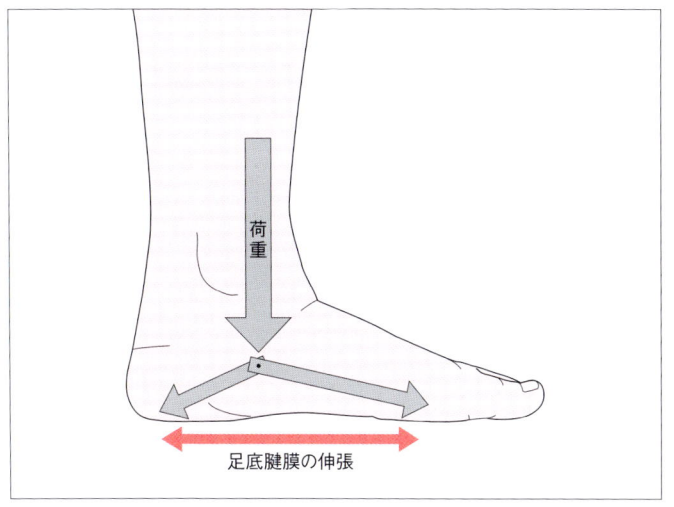

図2　荷重時の足部と筋活動の関係
荷重により足底腱膜は伸張，アーチ保持筋群は過剰に活動する．

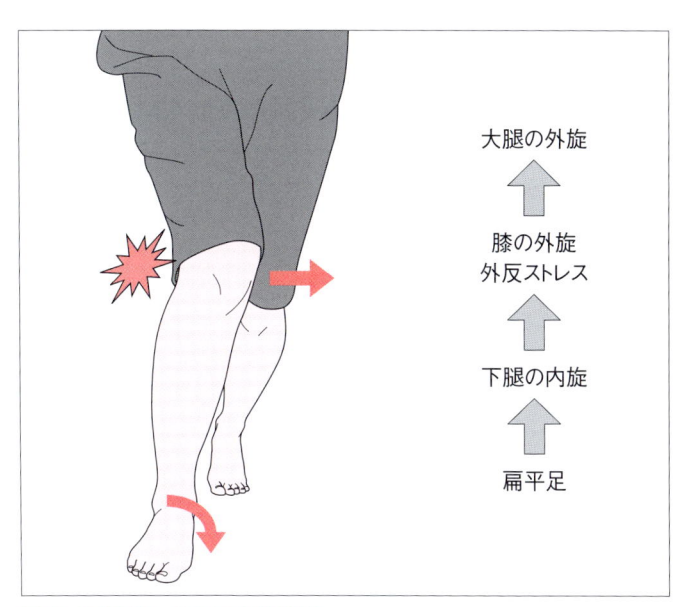

図3　扁平足からの二次的障害
例：膝への外反ストレス．

テーピング技法 72 内側縦アーチ挙上誘導

肢　位	長座位，足関節底背屈中間位
テープ	伸縮性　3本　幅：5cm　長さ：20～25cm
方　法	1本目は，床面に垂直となるよう踵部外側面から開始し，踵骨内側部を持ち上げるようテープの張力を強めて下腿内側まで貼付する(図4)．2本目は，踵部外側面から若干前方にテープを傾斜させた位置から開始し，足底より載距突起(内果直下部)を持ち上げるようテープの張力を強めて下腿前外側まで貼付する(図5)．3本目は，2本目より前方にテープを傾斜させた位置から開始し，足底より舟状骨部を持ち上げるようテープの張力を強めて下腿外側まで貼付する(図6)．それぞれのテープが等間隔に貼付されていることを確認する(図7)．
注意点	2，3本目は，らせん状に貼付するためテープにしわが寄らないようにする．
効果検証	しゃがみ込みや踏み込み動作を行い，内側縦アーチが低下しないかを確認する．

ワンポイントアドバイス

足関節底屈位にてテープを貼付することで，より内側縦アーチを高く誘導できる．

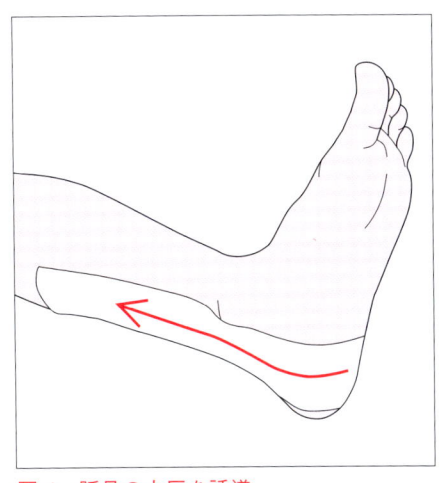

図4　踵骨の内反を誘導

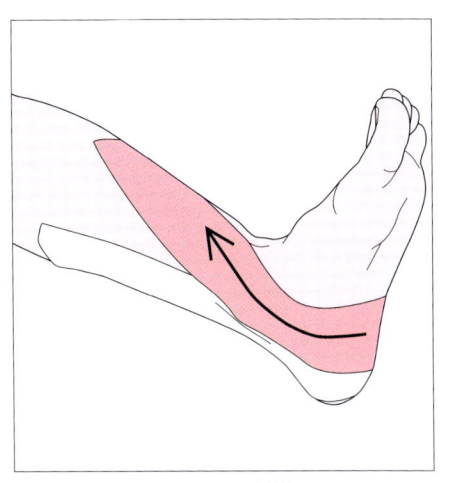

図5　載距突起の挙上を誘導

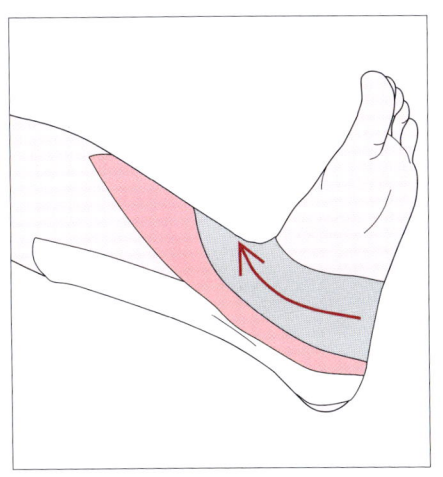

図6　舟状骨の挙上を誘導

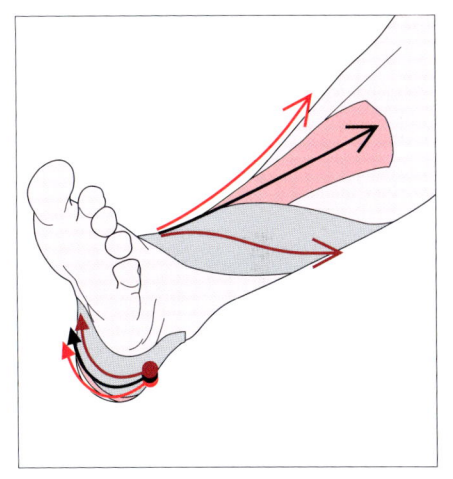

図7　完成

1. 扁平足　●285

②足関節・足部のマルアライメントに対するテーピング

2 外反母趾

特徴 外反母趾とは第1中足骨が内反し，中足趾節関節で母趾基節骨が外反する変形（内側に突出）である（図1）．突出した部分（図2）が靴の中で圧迫や摩擦などの刺激により，滑液包炎や滑液包の肥厚（バニオン）が生じ，痛みの原因となる．スポーツ場面では，ランニングやカッティングなどの前足部回内に伴う痛みが多く，柔軟な足部（扁平足など）は外反母趾を助長しやすい（図3）．

選択テープ
- 73 母趾外反制動（→ p.288）
- 72 内側縦アーチ挙上誘導（→ p.284）

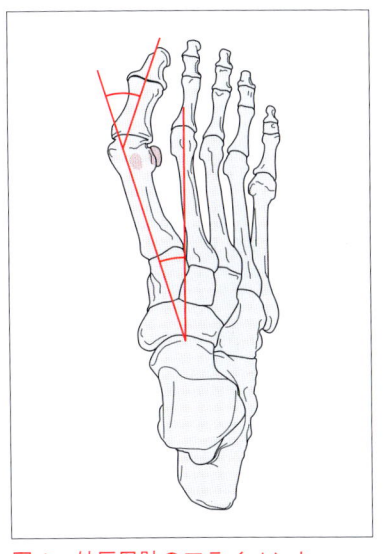

図1　外反母趾のアライメント

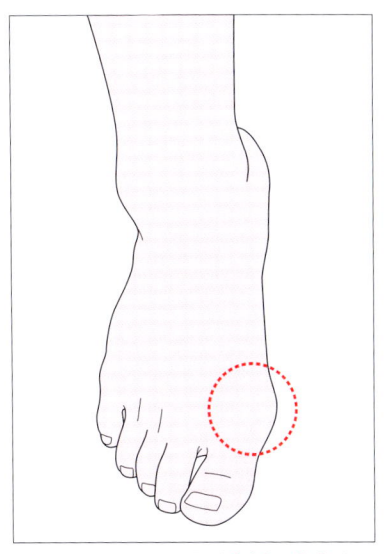

図2　変形により骨が内側に突出する

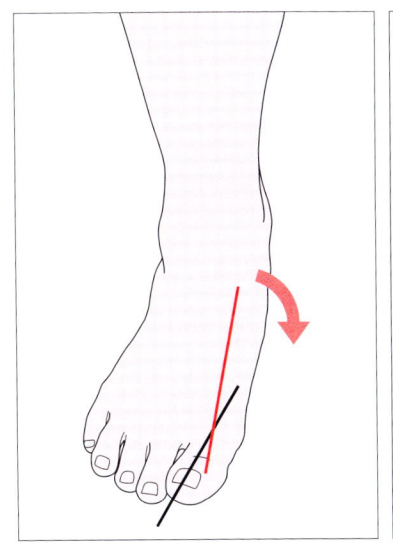

図3　扁平足を伴った外反母趾

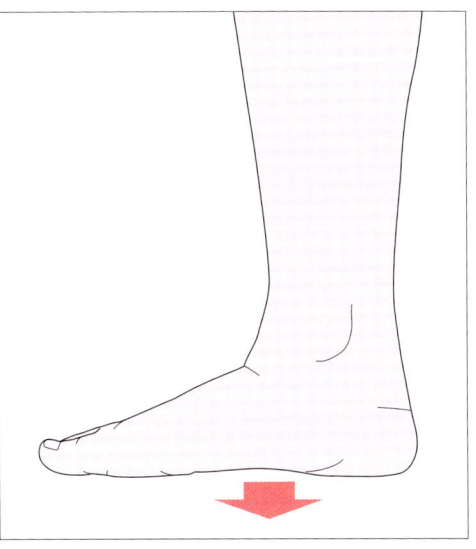

テーピング技法 73 母趾外反制動

肢位	長座位，足関節底背屈中間位
テープ	伸縮性　幅：2.5，5cm　長さ：5〜15cm ※必要に応じて数本使用
方法	外反制動テープは幅2.5cmのテープを使用し，母趾基節骨から開始（図4）し，テープの張力を強めて母趾を内反方向へ誘導する．そのまま直線状に踵骨内側面まで貼付する．また，外反制動テープをより強固にするために，幅2.5cmのテープを2本使用する（クロステープ）．まず，母趾基節骨の足底内側部より内果に向かって貼付（図5①）し，同じく足背内側部より踵骨底部内側に向かって貼付（図5②）する．最後に固定テープ（ロックテープ）を母趾基節骨部（幅2.5cmテープ）と足部中央部（幅5cmテープ）に各々巻く（図6）．
注意点	母趾基節骨へのロックテープは，張力を強めすぎると他の関節の動きを阻害してしまうので注意する．
効果検証	歩行立脚後期でのけり出しやすさやスクワットでの踏ん張りやすさなどを確認する．

ワンポイントアドバイス

あらかじめスポンジなどを，母趾と示趾に挟むと第1中足趾節関節を中間位に保持しやすい（図4）．

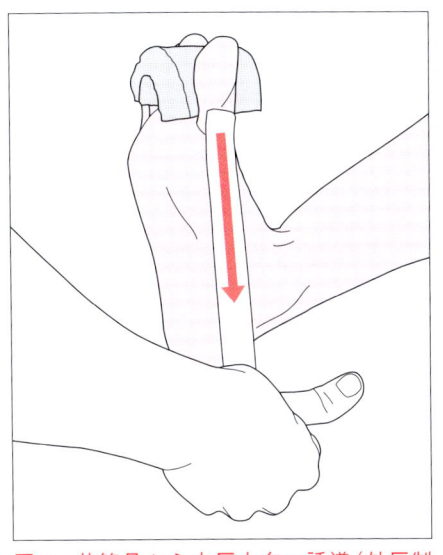

図4 基節骨から内反方向へ誘導（外反制動テープ）

図5 外反制動をより強固にする（クロステープ）

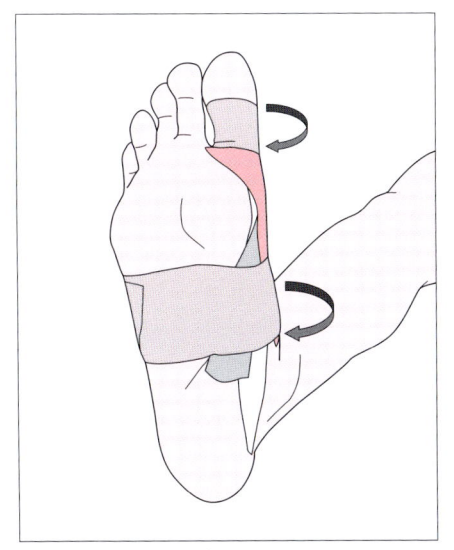

図6 ロックテープ貼付後

2. 外反母趾

③ 足関節・足部のその他のテーピング

1 足関節内反捻挫（慢性期）

　足関節内反捻挫は，程度や症状に合わせ適切な治療がなされないと足関節周囲の機能障害を呈し競技復帰を遅延させてしまう．また，足関節の不安定性や背屈制限，筋力低下など二次的機能障害を引き起こすため，再発を繰り返す例も少なくない．さらに，遠位脛腓関節の疼痛や不安定性を併発している場合がある．

　そこで，足関節内反捻挫後の慢性的な疼痛や不安定性に対する簡便な評価とテーピングについて紹介する．

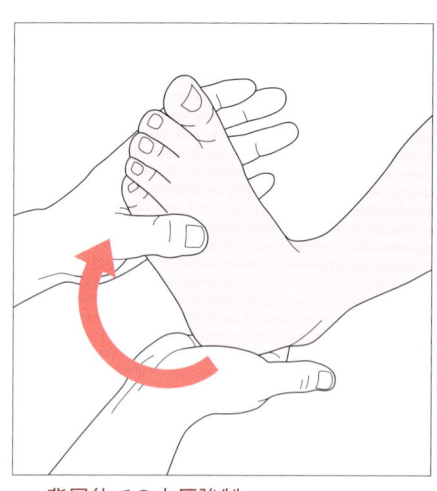

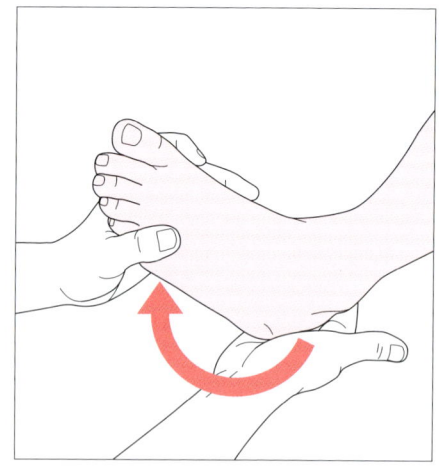

a. 背屈位での内反強制　　　　　　　b. 中間位での内反強制
図1　各肢位での足関節内反強制運動による疼痛の確認

足底背屈肢位を変えた内反の評価

評価方法 足関節底背屈肢位を変え，足関節内反運動を強制することで疼痛や不安感を確認する（図 1）．

評価結果 疼痛や不安感が出現する肢位を制動するテーピングを選択する．
① 図 1a で疼痛・不安定性あり→選択テープ **74** + **76**
② 図 1b で疼痛・不安定性あり→選択テープ **74** + **75** あるいは **76**
③ 図 1c で疼痛・不安定性あり→選択テープ **74** + **75**

選択テープ
- **74** 足関節内反制動（→ p.292）
- **75** 足関節底屈制動（→ p.294）
- **76** 足関節背屈制動（→ p.296）

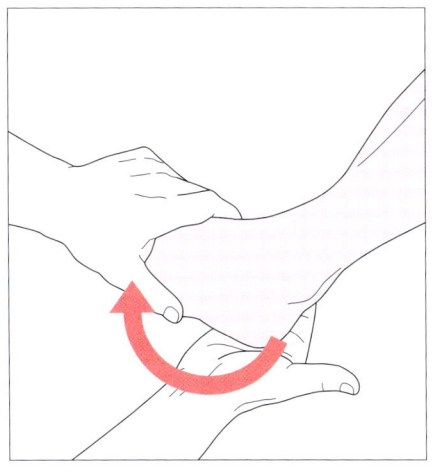

c. 底屈位での内反強制

1. 足関節内反捻挫（慢性期）

テーピング技法 74 足関節内反制動

肢　位	長座位，足関節底背屈中間位
テープ	伸縮性（厚手）　幅：5cm　長さ：40〜45cm
方　法	下腿前内側面より後外側方へ斜めに貼付（図2）し，踵骨の後上方より踵骨内側までらせん状に走行させる．踵骨を外反方向へ誘導するよう踵骨底部から外側へ立ち上げる際テープの張力を強め（図3），下腿前内側面まで貼付する．最後にロックテープにて固定しておく（図4）．
注意点	●開始部分のテープの貼付角度に注意する． ●らせん状に貼付するためテープにしわが寄らないようにする． ●テープの張力は踵骨内側から高めてそのまま下腿遠位部まで維持する．
効果検証	立位で足底の内側を浮かせるようにする動きが制限されていることを確認する．

ワンポイントアドバイス

足関節背屈位にてテープを貼付することで，後足部回内を誘導しやすくなる．

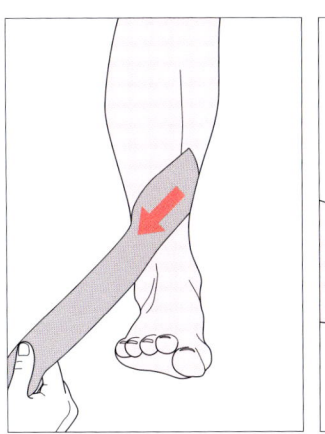

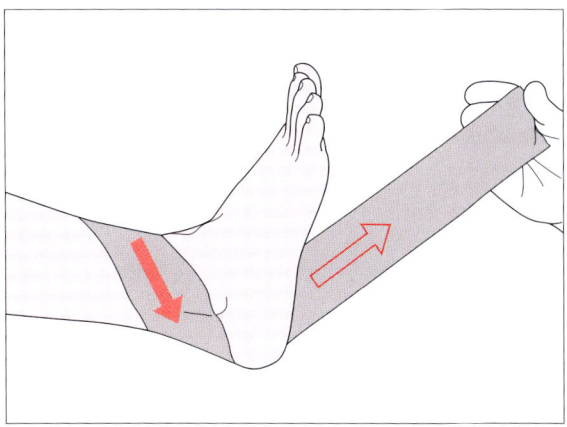

図2　開始肢位

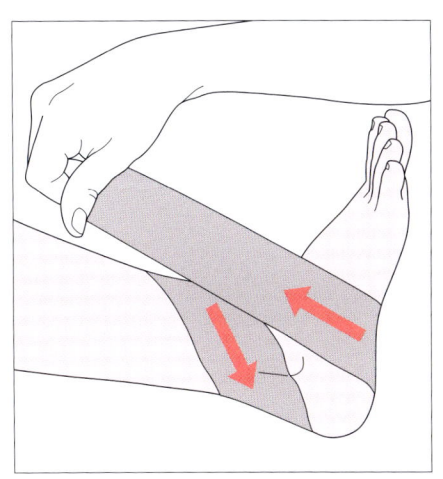

図3　踵骨外側をしっかり持ち上げるよう張力を強めて貼付

図4　ロックテープを貼付し終了

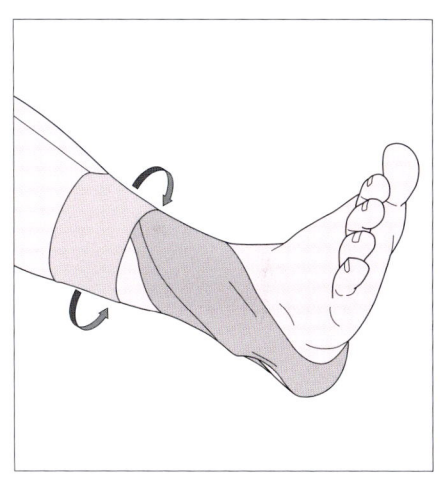

テーピング技法 75 足関節底屈制動

肢　位	長座位，足関節底背屈中間位
テープ	伸縮性（厚手）　幅：5cm　長さ：40〜45cm
方　法	下腿遠位1/3の内側部より開始し，足関節底背屈軸（図5〇）の前方を走行させる（図5）．足底から踵骨外側を持ち上げるようテープに張力を加え（図6），下腿前外側面に貼付する．最後にロックテープにて固定しておく（図7）．
注意点	足部を回内方向に誘導するため，開始位置は下腿の内側より開始するようにする．
効果検証	底屈運動が制動されていることを確認する．

ワンポイントアドバイス

足関節背屈位にて貼付することでより強固に誘導が可能である．

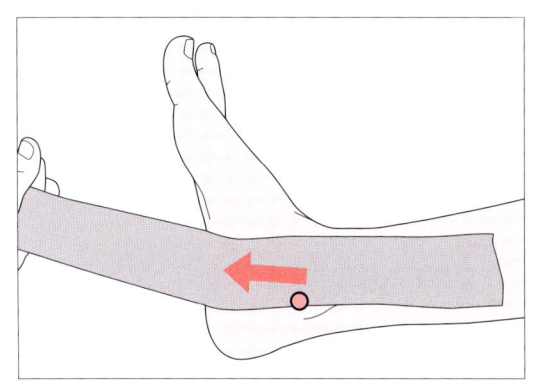

図5　底背屈運動軸（内果）の前方を走行

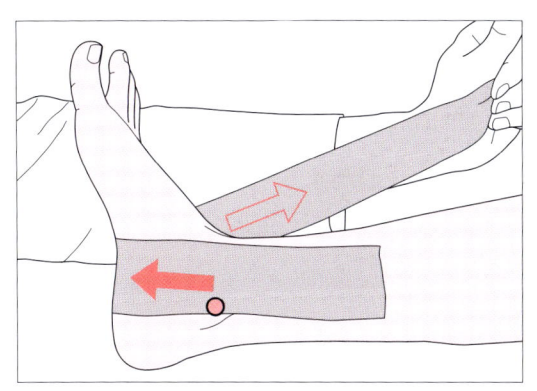

図6　踵骨外側を持ち上げる

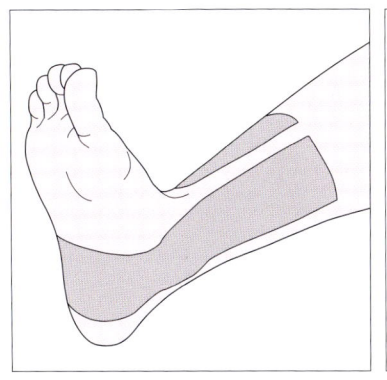

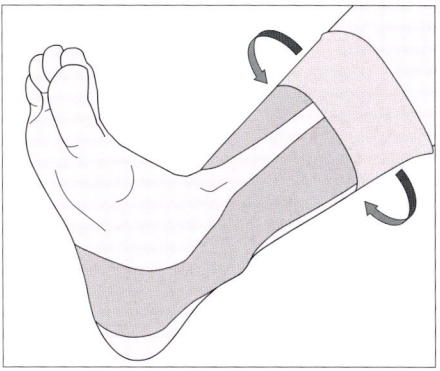

図7　テープの停止位置とロックテープ

足関節背屈制動

肢　位	長座位，足関節底背屈中間位
テープ	伸縮性（厚手）　幅：5cm　長さ：20〜25cm
方　法	下腿遠位1/3の内側部より開始し，足関節底背屈軸（図8●）の後方を走行させる（図8）．足底から踵骨外側を持ち上げるようテープに張力を加え（図9），下腿前外側面に貼付する．最後にロックテープにて固定しておく（図10）．
注意点	足部を回内方向に誘導するため，開始位置は下腿の内側より開始するようにする．
効果検証	背屈運動が制動されていることを確認する．

ワンポイントアドバイス

足関節底屈位にて貼付することでより強固に誘導が可能である．

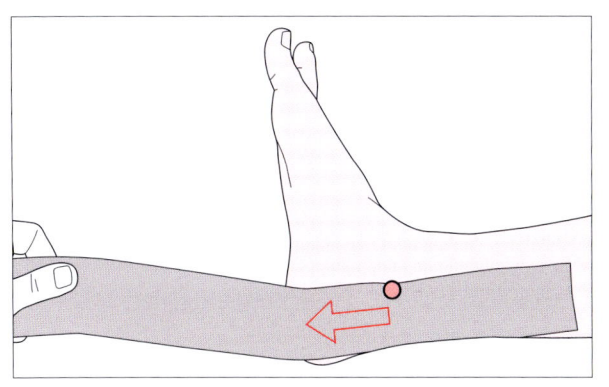

図8　底背屈運動軸（内果）の後方を走行

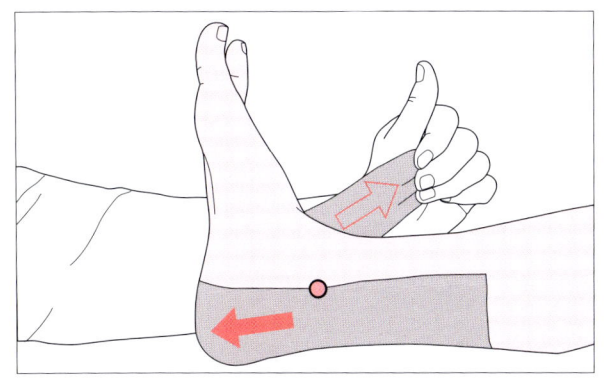

図9　踵骨外側を持ち上げる

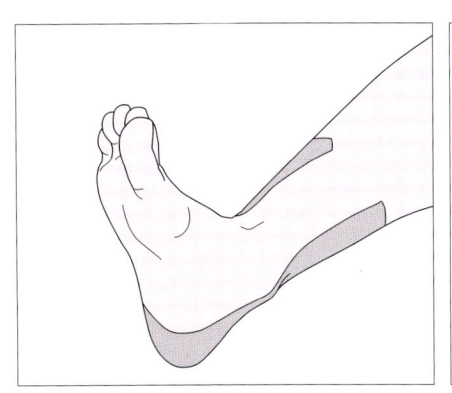

図10　テープの停止位置とロックテープ

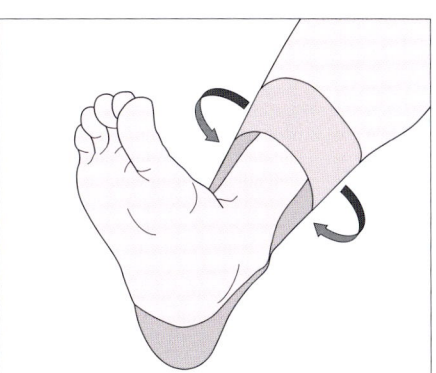

遠位脛腓関節の圧迫による背屈の評価

評価方法 足関節背屈運動にて疼痛や不安感が出現するかを確認する（図11）．遠位脛腓関節を徒手にて圧迫し背屈運動を行い（図12a），疼痛や不安定性の変化を確認する．

また，腓骨の外果を前上方に誘導し背屈運動を行い（図12b），疼痛の変化を確認する．

評価結果 背屈運動時，足関節の前面で疼痛や不安感が出現した場合，前脛腓靱帯（図13）の損傷による関節の不安定性が考えられる．

選択テープ
- 77 遠位脛腓関節圧迫（→ p.300）
- 78 腓骨（外果）の前上方誘導（→ p.302）

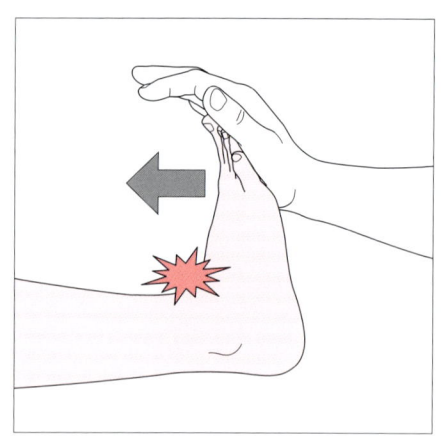

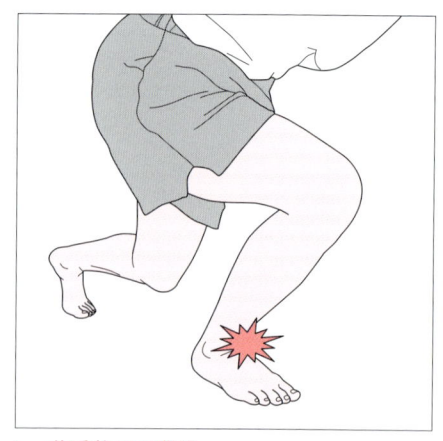

a. 徒手での背屈　　b. 荷重位での背屈
図11　徒手および荷重位での背屈強制による 疼痛および不安定性の確認

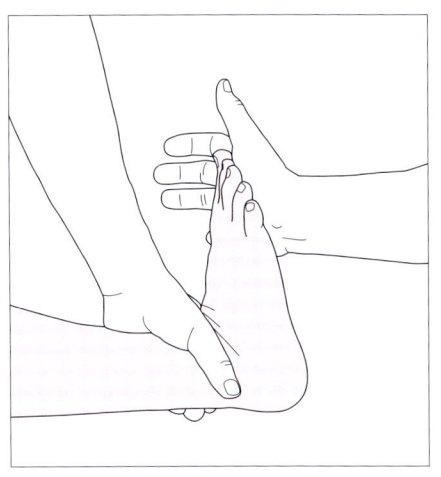

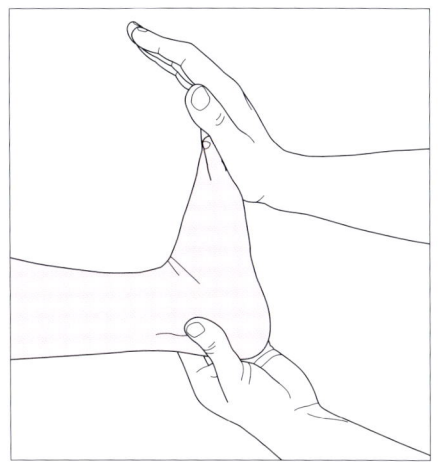

a. 遠位脛腓関節の圧迫　　　　　b. 腓骨（外果）の前上方誘導

図12　各徒手操作による背屈運動時の疼痛を確認

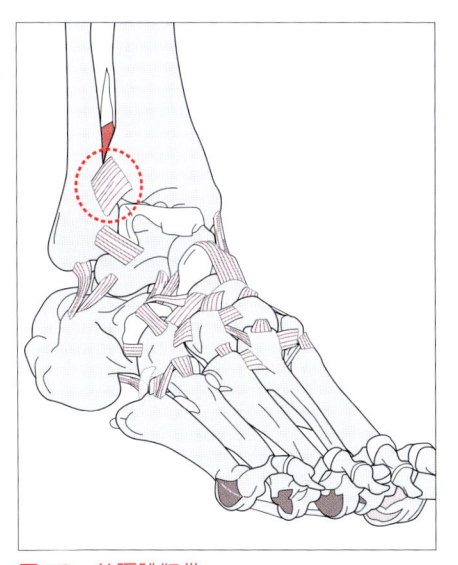

図13　前脛腓靱帯

1. 足関節内反捻挫（慢性期）

テーピング技法 77 遠位脛腓関節圧迫

肢　位	長座位, 足関節軽度底屈位
テープ	伸縮性　幅：5cm　長さ：15～20cm
方　法	下腿の遠位部（内果の上方）にテープの中央部を貼付（図14）し, テープの張力を強め下腿部を一周するように貼付する（図15）.
注意点	●下腿後面のアキレス腱に圧迫をかけすぎないよう注意する. ●距腿関節にかからないよう注意する.
効果検証	背屈強制での疼痛の変化（図16）や踏み込み動作などでの背屈運動時の不安定感や疼痛を確認する.

ワンポイントアドバイス

テープの張力を強めることで関節が圧迫されるため背屈運動も制動させる.

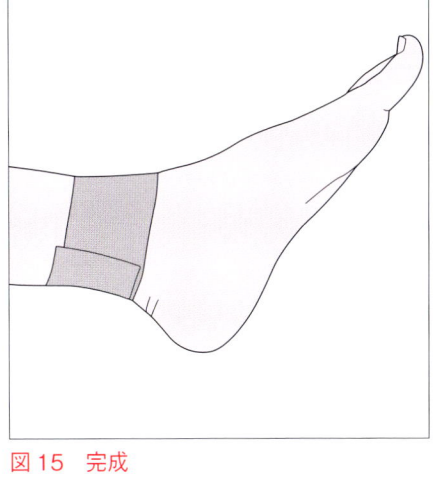

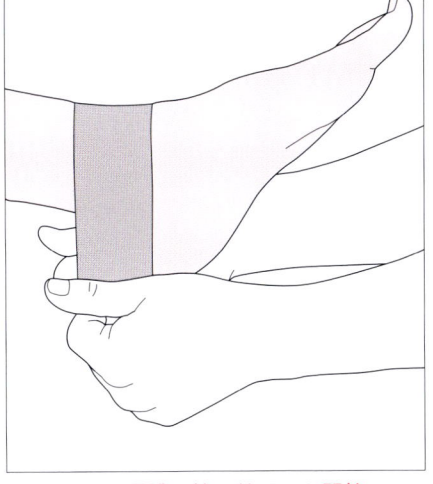

図14 遠位脛腓関節の前面から開始

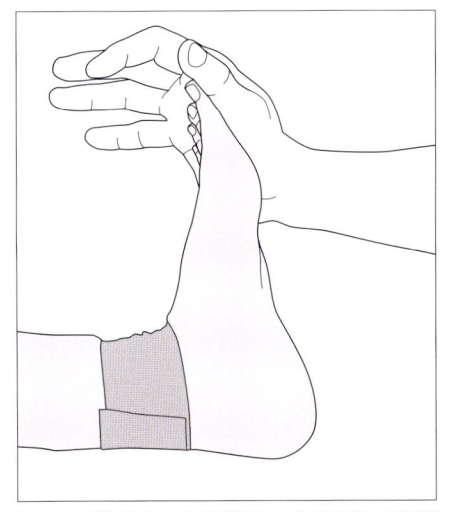

図15 完成

図16 貼付後の背屈強制による疼痛の確認

1. 足関節内反捻挫（慢性期）

腓骨（外果）の前上方誘導

テーピング技法 78

肢　位	長座位，足関節軽度底屈位
テープ	伸縮性　幅：5cm　長さ：10～15cm
方　法	腓骨外果の後下方より前上方に向かうようテープを貼付（図17）し，外果を前上方に引き上げるようテープに張力を加え，下腿の前面を通り，内側まで走行させ貼付する（図18）．
注意点	足関節の前面にテープがかかってしまうと底屈運動の制限になってしまうので注意する．
効果検証	背屈運動（踏み込み動作など）での疼痛の変化（図19）を確認する．

ワンポイントアドバイス

　テープにて外果を引き上げる際は，徒手にてあらかじめ外果を前上方に誘導しておくとよい．

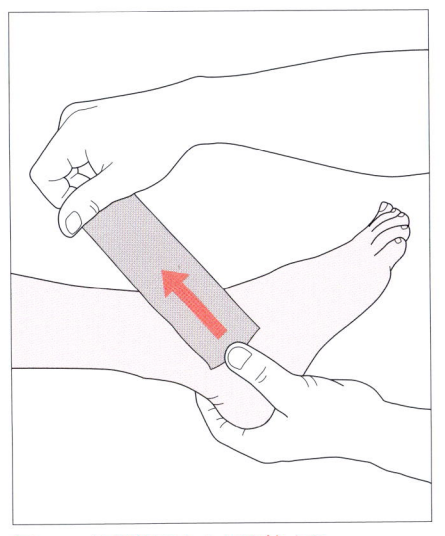

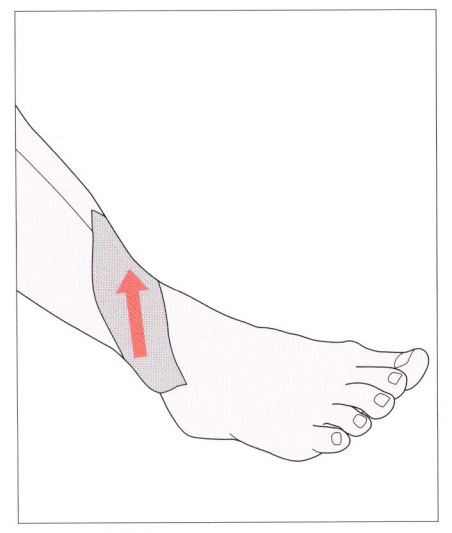

図17　外果後下方より開始する

図18　貼付後

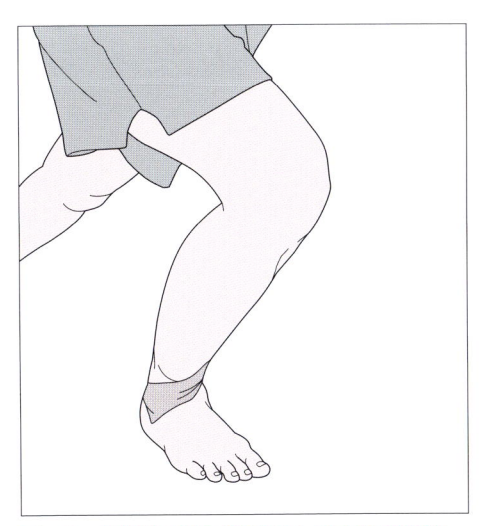

図19　貼付後の背屈運動による疼痛の確認

文 献

[総論]
1) 小柳磨毅：テーピングについて．理学療法学，19(3)：272-276, 1992.
2) 栗山節郎ほか：DVDでみるテーピングの実際．南江堂，2007.
3) 山口光圀ほか：結果の出せる整形外科理学療法．メジカルビュー社，2009, p78, p174.
4) 嶋田智明ほか監訳：筋骨格系のキネシオロジー．医歯薬出版，2005.

[第Ⅰ章 肩関節・肩甲帯]
1) 河上敬介ほか：骨格筋の形と触察法．太閤閣，1998.
2) 嶋田智明ほか：筋骨格系のキネシオロジー．医歯薬出版，2005.
3) 坂井達雄：プロメテウス解剖アトラス．解剖学総論／運動器系，医学書院，2007.

[第Ⅲ章 膝関節・腰部・骨盤帯]
1) Crossley K, Cook J, Cowan S, McConnell J：膝前面の痛み．Peter Brukner, Karim Khan（著），籾山日出樹，赤坂清和ほか（監修）：臨床スポーツ医学，医学映像教育センター，2009, p492-522.
2) 宗田 大：膝痛 知る 診る 治す．メジカルビュー社，2007, p16.
3) 林 典雄：運動療法のための機能解剖学的触診技術―下肢・体幹．吉田隆明監修，メジカルビュー社，2006, p186.
4) Lars Peterson, Per Renstrom：Sports injuries. Their Prevention and Treatment 3rd Edition, 2001, p328.
5) 武藤芳照編著：図解スポーツ障害のメカニズムと予防のポイント．文光堂，1992, p95, p308（岡田朋彦：ラグビー，p95）（片山直樹：スキー，p308）.
6) 越智隆弘編：スポーツ外来 整形外科外来シリーズ2．メジカルビュー社，1997, p24.
7) 林 典雄：機能解剖に基づく評価と運動療法―とくに膝の疾患について．Sportsmedicine, 115：6, 2009.

[第Ⅳ章 足関節・足部]
1) 入谷 誠：足部・足関節．整形外科理学療法の理論と技術（山嵜 勉編）．メジカルビュー社，1997, p36-61.
2) 身体運動学的アプローチ研究会：足底板セミナー（入谷式足底板）資料．
3) 熊井 司：腱と腱鞘，腱・靱帯付着部症について―付着部の構造とその

損傷. Sportsmedicine, 94：6-10, 2007.
4) 園部俊晴ほか：理学療法MOOK 9 スポーツ障害の理学療法　足関節捻挫に対する理学療法. 福井　勉, 小柳磨穀編：三輪書店, 2001, p188-288.

付　　　録

● 投球動作の位相

ワインドアップ期　　アーリーコッキング期　　レイトコッキング期　　アクセレレーション期　　フォロースルー期

投球動作の位相

　上肢においては，肩関節，肘関節，手関節にみられる投球障害に対するテーピングを中心に記載しているため，投球動作と位相を理解することが必要となる．そのため以下に投球動作の位相について説明する．

　投球動作は一般にワインドアップ期，アーリーコッキング期，レイトコッキング期，アクセレレーション期，フォロースルー期に分けられることが多い（上図）．

　ワインドアップ期は投球開始からステップする脚が最大挙上するまで，アーリーコッキング期はステップする脚の最大挙上時から足底が地面に接地するまで，レイトコッキング期は足底接地から肩関節が最大に外旋するときまで，アクセレレーション期は肩関節最大外旋時からボールが指先を離れるボールリリースまで，フォロースルー期はボールリリースから投球終了までをいう．

検印省略

アスリートケアマニュアル
テーピング
定価（本体 3,500 円＋税）

2010年 9 月 1 日　第1版　第1刷発行
2015年10月15日　　同　　第4刷発行

監修者	小柳　磨毅（こやなぎ　まき）
編集者	中江　徳彦（なかえ　なるひこ）・上野　隆司（うえの　たかし）・佐藤　睦美（さとう　むつみ）・
	山野　仁志（やまの　ひとし）・濱田　太朗（はまだ　たろう）
発行者	浅井　麻紀
発行所	株式会社 文光堂
	〒113-0033　東京都文京区本郷7-2-7
	TEL (03)3813-5478（営業）
	(03)3813-5411（編集）

ⓒ小柳磨毅・中江徳彦・上野隆司・佐藤睦美・　　　　印刷・製本：広研印刷
　山野仁志・濱田太朗，2010

乱丁，落丁の際はお取り替えいたします．

ISBN978-4-8306-5156-4　　　　　　　　　　　　　　　　Printed in Japan

・本書の複製権，翻訳権・翻案権，上映権，譲渡権，公衆送信権（送信可能化権を含む），二次的著作物の利用に関する原著作者の権利は，株式会社文光堂が保有します．
・本書を無断で複製する行為（コピー，スキャン，デジタルデータ化など）は，私的使用のための複製など著作権法上の限られた例外を除き禁じられています．大学，病院，企業などにおいて，業務上使用する目的で上記の行為を行うことは，使用範囲が内部に限られるものであっても私的使用には該当せず，違法です．また私的使用に該当する場合であっても，代行業者等の第三者に依頼して上記の行為を行うことは違法となります．
・JCOPY〈出版者著作権管理機構 委託出版物〉
本書を複製される場合は，そのつど事前に出版者著作権管理機構（電話 03-3513-6969, FAX 03-3513-6979, e-mail：info@jcopy.or.jp）の許諾を得てください．